主 编 冯正玉

高校学生工作研究

RESEARCH ON
COLLEGE STUDENTS' AFFAIRS

2018年第1期
总第1期

社会科学文献出版社
SOCIAL SCIENCES ACADEMIC PRESS (CHINA)

本刊编委会

编　　辑：《高校学生工作研究》集刊编辑部

地　　址：吉林省长春市高新区前进大街 2699 号吉林大学鼎新楼 C242 室

投稿信箱：xsgz@ jlu. edu. cn

电　　话：0431 - 85166907

主　　管：吉林大学

主　　办：吉林大学大学生思想政治教育发展研究中心

主编寄语

多彩的七月，百草争芳，万花竞艳，一朵思想之花在这葱茏季节悄然绽放。经过为期一年的积极筹备、精心组织以及各方面同仁的共同努力，由吉林大学大学生思想政治教育发展研究中心主办的学术集刊——《高校学生工作研究》由社会科学文献出版社正式出版。

吉林大学大学生思想政治教育发展研究中心是吉林大学深入学习贯彻习近平新时代中国特色社会主义思想和党的十九大精神，贯彻落实全国高校思想政治工作会议精神，于 2018 年 1 月成立的研究机构。中心以大学生思想政治教育理论创新和实践探索为出发点，以新时代思想政治教育优势资源系统整合为切入点，以引导思政工作者聚焦思想政治教育领域中前沿性研究为支撑点，努力培养和汇聚一批理想信念坚定、学术底蕴深厚、科研能力突出的理论与实践研究相结合的高校思想政治教育人才，着力打造一支服务学生思想政治工作、创新发展、独具特色的新型智库。

《高校学生工作研究》为综合性学术半年刊，以习近平新时代中国特色社会主义思想为指导，以新时代高校学生工作为主要研究对象，以“提供交流平台、服务思想政治教育学科和高校学生工作发展”为办刊理念。通过探索新时代高校学生工作的特点和规律，研究新形势下高校学生工作的热点和难点问题，紧扣核心，突出重点，聚力发声，为培养新时代中国特色社会主义建设者和接班人贡献力量。

集刊的出版既有十分重要的现实意义，又有深远的学术价值。集刊对于高校学生思想政治工作决策者、思想政治教育教学科研人员以及高校相关思政领域工作者来说，是一个难得的成果发布和共享平台。集刊致力于全面展现思政工作者研究成果，共享思政工作者工作心得，构建思政工作者精神家园，彰显思政工作者魅力，传播思政工作者思想。我们办好集刊的最大心愿是与高校思政工作者共同见证新时代教育的发展，引领新时代教育的方向，书写新时代教育的未来。

本刊热忱欢迎国内外学者踊跃投稿。不忘育人初心，牢记时代使命，让我们为新时代高校学生思想政治教育工作的发展做出更大的贡献。

冯正玉

二〇一八年七月于吉林大学

目　录

2018 年第 1 期
总第 1 期

高端论坛

高校学生工作研究
2018 年　第 1 期
第 3～8 页

高举习近平新时代中国特色社会主义思想伟大旗帜 奋力开创新时代吉林大学发展新局面

——在 2018 年吉林大学工作会议上的讲话

杨振斌*

2017 年的吉林大学，蹄疾步稳，各项工作有序推进。或许在一些标志性的数据上，我们有增量但增速不尽如人意，但 2017 年依然是学校发展史上浓墨重彩的一年。通过学习宣传贯彻党的十九大精神，我们坚定了信念、凝结了共识、汇聚了力量；通过配合巡视、全面整改，我们找到了差距、健全了制度、补齐了短板；通过学习宣传"黄大年精神"，我们领悟了"心有大我、至诚报国"的家国情怀；通过深化"放管服"改革，我们激发了新的动力，逐渐形成了良性效应，学校发展迎来了勃勃生机。准确地讲，2017 年的吉林大学，是在练内功、治隐疾，是在自我完善、自我革新，打通了思想观念和体制机制的"任督二脉"，为学校的提速发展、弯道超车奠定了坚实基础，积蓄了雄厚力量。

2018 年的吉林大学，时间更紧、任务更重。党的十九大报告围绕"优先发展教育事业"，做出了"加快教育现代化，办好人民满意的教育""加快一流大学和一流学科建设，实现高等教育内涵式发展"等重大部署，为学校的改革发展指明了方向。学校已经制定了"双一流"建设方案，进行了总体设计，组织管理体系基本形成，战略规划引领不断强化，重点改革任务陆续启动，内涵建设步伐逐步加快，学校呈现整体推进、加速发展的良好势头。新时代要有新作为，新学期要有新气象，全校师生要坚持以习近平新时代中国特色社会主义思想为引领，发挥特色优势，努力办好人民满意的大学。

学习"新思想"是首要的政治任务。习近平新时代中国特色社会主义思想内容丰富、博大精深，作为党的指导思想和行动指南，党的十九大报告用"8 个明确"系统阐述了习近平新时代中国特色社会主义思想的基本内涵，用"14 条坚持"提出了发展新时代中国特色社会主义的基本方略，构成了习近平新时代中国特色社会主义思想系统完整的科学理论体系。党的十九大之后，从"1·5"重要讲话的"五个过硬""三个一以贯之"到中央纪委二次全会的"六点重要经验""四项主要任务"，再到两会期间的金语金句，总书记一份份沉甸甸的重要讲话，无不闪

* 杨振斌：工学硕士，研究员。现任吉林大学党委书记（副部长级）。

烁着马克思主义思想的光芒，必须认真学习、深刻领会。

紧跟“新时代”是发展的迫切需要。党的十九大报告指出，这个新时代，是承前启后、继往开来、在新的历史条件下继续夺取中国特色社会主义伟大胜利的时代，是决胜全面建成小康社会、进而全面建设社会主义现代化强国的时代，是全国各族人民团结奋斗、不断创造美好生活、逐步实现全体人民共同富裕的时代，是全体中华儿女勠力同心、奋力实现中华民族伟大复兴中国梦的时代，是我国日益走近世界舞台中央、不断为人类做出更大贡献的时代。对于我们来说，做好新时代的答卷，就是要通过全面深化改革、加快推进“双一流”建设，为满足人民日益增长的对公平优质高等教育的需求做贡献，为建设社会主义现代化强国铺路架桥。

踏上“新征程”是前进的必然要求。新时代新任务提出了新要求，新思想新方略引领了新征程。十九届二中、三中全会先后审议通过了《中共中央关于修改宪法部分内容的建议》《中共中央关于深化党和国家机构改革的决定》《深化党和国家机构改革方案》，宪法修正案和党和国家机构改革方案的部分内容已经十三届全国人大一次会议审议通过，即将实施，党和国家在加强法治建设、推进国家治理体系和治理能力现代化上又迈出了坚实的一步。高等教育领域“奋进之笔”的书写，“全面施工内部装修”阶段的到来，“双一流”建设的正式启动，提示我们吉林大学全体师生不进则退，必须激流勇进，我们要不忘初心、砥砺前行，踏上新征程、焕发新气象、实现新作为。

在这个重要的历史机遇期、发展转折点，我们需要一往无前的勇气，也需要淡定从容的自信，毫无目标往前冲不是最优选择，越是关键时刻，我们越要冷静思考，越要清醒研判。东风浩荡满眼春，万里征程催人急。在重整行装再出发的时刻，我们首先要回答好“我是谁”“为了谁”“依靠谁”的问题，进一步明确办学定位、办学目标、办学动力，这样才能知己知彼，百战不殆。

一　回答好“我是谁”的问题，明确办学定位

（一）吉林大学是社会主义大学的第一梯队

我们是共和国的孩子，是中国共产党布局在东北的重点综合性大学，我们的血液中注满了红色基因。合校前的六所大学，英才辈出，为改革开放和国家建设培养了一批又一批优秀人才，是党和国家最为倚重和信任的人力资源宝库。合校后的新吉林大学，发扬红色传统、传承红色基因，始终坚持听党的话跟党走，守稳红色阵地，培养红色传人。发展的过程中，我们遇到过困难，涉足过险滩，但我们始终保持着我们党亲手创建的第一批重点综合性大学的尊严和骄傲。这份自信必须有，这不是我们发展的资本，这是我们不辜负前人、对得起后人的心理底线。

（二）吉林大学是中国高等教育改革的第一梯队

2000年和2004年，经过两次合并，组建了新吉林大学，从那一刻起，我们就成为中国高等教育改革的试验田、风向标，甚至当合校之初我们经历财务风波时，还引起了整个社会对高等教育改革的反思。十八年来，质朴的吉大人不抛弃、不放弃，扎根中国大地，根植东北沃土，用辛勤的汗水和默默的付出，终于走出了谷底的阴霾、走过了低谷的徘徊、迎来了再次攀登高峰的期待。我们用自己的行动，为国家探索出了一条举办超大规模综合性大学的有效途径，我们是高等教育改革的排头兵、真英雄。这份自信必须有，这不是我们骄傲的资本，这是我们不惧前路艰辛、奋勇开拓进取的动力之源。

（三）吉林大学是“双一流”建设的第一梯队

建设世界一流大学和一流学科是摆在所有中国大学面前的一个坡儿、一道坎儿，坡儿已经不长，坎儿就在眼前，谁能够咬住牙、不掉队，加速走好“最后一公里”，谁就能爬过坡儿、先过坎儿。吉林大学是一流大学建设A类高校，我们有“5+6”共11个学科入选一流学科，“双一流”既是奋斗目标，也是实践抓手，是前人栽树高千丈的果实，也是百尺竿头再进步的担当，这说明社会对我们是认可的，对我们的学科尤其是一些传统优势学科是认可的。这份自信必须有，这不是我们坐等的功劳，这是学校重点突破、带动全局的有力底牌。

二　回答好“为了谁”的问题，明确办学目标

（一）为人民，要以人民为中心，为人民谋实惠

习近平同志在两次当选中共中央总书记后都曾强调过一句话，“人民对美好生活的向往，就是我们的奋斗目标”。吉林大学是中国共产党领导的社会主义大学，人民对美好生活的向往、对公平优质高等教育的需求就是我们的奋斗目标。要知民意、保民生、暖民心，始终为人民不懈奋斗、同人民一起奋斗。

（二）为国家，要面向现代化、面向世界、面向未来

今年年初，国家发出了“到本世纪中叶，把我国建设成为世界主要科学中心和创新高地”的冲锋号。吉林大学作为新中国的老牌强校，中国高校的中流砥柱，争当科教兴国排头兵、人才强国领头羊、创新发展先行者的决心从未动摇过，量子科学、载人航天、深海探测等研究领域取得的重大成果，C919大型客机上天、首艘国产航母下水、南海可燃冰试采成功等引发国际社会广泛关注的历史性突破中都不乏吉大人的矫健身姿。未来，会有越来越多吉大人的名字镌

刻在建设社会主义现代化强国的丰碑上。

（三）为了党，要把思想政治工作贯穿教育教学全过程

立德树人是教育的根本任务，培养什么样的人，如何培养人以及为谁培养人是高等教育必须解决的根本问题。吉林大学在这个问题上从来没有含糊过，我们始终全面贯彻党的教育方针，以培养德智体美全面发展的社会主义合格建设者和可靠接班人为己任，教育引领广大师生努力践行社会主义核心价值观，传承中华优秀传统文化、弘扬革命文化、建设社会主义先进文化，用我们最大的努力，确保党的事业在吉大代代相传、薪火相承。

三　回答好“依靠谁”的问题，明确办学动力

（一）要依靠教师队伍，这是学校发展的原始动力

今年两会期间，总书记强调“发展是第一要务，人才是第一资源，创新是第一动力”“强起来靠创新，创新靠人才”。我们现在要建设世界一流大学和一流学科，需要的更是一流的人才、一流的教师。

一是要努力培养大师。大师的产生具有历史必然性和偶然性。国家的日益富强，中华民族的伟大复兴如此临近，在这个过程中，中国的大师必将层见叠出，如何让大师出在吉林大学，是我们要思考的问题。历史上，我们大师辈出，现在的教师队伍中也一定有这样的天才有机会成为未来的大师，要为他们扫清发展的障碍、打造有利的空间，学校要有耐心、有信心、有决心培养出享誉世界的大师，全校师生要有热心支持学校的努力和大师的成长。

二是要全力培育优秀青年教师。芳林新叶催陈叶，流水前波让后波，后人可以超越前人，后人也应该超越前人。学校在办学过程中，始终重视优秀青年教师的发掘和培养，对那些德才兼备，具有很大发展潜力的青年教师向来给予最大的人文关怀、资金资助和政策支持，努力为他们营造出潜心研究、尽快成才的内外部环境，我们相信，学校这些年的付出是值得的，收获的日子快要到了。

三是要充分重视基础研究教师。李克强总理强调，要进一步完善政策，把基础研究的“冷板凳”焐热，没有数理化等基础学科的“深蹲助跑”，就无法实现原始创新和技术突破的“起跳跨越”。基础科学研究没有突破，科技更多就是原地踏步或修修补补，无法产生质变。吉林大学是国家基础研究的重要阵地，我们的很多基础学科都蕴藏着巨大的活力、韧性和潜能，学校的数理化学科都入选为一流指定建设学科，要通过科学的政策引导和有效的激励机制，充分调动基础研究教师的积极性，激发内部活力、挖掘自身潜能，提高基础研究的热度和浓度，形成基础研究“场效应”。

四是要鼎力支持前沿学科教师。当前正处于新一轮科技革命和产业革命的前夕，抓住历史机遇，抢占第四次技术革命先机，实现弯道超车，是摆在我们面前的一项重大课题。学校重点建设的未来科学国际合作联合实验室、纳微构筑化学国际合作联合实验室等“人才与学术特区”，就是为了能够在这场争锋中抢得先机。要鼓励和支持前沿学科教师在科研上敢闯敢试，敢于碰硬，敢啃硬骨头，敢涉无人区。

（二）要依靠管理团队，这是学校发展的隐形动力

建设“双一流”，需要“一流的管理”和“一流的服务”。管理也是生产力，服务也能产生正能量。我们学校拥有一支庞大的管理干部队伍，建好这支队伍、管好这支队伍、用好这支队伍，都将成为事业成功的重要因素。管理干部要对标新要求、展示新作为，以更加昂扬的精神状态和更加优质的管理服务，助力学校发展。

一要讲政治。要校准政治之标、严守政治之规、力尽政治之责，不断增强“四个意识”、牢固树立“四个自信”。当前，讲政治就是要深入学习贯彻习近平新时代中国特色社会主义思想和党的十九大精神，坚决维护习近平同志党中央的核心、全党的核心地位，坚决维护党中央权威和集中统一领导；就是要坚决拥护宪法修改，深刻认识其重大现实意义和深远历史意义；就是要坚决拥护党中央关于深化党和国家机构改革的决定，这是适应新时代有效治理国家和社会、完善社会主义市场经济体制、落实以人民为中心的发展思想、坚持和加强党的全面领导的必然要求，必须不折不扣地贯彻落实。

二要讲担当。要树立功成不必在我的政绩观，既做让师生看得见、摸得着、得实惠的实事，也做为后人做铺垫、打基础、利长远的好事，既做显功，也做潜功。要以任凭风浪起稳坐钓鱼台的定力，面对改革发展的各种挑战和任何困难。要有只要思想不滑坡办法总比问题多的自信和勇气，勇挑改革重担，勇担发展重责，对学校负责、对师生负责、对党负责。

三要讲作风。要坚持不懈落实“三严三实”新要求，固本培元，挺起精神脊梁。“三严三实”的每一条都关乎共产党人的“根”和“魂”，是党员干部每天都要面对的要求，永远都是为人为政之本。要做到高处站位、低处着力，各项工作接地气；要做到搞大调研、抓小细节，工作精益求精，像绣花一样精细。

四要讲本领。吉林大学已经进入了内涵式发展的新阶段，高质量的要求，“双一流”的标准，使我们面对的各种复杂局面和繁重任务越来越多，各级管理干部要努力增强学习本领、政治领导本领、改革创新本领、科学发展本领、依法执政本领、群众工作本领、狠抓落实本领、驾驭风险本领，通过个人的努力和团队的配合，为改革减少阻力、增加助力、形成合力。

五要讲智慧。改革已经进入攻坚期和深水区，进一步深化改革，必须坚定信心、凝结共识、统筹谋划、协同推进，既要有坚定的意志、无畏的勇气，也要有非凡的智慧、科学的方法。以学科优化调整为例，不只是“动棋子”，更要“布棋局”，对学科进行整体性、创新性的重塑，这就需要缜密的分析、冷静的思考和智慧有力的推进，巧妙化解风险矛盾，科学有序整体推进，

确保稳中取胜、取得全胜。

（三）要依靠广大学生，这是学校发展的永恒动力

大学生是高校的教育对象、服务对象、管理对象，同样，大学生也是学校的主人，失去了学生，学校也就失去了存在的意义。在校时，学校承担着引领他们思想、教育他们成长、培养他们成才的责任，他们也用知识的增长、能力的提升为学校的教学、科研做贡献。离校后，校友的成长同样是学校的牵挂，校友为社会做贡献、反哺和支持母校是学校发展的重要力量源泉。青年兴则国家兴，青年强则国家强。青年一代有理想、有本领、有担当，国家就有前途，民族就有希望。他们是我们最大的依仗、永恒的动力。

同志们，开弓没有回头箭，建设社会主义现代化强国的巨弓已绷紧弦，推进“双一流”建设的巨弩已蓄满力，我们只有以舍我其谁的使命感、只争朝夕的紧迫感、不进则退的危机感、时不我待的责任感，快马加鞭、再接再厉，才能做深做透综合改革、推进“双一流”建设这篇大文章。

让我们提振精气神，拧成一股绳，不忘初心谱新篇，砥砺前行创新业，为实现中华民族伟大复兴的中国梦奋勇前进、再立新功！

高校学生工作研究
2018 年　第 1 期
第 9～28 页

深化综合改革加快内涵发展 打好新时代吉林大学“双一流”建设攻坚战

——在 2018 年吉林大学工作会议上的讲话

李元元*

2018 年吉林大学工作会议，旨在深入贯彻落实党的十九大精神，以习近平新时代中国特色社会主义思想为指导，聚焦教育系统实施“奋进之笔”的目标任务，全面分析学校当前和今后一段时期改革发展面临的形势、机遇和挑战，做好总结、动员和部署，以崭新的姿态开创新时代学校事业发展新局面。

第一部分：2017年学校工作简要回顾

2017 年被学校确定为“加强思政与协调发展年”。一年来，在学校党委的坚强领导下，我们全面贯彻落实党的十八大和十八届历次中央全会精神，学习宣传贯彻党的十九大精神，以习近平新时代中国特色社会主义思想为指引，坚持“创新、协调、绿色、开放、共享”五大发展理念，坚持“稳中求进、内涵发展”的工作总基调，落实立德树人根本任务，聚焦“一流大学与一流学科”建设，全面完成了全年主要目标任务，各项事业健康发展。

一年来，学校在坚持党的领导，加强党的建设，全面从严治党方面采取了切实有力措施，无论是开展学习党的十九大精神主题活动、深入贯彻全国高校思想政治工作会议精神，还是积极配合中央巡视、狠抓整改落实，都取得了显著成效。

一年来，学校认真贯彻落实习近平总书记对黄大年同志事迹重要指示，掀起了学习黄大年同志先进事迹的热潮，“黄大年精神”丰富了吉大精神内涵，与“白求恩精神”一起成为吉林大学的宝贵精神财富。

一年来，学校积极贯彻落实教育部深化高等教育领域“放管服”改革精神，化解历史遗留问题，努力补齐办学短板，推进综合改革不断深化，对教学科研、学科建设、学生工作、人才

* 李元元：工学博士，教授，博士生导师，中国工程院院士。现任吉林大学校长（副部长级）、党委副书记。

人事、国际化合作、资产后勤、大规模多校区治理模式等方面的改革，进行了新的探索和有益尝试，取得了新的成效。

一年来，全校上下坚持目标导向和问题导向，凝心聚力，创新发展，“双一流”建设不断向前推进，学校综合实力和核心竞争力持续增强。

具体进展主要体现在以下几方面。

（一）顺利入选国家一流大学 A 类建设高校

“考古学、数学、物理学、化学、材料科学与工程”5 个学科入选为指定建设学科，“哲学、法学学科群、机械与仿生工程学科群、电子科学与技术学科群、地质资源与地质工程学科群、人与动物共有医学（医学前沿学科群）”6 个学科（群）被教育部批准为自主建设学科（群）。植物与动物科学、免疫学两个学科（领域）首次进入 ESI 排名全球前 1%，学校进入 ESI 前 1% 学科数量达到 11 个，其中，进入前 1‰学科有 2 个。学校正式迈入“内涵发展、争创一流”的新历史阶段。

（二）人才培养质量不断提高

持续推进“十项本科教学改革与建设计划”，推进学院内以按专业大类招生培养为核心的人才培养模式改革。新增“大学生创新创业训练计划”创新训练资助项目 1250 项，当届学生参与率达到 50%。实施本科生联合培养与海外研修计划，学生海外交流机会不断增加。形成由 50 个系列 175 个项目组成的学科竞赛体系，参赛学生近 1 万名，荣获国际级一等奖 1 项，国际级银奖 2 项，国家级奖 320 项，省级奖 772 项。继续完善以提高创新能力为目标的学术学位研究生培养模式改革和以提升职业能力为导向的专业学位研究生培养模式改革。2592 名研究生获得 2016 年度吉林大学研究生学术业绩奖学金，总奖励金额达到 1168. 68 万元。完成 2017 年“国家建设高水平大学公派研究生项目”的选派及项目选拔推荐工作，184 名研究生被各类公派项目录取，高水平项目录取人数创历年新高。本科生源质量进一步提升。毕业生实现年终就业率 97% 以上。家庭经济困难学生受助率达到 100%。

（三）科学研究水平进一步提升

自然科学领域，共获立项目 2442 项，到账经费 14. 17 亿元，创历史新高。新增千万级重大项目 9 项。集成光电子国家重点实验室顺利通过科技部评估。启动实施 30 个高层次科技创新团队建设项目。获国家科学技术奖 2 项，省部级科技特等奖 1 项、一等奖 23 项。SCI 收录论文 3823 篇，位列国内高校第 10。申请专利和授权专利数量均较上一年度有较大提升。“综合极端条件实验装置—高温高压大体积材料研究系统”国家重大科学基础设施开工建设，2017 年财政拨款 1. 3 亿元。纳微构筑化学国际合作联合实验室通过教育部论证专家组的验收。成立未来科学国际合作联合实验室并建立多个前沿研究中心。

哲学社会科学领域，共获立项目515项，到账经费达到9593万元，创历史新高。其中，获立国家社科基金重大项目2项、教育部哲学社会科学研究重大课题攻关项目2项、国家社科基金研究重大专项项目1项。获立国家社科基金年度项目37项，项目立项率达到21%，高于全国平均立项率6.4个百分点。“SSCI提升计划”成效显著，SSCI论文数量同比增长12%。2016年学校共有1345篇论文被CSSCI收录，其数量连续四年保持全国高校第6位。智库建设稳步推进，159份研究报告被相关部门采纳应用，较上一年度增加23%，56份研究报告得到省部级以上领导的批示，其中冯恩学教授的报告《金朝祭祀长白山神庙遗址在维护领土主权上的重要性与遗址利用对策》得到中央领导的肯定性批示，其成果为维护长白山领土主权安全，筑好历史根基，具有不可替代的重要意义。

（四）人才队伍建设卓有成效

全年新增双聘院士、千人、万人、长江、杰青、优青等各类“国字号”人才共计51人次。目前，学校各类“国字号”人才已达278人次。先后召开3场海外人才招聘会。实施“培英工程计划”，第一批27位入选者将陆续赴麻省理工学院、剑桥大学等世界一流大学开展高水平学术研究。考核评价工作系统化、专业化、科学化水平切实增强。学校被教育部确定为首批教师考核评价改革示范学校。刘财教授团队和于吉红院士团队获批“全国高校黄大年式教师团队”，我校成为全国唯一获批2支团队的高校。

（五）对外交流与合作进一步拓展

学校已与39个国家和地区的282所大学和科研机构建立了合作关系，较2016年增加12所。其中，排名世界前100的高校达到39所。与国际著名高校建立联合教学、科研机构等合作平台34个。与国外一流院校打造的双学位项目增至37个。全年派出出国（境）师生2986人次，其中教职工1229人次，学生1757人次。学校与国家外国专家局签约共建国内首家中外高层次人才引进基地，共获批国拨外专经费1719万元，居国内高校首位。

全年新签署各类国内合作协议30项，其中，重大国内合作协议13项。召开了首届吉林大学科技服务地方与合作发展大会，签署产学研合作协议56项，协议金额4.75亿元。实现了学校与吉林省9个市州及长白山管委会合作全覆盖，开启服务吉林省经济社会发展新局面。全球校友组织达到123个。教育基金会、唐敖庆教育基金会共接收捐赠资金8120万元，实物捐赠价值2000万元，新增协议捐赠金额达到7500万元。

（六）保障能力持续提高，师生获得感、幸福感不断增强

学校2017年决算收入63.51亿元，比上年增长11.11%。再次调整了校内津贴，新增在职人员经费和高端人才薪酬1.85亿元；新增职工医疗保险经费2100万元。完成了对109家单位433处公用房屋出租、出借情况的排查。投入约2.74亿元用于学校基础设施改造和房屋、文物

建筑修缮。完成对校级贵重仪器设备开放共享平台的信息补充工作，实现了已立项仪器设备的上线预约使用功能。国内首个百 G 校园网在学校建成。继续教育实现办学收入 2.84 亿元。和谐家园博士后公寓正式投入使用。中心校区教师办事大厅和西区、北区、东区 3 个综合办事大厅相继落成并投入使用，全年服务师生近 6 万人次，行政服务体系得到进一步优化。

（七）校园文化建设不断加强

举办了庆祝建校 71 周年系列活动。举办了药清泉先生诞辰一百周年纪念图片展等文化活动。完成了中国科协第十九届年会相关活动和科学道德建设论坛承办任务。大型原创话剧《唐敖庆》入选中国科协“共和国的脊梁——科学大师名校宣传工程”支持项目，并在重庆参加了全国会演。

第二部分：认清新形势，深化综合改革，加快内涵发展，打好“双一流”建设攻坚战

习近平总书记在党的十九大报告中提出“加快一流大学和一流学科建设，实现高等教育内涵式发展”，党的十九大的召开表明我国高等教育进入了新的历史时期。2018 年全国教育工作会议要求我们全面贯彻党的十九大精神，以习近平新时代中国特色社会主义思想为指导，部署教育改革发展的各项任务。当前，我们面临的发展机遇前所未有，面临的挑战也日益严峻。我们必须抢抓机遇，以时不我待、只争朝夕的紧迫感、责任感和使命感，把改革发展任务扛在肩上，尽快把挑战转化为机遇、把压力转化为动力，把规模优势、综合优势转化为质量优势、竞争优势，乘势而上，加快推进“双一流”建设。

下面，我结合去年中央巡视整改情况和学校领导班子民主生活会的征求意见，也结合这两周调研的情况，分析一下当前学校面临的发展形势。我们的总体判断如下。一方面，竞争形势严峻，发展压力极大。从外部来讲，当前高校之间的竞争日趋激烈，我们的竞争对手不但有一批老牌名校，而且近年来又增加了几所超常规发展的新兴高校；我们的地缘位置、办学环境、办学资源，特别是经费投入都没有优势；我们几乎所有现有学科都面临前有标兵难以逾越、后有追兵紧步逼近的境地，如果说过去几年在一定程度上我们还能靠大而全保持在国内高校中十名左右地位的话，那么，随着国家“双一流”计划的实施，这种昔日风光已经不存在了。从学校内部来说，我们的世界眼光、战略思维、领导水平、治校能力与党和人民对公平优质高等教育的新期望、国家经济科技社会发展对一流大学的新要求，都还有较大的差距；我们的紧迫感、危机感不强，奉献意识、拼搏精神、务实作风不足；我们的综合改革推进难度大，一些体制机制还制约着发展，一些历史遗留问题未能很好化解，一些新问题又带来了新挑战。另一方面，底蕴深潜力大，有前途有希望。党的十八大以来，学校综合改革初见成效，发展氛围日趋浓厚，

基本面向好向优，核心竞争力稳步提升，建设一流大学的基础不断夯实。吉大深厚的学科底蕴和历史底蕴，为我们建设一流大学提供了更多的战略纵深和战术选择。我们较大的出路和优势主要集中在两个方面。一是挖潜。我们人多，学生规模、教师规模都大，我们也不缺思想解放，人多好办事，解放思想就能办成事、办大事、办好事。如果能把大家的积极性、创造性进一步调动起来，把我们的师均效益、生均效益提高30% ~50%，那么我们的成果总量、办学质量、办学效益将实现跨越性提升。二是创新。创新是大学自身发展的内在逻辑，也是时代对建设中国特色世界一流大学的必然要求。我们学科多，发展的路径选择多，只要我们准确地把握好国际科学技术发展态势、国家新的重大战略需求和经济社会发展新的需要，通过学科交叉和融合，我们就能培育出一些新增长点，做到人无我有、人有我优、人优我特。所以，我们必须通过深化综合改革，加快内涵发展，实现挖潜和创新，打好“双一流”建设攻坚战。下面我阐述学校下一步改革发展的思路和任务。

（一）贯彻落实党的十九大精神，进一步加强党的建设，强化“双一流”建设的思想和组织保障

第一，我们要按照党的十九大报告提出的新时代、新目标、新战略和新要求，以习近平新时代中国特色社会主义思想为指导，准确把握新时代高等教育的主要矛盾和新特征，提高站位，拓宽视野，不断完善新时代办学治校的新理念新思路，勇于承担新时代高校“四个服务”的新使命，落实立德树人根本任务，加快推进中国特色世界一流大学建设。

第二，要进一步加强党的建设。要突出政治建设的首要位置，按照中央统一部署，开展“不忘初心、牢记使命”主题教育，推进“两学一做”学习教育常态化制度化，教育广大党员尤其是党员领导干部，严守政治纪律和政治规矩，牢固树立“四个意识”，不断增强“四个自信”，始终坚持“四个服从”。要加强党对学校工作的全面领导，坚持和完善党委领导下的校长负责制，落实“三重一大”决策制度，大兴调查研究之风。要深化全面从严治党，层层压实管党治党责任，修订学校落实中央八项规定精神的实施办法，建立作风建设长效机制，深化廉政风险防控工作。要加强领导班子和干部队伍建设，加强思想政治工作队伍和党务工作队伍建设，加强基层党建工作。加强统战和群团工作。

第三，要继续巩固扩大政治巡视和意识形态整改工作成果，针对需要长期整改的问题，反复抓、抓反复，做好巡视整改的经验提升和教训总结，为今后的工作提供经验和借鉴，保障学校事业健康发展。

第四，要进一步加强和改进学校思想政治工作。高校思想政治工作关系高校培养什么人、如何培养人以及为谁培养人的问题。面对复杂多变的形势和高校受到的各种思潮和不同文化的冲击，我们要弘扬社会主义核心价值观，深入贯彻全国高校思想政治工作会议精神，推进落实“四个实施方案”，全面落实《高校思想政治工作质量提升工程实施纲要》，着力办好全国重点马克思主义学院，推进思政课课堂教学改革，加强思政课骨干教师队伍、思政工作队伍和党务工作队伍建设。我们要始终保持清醒的认识，落实强有力的举措，不断巩固思想阵地。

（二）坚持依法治校，加快学校治理结构和治理能力现代化建设，强化“双一流”建设的体制、机制和制度保障

从一定的意义上说，学校“双一流”建设也是依法治校，实现治理结构和治理能力现代化的过程。为此，我们要深入推进依法治校工作，加快现代大学制度建设，进一步优化治理结构，提高治理能力和水平，加快形成具有吉大特色、充满活力、科学高效的一流大学管理体制和运行机制。要在国家法律法规和政策的框架内用好学校办学自主权，围绕“双一流”建设创新体制机制，创新和完善制度规则，以体制机制制度创新推动改革发展，调动各办学主体和广大干部师生干事创业、争创一流的积极性。要增强运用法治思维和法律手段解决学校改革发展中突出矛盾和问题的能力，依法有效避免法律风险、化解法律纠纷、维护学校和师生员工的权益，从而切实形成依法办学的体制机制，进一步强化法治对学校“双一流”建设的体制保障、制度保障。

（三）加快学科优化调整，加强学科建设，强化“双一流”建设的基础保障

2017 年是学校发展进程中具有里程碑意义的一年。学校被列入首批世界一流大学 A 类建设高校，有 11 个学科获批为一流建设学科。同时，学校被确定为首批博士学位授权点自主审核高校。今年年初，学校与 11 个一流学科建设单位签订了任务书，“双一流”建设全面启动。无论从学科评估结果，还是从这次学科调研情况来看，我校学科整体发展态势还是催人奋进的。借用孙正聿老师的话说，吉大的好学科一般有五个特点：一是有自己的独特的学术传统；二是有自己的研究纲领；三是有稳定的学术团队；四是有标志性的成果；五是有美好的学术未来。这些我都赞同，相信大家也有这样的共识和信心。但是，坦诚地讲，与“双一流”建设的目标、要求相比，我们的学科还存在一些亟待解决的问题。下面我从学科的排名情况谈谈发展现状，结合调研的情况谈谈面临的问题，从建设一流的角度谈谈发展的思路。

1. 从国内外排名看学科发展现状

首先，我要申明，我们重视排名，但不唯排名，排名可以作为我们分析问题的参考，但不会也不能影响我们按既定目标和路线建设中国特色世界一流大学。这一部分，我选择四个排名评估体系，国内选学位与研究生教育发展中心的学科评估和软科，国际选 QS、ESI，由于时间关系，我就快速帮大家回忆分析一下，这些网络都有，都是公开的，会后大家也可以自己收集整理，对标一下找准位置，看清挑战与机遇。

（1）学位与研究生教育发展中心第四轮学科评估情况。去年年底，学位与研究生教育发展中心公布了第四轮学科评估结果，在全国高校引起较大反响。我校的具体情况见表 1。

表 1　学校学科在第四轮评估结果中的表现

序号	学科	评估结果	排名区间/排名率	参评学科数	合计
1	马克思主义理论	A	5～11/前 5%	231	2
2	化学	A	4～7/前 5%	150	
3	哲学	A－	5～8/前 10%	84	9
4	法学	A－	8～14/前 10%	144	
5	政治学	A－	4～7/前 10%	76	
6	考古学	A－	第 3/前 10%	36	
7	数学	A－	10～18/前 10%	182	
8	物理学	A－	7～12/前 10%	127	
9	机械工程	A－	10～19/前 10%	189	
10	计算机科学与技术	A－	12～23/前 10%	238	
11	工商管理	A－	13～24/前 10%	240	
12	理论经济学	B＋	10～18/前 20%	90	14
13	应用经济学	B＋	16～31/前 20%	155	
14	社会学	B＋	7～13/前 20%	65	
15	中国语言文学	B＋	15～29/前 20%	148	
16	生物学	B＋	17～32/前 20%	161	
17	统计学	B＋	13～24/前 20%	120	
18	仪器科学与工程	B＋	8～14/前 20%	73	
19	材料科学与工程	B＋	18～34/前 20%	172	
20	电子科学与技术	B＋	12～21/前 20%	106	
21	地质资源与地质工程	B＋	4～7/前 20%	38	
22	农业工程	B＋	4～7/前 20%	37	
23	软件工程	B＋	17～33/前 20%	165	
24	兽医学	B＋	5～8/前 20%	41	
25	公共管理	B＋	15～28/前 20%	143	
26	外国语言文学	B	33～48/前 30%	163	12
27	中国史	B	17～24/前 30%	82	
28	世界史	B	12～17/前 30%	58	
29	地质学	B	5～6/前 30%	22	
30	控制科学与工程	B	33～48/前 30%	162	
31	交通运输工程	B	11～16/前 30%	52	
32	环境科学与工程	B	32～46/前 30%	155	
33	食品科学与工程	B	16～23/前 30%	79	
34	基础医学	B	16～23/前 30%	78	
35	临床医学	B	18～25/前 30%	86	
36	药学	B	21～31/前 30%	104	
37	图书情报与档案管理	B	8～12/前 30%	39	
38	动力工程及工程热物理	B－	26～33/前 40%	84	9
39	信息与通信工程	B－	42～54/前 40%	137	
40	水利工程	B－	15～19/前 40%	49	
41	化学工程与技术	B－	44～57/前 40%	144	
42	畜牧学	B－	14～17/前 40%	44	
43	口腔医学	B－	12～15/前 40%	39	
44	公共卫生与预防医学	B－	17～21/前 40%	54	
45	护理学	B－	18～23/前 40%	59	
46	管理科学与工程	B－	58～74/前 40%	187	

续表

序号	学科	评估结果	排名区间/排名率	参评学科数	合计
47	新闻传播学	C	41～48/前60%	81	4
48	地球物理学	C	第7/前60%	13	
49	力学	C	42～48/前60%	80	
50	土木工程	C	68～81/前60%	134	
51	心理学	C－	31～36/前70%	51	6
52	体育学	C－	47～54/前70%	78	
53	生物医学工程	C－	43～49/前70%	70	
54	植物保护	C－	22～24/前70%	35	
55	戏剧与影视学	C－	31～35/前70%	51	
56	设计学	C－	57～65/前70%	94	
57	教育学	—	后30%	101	10
58	地理学	—	后30%	60	
59	海洋科学	—	后30%	22	
60	电气工程	—	后30%	84	
61	美术学	—	后30%	93	
62	作物学	—	后30%	42	
63	中西医结合	—	后30%	54	
64	农林经济管理	—	后30%	39	
65	音乐与舞蹈	—	后30%	69	
66	测绘科学与技术	—	后30%	34	

由表1可见，我校66个学科全部参评，其中56个学科处于排名率前70%。在56个学科中，有2个学科为A类、9个学科为A－类、14个学科为B＋类、12个学科为B类、9个学科为B－类、4个学科为C类、6个学科为C－类。从分布来看，A类和A－类学科有11个，占排名率前70%学科的20%，为优秀学科；B＋类及以上学科占比接近45%，B类及以上学科占比超过66%，说明我校大部分学科处于较高水平。B－类与C－类之间学科有19个，占比约为34%，这些学科处于较低水平；此外，我校还有10个学科排名率处于后30%（71%～100%），没有排名结果。我们最大的短板在于A＋类、A类学科稀缺；最大的潜能在于，A－类、B＋类、B类三类学科较多，占56个学科的63%，占66个学科的53%；最大的问题在于，有10个C类、C－类学科和10个没有入选的学科。

（2）软科世界一流学科排名和中国最好学科排名情况。在第三方社会评价中，软科以完全公开的原始数据为基准，评价相对客观、透明，在学科建设中，我们也可以作为参考。上海软科2017年6月28日正式发布2017“软科世界一流学科排名”。我校在理学、工学、生命科学、医学4个领域，共有19个学科上榜，在社会学科领域无学科上榜。具体情况见表2。

表 2　学校在 2017“软科世界一流学科排名”情况

序号	领域	学科名称	全球排名
1	理学	数学	301～400
2		物理学	401～500
3		化学	37
4	工学	电力电子工程	301～400
5		仪器科学	12
6		生物医学工程	101～150
7		计算机科学与工程	401～500
8		化学工程	151～200
9		材料科学与工程	51～75
10		纳米科学与技术	22
11		能源科学与工程	51～75
12		环境科学与工程	401～500
13		食品科学与工程	76～100
14		生物工程	151～200
15		冶金工程	44
16	生命科学	生物学	401～500
17		基础医学	401～500
18		农学	401～500
19	医学	药学	151～200

上海软科 2017 年 10 月 12 日正式发布 2017“软科中国最好学科排名”，发布了排名前 50% 的学科，我校有 56 个学科上榜。我校无前 1% 的学科，前 5% 仅 4 个，前 10% 有 11 个，10 个没上榜。具体情况见表 3。

表 3　学校在 2017“软科中国最好学科排名”情况

序号	学科	排名	排名率	合计
1	考古学	2	前 5%	4
2	化学	5	前 5%	
3	马克思主义理论	6	前 5%	
4	物理学	7	前 5%	
5	农业工程	3	前 10%	11
6	政治学	6	前 10%	
7	心理学	6	前 10%	
8	哲学	11	前 10%	
9	法学	11	前 10%	
10	机械工程	14	前 10%	
11	应用经济学	14	前 10%	
12	材料科学与工程	15	前 10%	
13	数学	16	前 10%	
14	中国语言文学	16	前 10%	
15	生物学	21	前 10%	

续表

序号	学科	排名	排名率	合计
16	地质资源与地质工程	6	前 25%	20
17	地质学	7	前 25%	
18	兽医学	9	前 25%	
19	图书情报与档案管理	9	前 25%	
20	社会学	10	前 25%	
21	电子科学与技术	14	前 25%	
22	美术学	14	前 25%	
23	理论经济学	15	前 25%	
24	仪器科学与工程	15	前 25%	
25	交通运输工程	15	前 25%	
26	中国史	17	前 25%	
27	基础医学	17	前 25%	
28	食品科学与工程	22	前 25%	
29	公共管理	23	前 25%	
30	药学	24	前 25%	
31	工商管理	32	前 25%	
32	计算机科学与技术	36	前 25%	
33	软件工程	36	前 25%	
34	外国语言文学	38	前 25%	
35	化学工程与技术	41	前 25%	
36	地球物理学	8	前 50%	21
37	口腔医学	14	前 50%	
38	畜牧学	17	前 50%	
39	测绘科学与技术	17	前 50%	
40	世界史	18	前 50%	
41	水利工程	22	前 50%	
42	公共卫生与预防医学	22	前 50%	
43	生物医学工程	24	前 50%	
44	临床医学	31	前 50%	
45	动力工程及工程热物理	32	前 50%	
46	地理学	33	前 50%	
47	体育学	39	前 50%	
48	力学	44	前 50%	
49	电气工程	45	前 50%	
50	控制科学与工程	48	前 50%	
51	统计学	53	前 50%	
52	信息与通信工程	54	前 50%	
53	环境科学与工程	57	前 50%	
54	管理科学与工程	58	前 50%	
55	土木工程	66	前 50%	
56	教育学	72	前 50%	

续表

序号	学科	排名	排名率	合计
57	护理学	—	—	10
58	新闻传播学	—	—	
59	植物保护	—	—	
60	戏剧与影视学	—	—	
61	设计学	—	—	
62	海洋科学	—	—	
63	作物学	—	—	
64	中西医结合	—	—	
65	农林经济管理	—	—	
66	音乐与舞蹈	—	—	

（3）QS 世界大学学科排名情况。在世界一流大学和一流学科的评选中，有关部门参考了国外的 QS 排名，所以，QS 世界大学学科排名我也稍微介绍一下。在 2018 年排名中，中国内地共有 73 所大学的 576 个学科进入全球 500 强。吉林大学有 9 个学科进入全球 500 强（见表 4），入选学科数量位居国内高校第 26（见表 5）。我们没有进入 100 强的学科，24 个人文社科类学科一个都没有进入 500 强。通过分析 QS 指标体系发现，我们学科的国际化程度普遍较低，国际声誉和影响力也有待加强提升。

表 4　QS 世界大学学科排名我校学科排名情况

序号	学科	全球排名	序号	学科	全球排名
1	化学	101～150	6	电子工程	351～400
2	化学工程	151～200	7	生物学	401～450
3	材料科学	101～150	8	物理学	401～450
4	农学	251～300	9	计算机科学	401～450
5	机械工程	301～350			

表 5　QS 世界大学学科排名兄弟高校入选学科情况

单位：个

序号	学校	前 10	前 50	前 100	前 500
1	北京大学	2	29	38	38
2	清华大学	3	21	33	33
3	复旦大学	—	7	22	30
4	浙江大学	—	3	12	28
5	南京大学	—	2	6	26
6	上海交通大学	—	10	18	25
7	北京师范大学	—	1	6	23
8	武汉大学	—	2	3	21
9	中山大学	—	—	1	21
10	同济大学	—	3	3	17

续表

序号	学校	前10	前50	前100	前500
11	哈尔滨工业大学	—	—	1	15
12	上海大学	—	—	—	15
13	西安交通大学	—	—	—	15
14	中国科学技术大学	—	2	6	14
15	中国人民大学	—	1	3	14
16	南开大学	—	—	—	14
17	东南大学	—	—	—	12
18	山东大学	—	—	—	12
19	华南理工大学	—	—	—	11
20	华中科技大学	—	—	—	11
21	厦门大学	—	—	—	11
22	大连理工大学	—	—	—	10
23	北京理工大学	—	—	1	9
24	天津大学	—	—	1	9
25	北京航空航天大学	—	—	—	9
26	吉林大学	—	—	—	9

（4）ESI学科排名情况。一流大学和一流学科如何评价，从发表学术论文的角度，ESI是个重要的参考依据。由于ESI评价只考虑SCI论文被引次数，是一个比较客观的量化指标，能相对公正反映一个学科基础和应用基础研究的真实实力，所以，近几年国内教育主管部门和各大学也比较重视ESI指标。今年3月，科睿唯安（原汤森路透）公布了ESI最新统计数据，覆盖时间段为2007年1月1日至2017年12月31日。我校进入ESI前1%学科数没有增加，在进入的11个学科中，有的学科轻微波动，有的学科处于临界点；但也有少数学科进入ESI前1%机会在增大。大家可以看看表6、表7、图1。

表6　学校进入ESI前1%学科表现情况

学科	WOS论文数(篇)	被引频次(次)	篇均被引频次(次)	机构排名	机构千分位
化学	12185	162207	13.31	42/1214	0.3460
材料科学	4991	69071	13.84	41/826	0.4964
临床医学	3875	25835	6.67	896/4213	2.1268
工程学	2426	12658	5.22	339/1369	2.4763
药理学与毒理学	1020	8734	8.56	343/846	4.0544
农业科学	462	4510	9.76	385/792	4.8611
生物与生物化学	1939	16606	8.56	469/997	4.7041
物理学	4072	41599	10.22	382/720	5.3056
地球科学	1596	14139	8.86	357/654	5.4587
植物学与动物学	498	2930	5.88	1107/1195	9.2636
免疫学	528	4934	9.34	662/714	9.2717

注：机构千分位代表该学科领域与前1‰学科的距离，数值小于1代表该学科领域已进入前1‰，反之则该学科没有进入前1‰。算法：机构千分位=排名÷（前1%机构数×10）。

表 7　未进入 ESI 前 1% 学科的表现情况

学科	WOS 论文数(篇)	被引频次(次)	阈值	潜力值	潜力排名
数学	1050	3924	4215	0.93	1
神经系统学与行为学	698	4754	5726	0.83	2
计算机科学	539	2476	2984	0.83	3
分子生物学和遗传学	1156	9357	12096	0.77	4
微生物学	474	3712	5195	0.71	5
社会科学总论	126	916	1333	0.69	6
环境学与生态学	494	2350	3973	0.59	7
综合交叉学科	38	301	2543	0.12	8
经济与商业	73	456	4103	0.11	9
神经病学与心理学	59	216	3734	0.0494	10
空间科学	47	139	34583	0	11

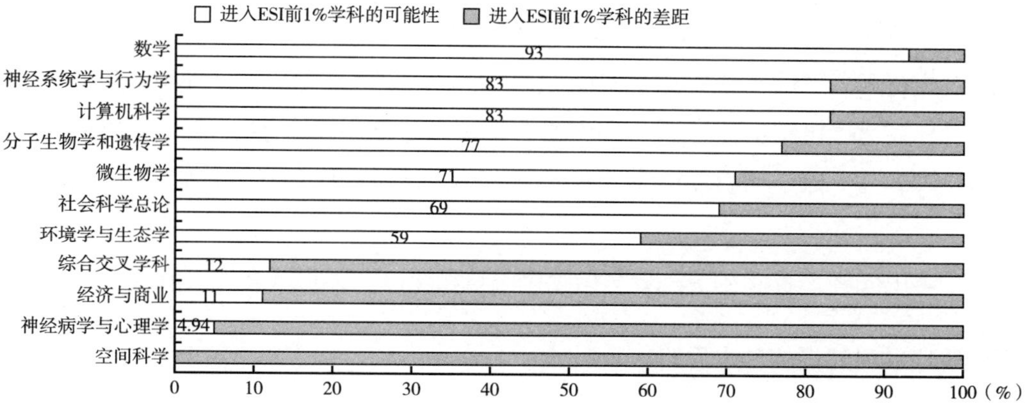

图 1　未进入 ESI 前 1% 学科进入的可能性

2. 学科建设面临的突出问题

学校各学科在国际国内几个排名的位次大家通过上面的图表都很清楚了，学科本身存在共性问题，一是国际化程度普遍较低，国际声誉和影响力也很弱；二是研究成果质量还不够高。下一步我们学科建设该怎么办？在这次学科调研中，很多专家学者、学科带头人就此也提出了很多很好的意见和建议。我就从全局角度，把学校的学科建设面临的问题，概括为四个方面。

一是学科整体实力较强而顶尖学科不足。在第四轮学科评估中，我们 56 个学科上榜，上榜总数位居全国第 3，上榜的 56 个学科主要集中在 A－、B＋和 B 三类学科上，占排名率前 70% 学科的 63%，说明我校大部分学科处于较高水平。但是，我们建的是一流学科，较高显然不是一流。这次我校没有 A＋类学科，A 类学科仅为 2 个，这与学校总体建设目标不相匹配，也明显逊色于一些同类高校。

二是学科规模庞大而学科建设资源不足。经过近几年的努力，我们的财务状况有了根本好转，2017 年财务收入将近 64 亿元。但是办学规模庞大，急用经费的地方太多，学校能集中用于学科建设的经费才6.5亿元，而我们目前是用有限的资源建设66个一级学科。如果去掉刚需，则下拨给各个学科的建设经费并不多。这要求我们必须进一步缩减学科规模，在保持学科生态的基础上首先确保一流学科建设。

三是学科布局和结构不够科学，新兴学科少。学校通过上一轮学科结构优化调整，砍掉了9个一级学科，整合了2个一级学科，一定程度上解决了“多而杂”“全而泛”的问题。但是，还存在部分学科重复建设、学科群整合不力、新兴交叉学科布局不够的情况；学科结构上还存在一些基础学科发展乏力、对应用学科支撑不够，一些应用学科的建设方向过于传统或分散、缺乏生命力，优势学科和支撑学科生态结构发展失衡的问题。我们必须充分用好学校拥有的学位授予自主审核权，通过“加减乘除”“无中生有”“有中化优”进一步优化调整学科布局和结构，特别是要加快培育和发展新兴学科，打造良好的学科生态。

四是学科建设的体制机制不太合理。由于目前我校学科划分过细，学科建设单位过多，很多学院都是一个学院建设一个或两个一级学科，甚至存在多个学院共建一个一级学科的现象，学科交叉融合也存在严重壁垒。少部分研究机构作为学科建设组织单位，体量过小且相对封闭，缺乏发展后劲。在运行机制上，学科建设资源的管理和分配还存在条块分割、放管不清晰、责任和权利不对等、评价体系和激励投入机制尚未完善等情况，以致学科建设效益不高、成绩不突出。

以上四个突出问题，我们在下一步学科优化调整和建设中必须认真加以解决。

3. 下一阶段学科建设的基本思路

通过这一轮调研，我们把问题看得更加清晰，决心和信心也增强了。我认为，下一阶段我们要做好以下三方面工作。

一是优化调整学科结构和布局。当前，我校11个一流学科（群）建设已经启动。我认为，近期目标有两个：第一，无论指定建设的一流学科还是自主建设的一流学科都要在2020年向国家和社会交出圆满的答卷；第二，力争在学位与研究生教育发展中心第五轮学科评估中，我校至少有5~7个A+类学科、15个左右A类学科，坚决打赢我校学科建设的攻坚战，实现我校一流大学建设的第一步目标。对于不同的学科，我们要精准发力，精准施策。首先，要全力以赴支持一流学科建设。首批建设的11个学科就是我们学科建设的排头兵、突击队，是建设A+类、A类学科的主力。其次，要抓紧布局部分新兴、交叉学科，抢占学科前沿领域。近期，拟在国内首先设立仿生科学与工程、人与动物共有医学两个一级学科，占领学科制高点。我们还要在第二批、第三批一流学科布局整合中，重点建设一些有发展潜力的新兴、交叉学科。最后，要进一步缩减学科规模，重点在C类以下及未上榜学科中，对相近学科、重复建设学科、弱势且又对学科生态没有支撑作用的学科，在一段时间内开展学科竞争性建设，建立起优胜劣汰的调整机制，提升学科建设资源使用效益。

二是创新学科管理体制。实现“双一流”建设目标，必须对现有学科建设单位进行整合，通过学科建设的体制机制改革来加快推进一流学科建设。我们的思路是：立足当前，谋划长远，盘活现有学院，合并相近学院，成立新兴学院，以适应“双一流”建设的需要。比如，学校近期正在抓紧论证和筹备成立考古与文博学院、航空航天学院、人工智能学院和非常规能源学院。

三是优化学科资源配给机制。对于首批“双一流”建设学科，我们从管理模式上进行了探索，设计了实行目标管理考核并以学科建设成效为基础的资源分配和管理模式，这个改革是具有重大意义的。下一步学校要结合放管服改革的落实，进一步细化学科管理制度改革。学校各个职能部门和学院共同列出学科建设的权力清单，明确学科建设中哪些权力是需要学校统筹管理，哪些需要下放给学院。需要学校管的，就明确管理制度，规范审批程序；需要学院管的，也要明确下来；学校各职能部门做好监督和服务工作。

前面我谈了推进“双一流”建设中的三个问题，一个是思想和组织保障问题，一个是体制、机制和制度保障问题，一个是基础保障问题。下面我再谈一下今年我们将重点推进的与“双一流”建设相关的四项改革。

（1）人才培养模式改革

社会各方面反馈的信息，对我们的本科教育总体上都是予以肯定的。但是，光吃老本是不行的，面对“双一流”建设提出的培养拔尖创新人才的新任务，我们必须不断改革创新，才能巩固和延续本科教育优势。今年，学校将开展全校性的教育思想大讨论，它关系到我们的办学理念、办学思想，实际上就是新一轮的思想解放。没有新一轮的思想解放，我们要做到卓越、做到一流是困难的。我们要力求通过大讨论，把立德树人根本任务落到实处，以一流的人才培养全面推进“双一流”建设。

一是把新的教育理念作为立德树人的先导。一要树立以学生为中心的理念。把一切为了学生的健康成长、全面发展作为大学教育的首要追求。二要坚持学习成果产出导向。我们要强调学生学到了什么而不是教师教了什么，强调研究型教学模式而不是灌输型教学模式，强调个性化教学而不是“车厢”式教学。三要建设新的质量文化。建立自省、自律、自查、自纠的质量文化，将质量价值观落实到教育教学各环节，将质量要求内化为全校师生的共同价值追求和自觉行为。

二是把新的教育模式作为立德树人的关键。主要从六个方面下功夫。第一要进一步调整优化学科专业结构，例如，工学部要加强人工智能、大数据、智能制造、仿生工程等新工科建设。第二加强课堂教学，让课堂教学成为培养一流人才的主战场。在对法学教学进行调研的时候，他们提出了“智慧”教学的概念，这个概念提得很好，我们要在这方面多做探索和尝试。我们要充分发挥课堂全面育人功能，实现各类课程同向同行。要注重把课堂从单纯的知识传播场所，拓展成为立德树人的场所，要将政治标准与学术理论标准有机统一起来。第三加强实践教学。最近南岭校区的工程训练中心竣工了，我们不仅要打造一流实践教学平台，而且要不断创新实践育人模式，打造优秀实践教学团队，在条件、理念、举措和制度等方面力争做到国内第一。第四要关注学生全面发展。要充分重视课堂教学、实验教学、实践教学、学术竞赛、创新创业竞赛、校园文化和社会实践活动的协调统一。第五要关注教学与科研深度融合，让科研反哺教学的优势成为显著特色。第六要关注学生创新创业能力发展。要把创新创业教育纳入通识教育和专业教育课程体系，营造开放共享创业文化氛围。

在研究生教育方面，如何推进招生选拔制度改革、如何推进培养模式改革、如何进一步提高研究生特别是博士生的学术水平和创新能力、如何加快推进研究生教育的国际化进程等，我在这里不多谈了，总的要求就是与“双一流”建设同向同行，为加快“双一流”建设助力。

（2）医学教育改革

我们的医学教育就其规模来讲，大概占学校总量的三分之一，所以“医学上去了”，吉大也大大前进了。我们的医学教育必须紧紧抓住“双一流”建设和国家推进医学教育改革的双重契机，进一步深化医学教育体制机制改革，加快推进医教协同，全面提升医学人才培养质量和科研水平，不断增强卫生健康和医疗服务能力，力争使学校医学教育、医疗水平与学校整体建设目标步伐一致，早日跻身世界一流行列。

2017 年 11 月 18 日，学校党委常委会第 41 次会议审议通过的《吉林大学落实医教协同进一步推进医学教育改革与发展实施方案》，从改革总体思路；构建标准化、规范化的医学人才培养体系，全面提升医学人才培养质量；优化人才培养结构，服务国家战略布局；创新体制机制，加强医教协同管理；完善人才激励政策，加强人才队伍建设；完善支持保障体系六个方面，概括了 27 条，为推动医学教育方面的改革指明了方向，明确了目标，给出了举措，各医学相关单位，一定要加快任务分解，确定“路线图”，出台实施细则。绘好“时间表”，落实改革任务台账，确定重点督办事项。实施常态化、经常化的监督考核机制，强化激励和问责，确保高效率、高质量完成改革任务。

（3）人事制度改革

受地域环境、合校历史遗留问题等一些客观因素制约，我校人事管理仍面临一些突出矛盾和问题，主要表现在：一是事业单位“岗位聘用管理”体制与“身份管理”传统之间的矛盾；二是学校超大规模的教职工队伍与科学的精细化人事管理需求之间的矛盾；三是学校地处经济欠发达地区与队伍建设急需大量资金投入之间的矛盾；四是学校宏观层面加强学校统筹规划能力与微观层面向学院下放权力之间的矛盾；五是人事制度的改革创新与保持教职工队伍基本稳定以及学校总体和谐环境之间的矛盾。面对激烈的人才竞争和兄弟院校如火如荼的人事制度改革，面对“双一流”建设的繁重任务，我校人事制度改革迫在眉睫。

近几年，学校持续推进人事制度改革，许多改革措施已经进入了具体实施和磨合调整阶段，同时也进入了深水区和攻坚期。下一阶段，人事制度改革的主要任务就是进一步下放管理权限，激发人员活力。一是加快推进管理重心下移。把一些人财物的调配权下放给学院，学校首先选择部分学院或学科进行改革试点，探索绩效工资包干试点改革，进一步下放人员聘用、职务晋升、考核评价、津贴分配权限。二是继续深化人员聘用制度改革。进一步拓宽人员聘用渠道，丰富人员聘用方式，实行多种方式相结合的人员聘用模式，建立能进能出的、灵活的用人机制。

三是系统开展考核评价。按照考核工作实施办法全面开展各系列人员的考核评价工作，特别是做好对教师的考核工作，充分发挥考核评价的激励、竞争与约束作用，全面激发人员活力。四是大力加强高层次、青年人才队伍建设。坚持“党管人才”原则，持续优化人才引育体系。强化“待遇留人”、“感情留人”、“事业留人”和“理想信念留人”，充分利用有限资源构建有利于人才成长和发展的环境氛围。做好梯队建设，争取各方资源。青年教师是我们的短板，但他们恰恰又代表着学校的未来。我们不要只谈口头上的重视，而要切实行动，全校上下一定要为青年教师创造更优越的成长环境，提供更广阔、更优质的成长平台，大幅提升（优秀）青年教师的比例。五是加快推进“人才与学术特区”建设。将“双一流”建设学科全部纳入试点学院建设，并重点建设未来科学国际合作联合实验室、纳微构筑化学国际合作联合实验室等“人才与学术特区”，先试先行。

（4）公用房制度改革

近年来，随着学校事业的发展，我校房产资源数量也逐年增多，但现有的房产资源仍不能很好地满足教学、科研等工作的需求。据统计，我校 11 个一流学科、26 个建设单位科研用房需求量为 98508 ㎡。根据教育部统计，我校应有实验用房面积 465717 ㎡，而现有面积仅为 342078 ㎡，缺额 123639 ㎡。供需矛盾的凸显，在一定程度上成为制约我校发展的瓶颈，解决公用房的供需、管理和使用问题显得尤为迫切。据我们掌握的信息，36 所一流大学 A 类建设高校中，有 31 所已实施公用房管理改革。因此，推进公用房改革，建立科学、合理、公平、高效的资源管理制度，是推进“双一流”建设的当务之急。

按照学校公用房管理改革步骤，改革试运行工作已圆满完成，今年学校将重点推进以下几项工作。

一是全面落实公用房管理改革方案。我们要求各学院、相关独立科研机构根据学校现行改革方案，制定本单位用房管理政策。党政主要负责人、领导班子要负起责任，落实改革措施，深度挖潜，借助经济杠杆，活化单位内部房产资源，将用房量与教学、科研贡献率相挂钩，提高公用房屋使用效率，力争解决办学空间不足的问题。二是全面实施房产资源使用费收缴工作。房产资源使用费的收缴是保证公用房改革成功的关键举措。三是建立科研及人才引进周转房管理和流转制度。学校将制定引进人才安置科研周转房管理及流转制度，进一步盘活各校区房产资源，优先支持一流学科建设、重点实验室建设及优秀人才引进。

以上几点都是在现有存量基础之上做出的政策调整。当然，我们也可以跳出这个思维。前面讲过，法学院通过积极筹款准备建设法学院大楼，学校是非常赞同和支持的。同时也积极支持政治学、马克思主义理论、哲学等学科共同筹资建设法学学科组团大楼。这样，哲学社会科学学科的空间环境将发生巨大变化。这样好的经验做法，也希望其他学院，特别是有迫切愿望和良好校友基础的学院积极争取，一定要把政策用足用好，鼓励大家多争取社会和校友资源。

同志们，我们反复强调，学校的改革早已进入攻坚期和深水区，能改的、容易改的都已经改完了，剩下的都是难啃的硬骨头，关键是看如何行之有效地将改革向纵深推进。

第三部分：2018年学校主要工作思路和重点任务

2018 年，时值改革开放 40 周年，是贯彻党的十九大精神的开局之年，是决胜全面建成小康社会、实施“十三五”规划承上启下的关键一年，是教育系统实施“奋进之笔”的进取之年。学校将 2018 年确定为“深化改革与内涵发展年”。今年的学校工作要点已经党委常委会和全委会审定，很快会下发到各单位（部门），请大家主动认领，遵照执行，全力抓好落实。下面，我利用一些时间，简要“点一下”需要重点推进的几方面工作。

2018 年学校工作的总体思路。全面贯彻党的十九大精神，坚持以习近平新时代中国特色社会主义思想为指导，全面贯彻党的教育方针，准确把握新时代的历史方位，深刻领会高等教育新阶段的新特征、新使命、新任务，以“深化改革与内涵发展”为主题，以“世界一流大学和一流学科”建设为抓手，落实立德树人根本任务，推进全面从严治党，深化综合改革，突出优势特色，着力写好“奋进之笔”，全力提供公平优质教育，努力做到人民满意，争当新时代中国特色社会主义标杆大学，在加快教育现代化、建设教育强国的新征程中做出更大的贡献，为实现“两个一百年”奋斗目标和中华民族伟大复兴中国梦提供坚实的人才基础和智力支持。

2018 年学校的主要预期目标。人才培养质量进一步增加；争取 7 项以上国家级教学成果奖；力争到校自然科学各类研发经费达到 16 亿元，获得国家级科技奖 3 项，获得省部级一等奖科技奖励 10 项以上，SCI 论文数量达到 4200 篇，获批发明专利 1000 件以上；到校人文社会科学研究经费突破 1 亿元，CSSCI 论文数量继续保持国内高校前六名，SSCI 论文数量有较大幅度增加，组建 1 ~ 2 个国家级高端智库；新增各类“国字号”人才 40 人次以上；扩大国际学生规模，总数突破 2500 人；全校可支配性收入较 2017 年增长 4% 左右，获社会各界捐赠款物总额超 1.3 亿元。

2018 年的主要工作任务如下。

（1）深入学习贯彻习近平新时代中国特色社会主义思想和党的十九大精神。我们要把持续深入学习习近平新时代中国特色社会主义思想和党的十九大精神作为首要政治任务，通过多种形式、多种媒介，全方位、立体化、多角度的学习，在学懂弄通做实上下真功夫。要充分发挥我校哲学社会科学的优势和作用，开展习近平新时代中国特色社会主义思想的理论研究，在组织重大课题攻关、参与理论读物编写等方面主动作为，为习近平新时代中国特色社会主义思想系统化、学理化、学科化研究阐释做出应有贡献。要围绕习近平总书记对黄大年同志先进事迹做出重要指示一周年的时间节点，组织开展以学习和践行“黄大年精神”为主题的系列文化活动，同时继承和弘扬“白求恩精神”，培育和形成新时代“吉大文化”“吉大精神”。

（2）进一步加强党的建设。关于这一点，稍后杨书记会做具体要求和部署。总的来讲，我们要加强党对学校工作的全面领导，严格执行党委领导下的校长负责制，落实“三重一大”决策制度。突出政治建设的首要位置，开展“不忘初心、牢记使命”主题教育，推进“两学一做”学习教育常态化制度化。深化全面从严治党，层层压实管党治党责任，深化廉政风险防控工作。加强领导班子和干部队伍建设。加强思政和基层党建工作。加强统战、群团等工作。

（3）进一步提升学科建设水平。关于这一点，前面我已经讲得很充分了。我再强调一下，今年重点是要抓好第一批次的11个“双一流”学科（群）的建设工作，这11个学科（群）要明确目标责任，做好任务分解，及时分析总结，确保按时、保质完成各项任务。要有计划、有步骤地开展学科优化调整工作，一方面，开展“双一流”建设第二、第三批次学科的规划设计与论证工作，组织遴选第二、第三批次建设学科；另一方面，坚定不移地缩减学科规模，对相近学科、重复共建学科、弱势且又对学科生态没有支撑作用的学科进行调整；同时，抓紧筹备成立考古文博学院、航空航天学院、人工智能学院、非常规能源学院，加快自主设置仿生科学与工程、人与动物共有医学一级学科等工作。

（4）进一步深化教育教学改革，提升人才培养质量。牢固树立人才培养在学校工作中的核心地位，组织开展好2018年教育思想大讨论系列活动。全面优化“三种环境”、完善“五种类型”创新人才培养模式，全面实施本科生按大类招生，按大类培养改革。在机械、医学、地质学、人文领域设立新的拔尖试验班。修订博士研究生指导教师选聘及招生资格审查标准。实施博士研究生综合改革计划，继续推进（本）硕博贯通式培养研究生和硕博连读研究生培养模式改革工作，贯通硕博课程体系，提高学术学位研究生的学术能力和科研水平。

（5）进一步提升科学研究水平。在自然科学方面，继续推进“吉林大学高层次科技创新团队”建设，力争依托“大团队”，新增“大项目”，产出“大成果”，为实现“十三五”末学校科研经费达到20亿元的目标奠定坚实基础。积极组织“超硬材料”和“汽车仿真与控制”两个国家重点实验室的评估工作。全力推进国家重大科技基础设施“综合极端条件实验装置—高温高压大体积材料研究系统”的建设工作。根据国家科技发展的战略目标和我校特色，积极谋划建设包括国家重点实验室在内的新的国家级科研基地。加快建设我校“理工农医”交叉融合的“新工科”科学研究基地。促进军民融合发展，推进科技成果的军民双向转化。加强校园科学文化构建，办好“吉林大学鼎新讲座”系列学术活动。

在哲学社会科学研究方面，组建哲学社会科学创新发展国际研究院。修订《吉林大学哲学社会科学科研项目管理办法》，加强重大项目培育，拓宽横向项目来源渠道。深入实施《吉林大学智库建设实施方案》，做好国家级智库的选拔和培育工作。制定《吉林大学哲学社会科学研究“走出去”提升计划》。组织“吉林大学哲学社会科学青年教师学术交流海外工作坊”。制定《吉林大学哲学社会科学学术期刊管理办法》，提升学术期刊建设水平。

（6）进一步加强人才队伍建设工作。继续做好“千人计划”“万人计划”“长江学者”等重大人才项目的组织申报工作。加快推进高水平引才引智平台建设，加快推进未来科学国际合作联合实验室建设，大力延揽国际“高精尖缺”人才和创新团队。稳步推进国际通行的“预聘—长聘”制度，大力培养优秀青年人才，建立健全人才分类评价体系。优化教师绩效考核指标体系，加强对教学、科研基本工作量的考核。

（7）进一步加强对外交流与合作。在国内交流与合作方面，全面落实学校与吉林省地市（州）签署的合作协议，推进与东北地区和内蒙古自治区的战略合作，寻求与国有大型企业的全面合作，拓展与长三角、珠三角、环渤海和京津冀等经济发达地区的深入合作。筹备第二届吉林大学科技服务地方与合作发展大会。做好对口支援西部高校相关工作，积极参与国家“一带一路”核心区医疗服务中心建设。继续巩固定点扶贫工作取得的成效，配合完成教育部直属高校定点扶贫首次考核工作。

在国际交流与合作方面，拓展并深化与世界名校的实质合作，着力推动与英国布里斯托大学、加拿大阿尔伯塔大学等世界名校的内涵合作，尽快建成中外合作办学机构。启动“学生国际竞争力提升计划”和“学生国际竞争力卓越计划”。落实111计划、千人计划“外专项目”等重点项目。建好高层次人才引进基地。启动国际化示范基地2.0版本、全外文授课学位项目引智计划。进一步提升“北国风情”系列品牌效应，拓展高水平香港学生研修营队。打造海外孔子学院升级版，配合“一带一路教育行动”，服务国家外交工作。

（8）进一步服务和保障民生，着力打造“十件实事”。一是深化完善就业创业工作体制机制，包括就业市场体系、就业指导体系、创业扶持体系、就业援助体系，努力实现学生更高质量和更充分就业。二是改造建设若干智能教室，逐步完成教学条件、教学环境的整体升级。三是推进治安防控体系建设，完善网格化管理和校园视频监控系统。四是实现学校总收入和可支配收入的稳定增长，进一步提升教职工福利待遇（这一点在今年1月已经完成）。五是加快推进中心校区体育馆、超硬实验室综合楼、基础园区两栋学生宿舍楼相关建设工程的施工管理，完善师生工作、学习、生活条件。六是筹备召开吉林大学第八届教职工代表大会暨第十九次工会会员代表大会，加强民主管理和民主监督，做好帮扶慰问工作，开展为教职工送温暖活动。七是进一步完善仪器设备开放共享平台，不断提高仪器设备的有效利用率，实现贵重仪器设备使用情况的远程获取和监控。八是正式启动公用房收费工作，让公用房发挥最大效益，为教学、科研提供物质保障。同时进一步开展全校违规出租出借公用房屋和强占房屋的核查清理工作。九是加快推进学校公务用车改革进程，建立交通保障高效、费用节约、车辆管理规范、监管问责有效的新型公务用车制度。十是做好中央高校改善基本办学条件专项实施监管工作及中央高校改善基本办学条件专项检查与申报工作，努力改善学校基本办学条件。

老师们、同志们、同学们，以上是学校2018年的重点工作。可以说，全年的工作任务仍然繁重、压力仍然巨大。希望大家在学校党委的坚强领导下，深化综合改革，加快内涵发展，开拓创新，精准发力，打好新时代吉林大学“双一流”建设攻坚战，努力办好让党和人民满意的教育，为把吉林大学早日建成中国特色世界一流大学而不懈奋斗！

谢谢！

党建研究

高校学生工作研究
2018 年　第 1 期
第 31 ~ 38 页

网络背景下高校学生学习型基层党支部的构建*

张　媛**

摘　要： 作为思政工作的重要战斗堡垒和组成部分，网络背景下高校学生学习型基层党支部的构建尤为重要。通过对构建高校学生学习型基层党支部的主体架构分析，可以将影响因素总结为个人、组织和环境三类。为保证学习型基层党支部建立的有效性，在构建平台过程中应充分考虑网络平台、人员保障、学习制度、目标理念、机制保障，同时建立起党支部知识学习及共享机制。高校学生学习型基层党支部的评价主要从组织的知识学习能力、组织的知识应用能力、知识共享与创新能力和组织基础建设能力四个方面来进行。

关键词： 网络　学习型组织　基层党支部

2016 年 12 月 7 ~ 8 日，全国高校思想政治工作会议在北京召开。中共中央总书记、国家主席、中央军委主席习近平出席会议并发表重要讲话，强调高校思想政治工作的重要性和特殊意义。作为高校中具有先锋模范带头作用的学生基层党支部，是高校思想政治工作的重要战斗堡垒和组成部分。随着网络技术的高速发展和大数据时代的到来，如何构建高校学生学习型基层党支部，充分发挥学生党员的责任意识和自主意识，促进党在高校思想政治工作中的领导、教育、创新作用，是高校党建工作的重点和难点。

网络背景下信息技术的发展和变革改变了大学生的信息获取方式，也改变了他们的学习、工作、生活和思维方式。在开放、动态、复杂、多变的内外部环境中，高校学生基层党支部想保持其组织活力，就需要快速地习得知识并将知识合理运用于组织建设和个人成长，这些仅靠党支部内党员个人学习和进修已无法满足。因此要在高校学生基层党组织中加快构建学习型组织，不断提升团队及党员自身对内外动态环境的适应性和应变性，使学生党员的个人优势变为

* 本文为山东省2017年高校人文社会科学研究计划（思想政治教育专题研究）“大数据背景下构建高校学习型基层学生党组织的实证研究”（项目编号 J17ZC03）的阶段性成果。

** 张媛：山东大学微电子学院讲师，院团委书记，主要从事大学生思想政治教育研究。

集体优势。学习型组织是一个能熟练地创造、获取和传递知识的组织，是人们从工作中获得生命意义、实现共同愿望和获取竞争优势的组织[1]。在我国国情及高校学生党支部实际的基础上，本文将高校学生学习型基层党支部界定为，将传统学习方式和创新理念有机结合，以团队式、交互式学习为主要手段，以提升学生基层党支部战斗力和凝聚力，提高学生党员的综合素质和党组织的整体效能为根本目标的组织（支部）。

一　构建高校学生学习型基层党支部影响因素

耗散结构理论提出，组织内部存在多种元素，它们之间的相互效应和协同运作，形成了系统的整体行为和有序结果[2]。因此，高校学生学习型基层党支部作为一种组织形态，也应具有基于多维度学习、主体协同运作的活动过程，是一个由高校、相关职能部门、学习团队、学生党员个人等组成的多元化主体架构。基于此，可以将构建高校学生学习型基层党支部的影响因素总结为三类，即党员个人、组织和环境。

（一）构建学习型基层党支部影响因素——个人

作为最小单位，学生党员个人对构建高校学生学习型基层党支部的影响主要有三个方面：一是个人心态和目标，即组织内的个人是否有意愿推进学习型基层党支部的构建；二是时间和空间，即个人所处的时间和空间是否允许学习型组织活动的开展和参与；三是个人是否能够通过网络学习获取组织的相关内容，是否能够通过网络参与组织的学习活动。

（二）构建学习型基层党支部影响因素——组织

作为构建的目标，基层党支部这一组织也对学习型组织的建立有着重要的影响：一是组织目标，即组织是否有意愿成为学习型组织，是否将学习看作组织成长和发展至关重要的环节，是否重视学习；二是组织在构建学习型基层党支部的过程中，是否能够提供与学习相关的保障措施，如充足的学习内容、良好的学习氛围以及完善的学习平台等。

（三）构建学习型基层党支部影响因素——环境

环境指的是构建学习型基层党支部所面临的外部环境，其包含较多的内容，如社会环境、高校环境、舆论环境、网络环境等，会对高校学生学习型基层党支部的构建产生影响。因此，在构建高校学生学习型基层党支部的过程中，最为重要的是依据社会和时代的发展规律，合理利用国家相关有利政策，从高校、党组织和学生党员的客观因素出发，充分考虑其发展需要，只有这样才能确保学习型基层党支部不断发展，确保其发展更具活力。

二　高校学生学习型基层党支部组织平台建设

高校学生学习型基层党支部的构建是一个系统工程，基于一定的理论研究和实际需求，本文构建了基于网络背景下的高校学生学习型基层党支部组织平台，将网络平台、人员保障、学习制度、目标理念与机制保障的相关内容都纳入平台建设中，以确保学习型基层党支部建立的有效性。网络背景下高校学生学习型基层党支部组织平台见图1。

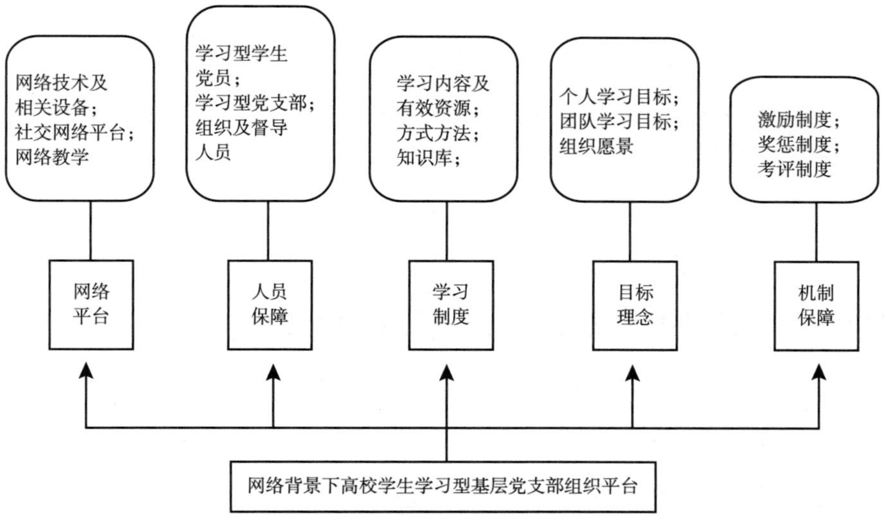

图1　网络背景下高校学生学习型基层党支部组织平台

构建高校学生学习型基层党支部是一个柔性的系统工程，因此在构建过程中也必须从网络平台、人员保障、学习制度、目标理念、机制保障这五个方面进行建设及有效保障，才能保证学习型组织的长效发展。其中应主要注意以下几个方面。

（一）目标一致性

目标是个人、部门或整个组织所期望的成果。它定义了你希望“狩猎”的场所，它规定了什么在努力的范围之内[3]。目标的不同往往导致组织内部出现各职能部门在工作活动过程中出现行动不一、秩序混乱等状况，造成组织内部协调不畅、效率低下。一致性的目标规划和协调的目标体系使得高校学生基层党支部在构建学习型组织及知识共享过程中精力更加集中，从而加快磨合，迅速推进共享进程和组织构建。

（二）空间相似性

空间相似性主要涉及高校学生学习型基层党支部的组织结构。组织结构会影响到合作创新绩效[4]，其中当然也包括知识资源的习得和协作创新。组织结构的调整和优化是获得协同的一种重要途径[5]。因此，组织结构在高校学生学习型基层党支部平台构建中也会产生重要影响。扁平化的组织结构更有利于知识资源的传播与共享，灵活、柔性的组织结构更有利于知识资源的创新，地理位置越接近越容易形成一致性的文化，从而便于知识习得、协同及创新。同时，虚拟空间的建立如内部网络的应用、共享网络空间等也可以加速知识和信息的流动和共享。

（三）组织同质性

这里主要指组织结构和工作标准的同质性。同质优化的组织结构是获得协同的一种重要途径[6]，更有利于知识资源的传播与共享，从而有利于学习型组织的构建。同时针对高校学生学习型基层党支部，应建立统一的工作标准，尤其是绩效考核标准，并使之得到广泛认同，消除组织内部的不公平感，增强学生党员个人对党支部的信任和归属感。

三　高校学生学习型基层党支部知识学习及共享机制

为保证高校学生学习型基层党支部的顺利构建和正常运行，提升组织内党员个体的知识学习和创新能力，必须建立起一种能使两类或两种不同学习资源和知识相互转移、相互交换的运行机制，这种机制实质上为实现高校学生学习型基层党支部的构建提供保证和途径。对于高校学生学习型基层党支部来说，这种机制是一个建立在共享平台上的能够实现知识转移、知识学习、知识存储、沟通与反馈，从而具有知识学习及共享目标的有机体的机制（见图 2）。

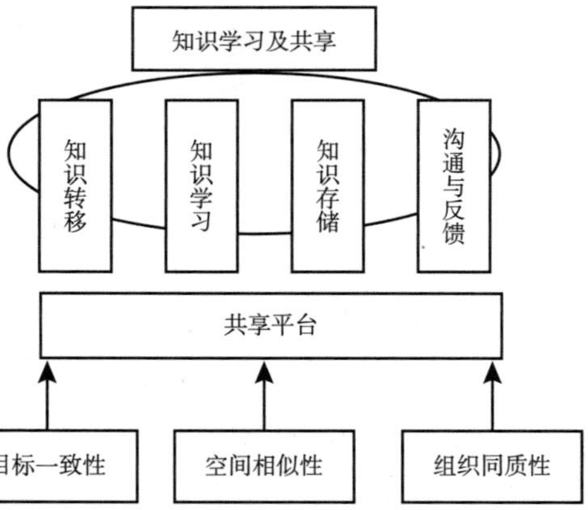

图 2　高校学生学习型基层党支部知识学习及共享机制

高校学生学习型基层党支部知识学习及共享过程是一个多层次、多阶段的动态、综合性、循环式过程，其不仅需要为知识学习及共享提供途径，还需要参与者即党支部内的个体参与获取知识后的学习，如对知识的吸收、累积和存储，以及参与在此过程中的沟通和交流等环节。

（一）知识学习

知识的增长过程就是知识学习的过程，学习是知识累积的根本方式和基础。高校学生学习型基层党支部及其内部成员在一段时期内有目的有计划地进行知识学习，并对获得的知识进行加工累积，形成自己的现有知识，这样就会在再次获得学习机会时“如此循环往复”，如图3所示。值得一提的是，由于某些知识具有的特性使其难以具体化和明确表述，组织及个人在学习过程中要善于选择合适的学习模式和方法，利用面对面学习、网络技术、实践“干中学”等互动学习方式对知识进行再创造，完成知识的自我内化。

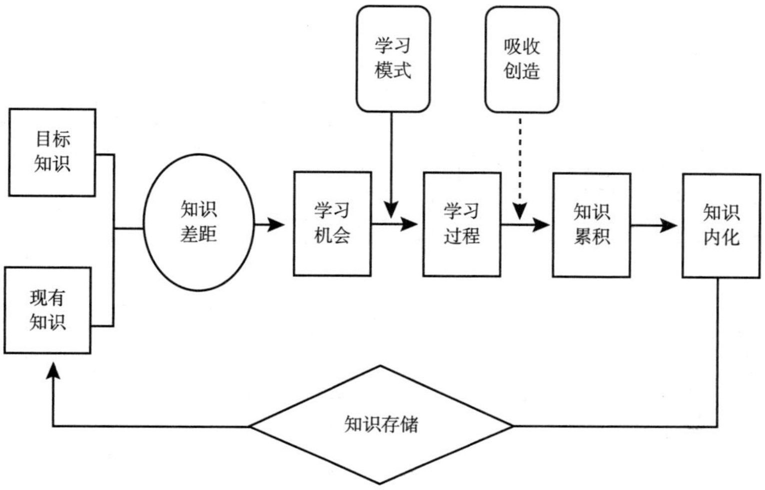

图3　高校学生学习型基层党支部知识学习、存储模式

（二）知识存储

知识存储也称为知识记忆，包括以各种方式存在的显性和隐性知识[7]。高校学生学习型基层党支部及其内部成员对知识的存储能力基于组织及个人在工作学习过程中形成的经验、行为、知识等。对知识的存储过程除了包含对知识的收集、整理、吸纳外，还包括了对知识的内化、再创造和应用。

（三）沟通与反馈

知识往往存在于看不见摸不着的个人头脑中，由于某些知识具有非文件化、非编码化、非标准化的特点，难以用文字、数字等熟悉方式精准表达，这就需要组织及个人在获取和共享知识过程中进行良好的人际沟通和交流。同样，在对获取的知识加以内化存储时，也需要组织及个人利用反馈沟通机制以弱化或消除共享过程中产生的信息误差和曲解。

四　高校学生学习型基层党支部建设评价体系

事实证明，并不是所有的学习型组织在运行过程中都是成功和一帆风顺的，一些组织在运行过程中，由于一些原因失败，造成了巨大损失[8]。因此，建立合理有效的高校学生学习型基层党支部评价体系，及时掌握学习型基层党支部的运行情况，为组织发展提供帮助和参考，是十分必要的。对高校学生学习型基层党支部的评价主要从组织的知识学习能力、组织的知识应用能力、知识共享与创新能力和组织基础建设能力四个方面来进行。高校学生学习型基层党支部评价体系见图4。

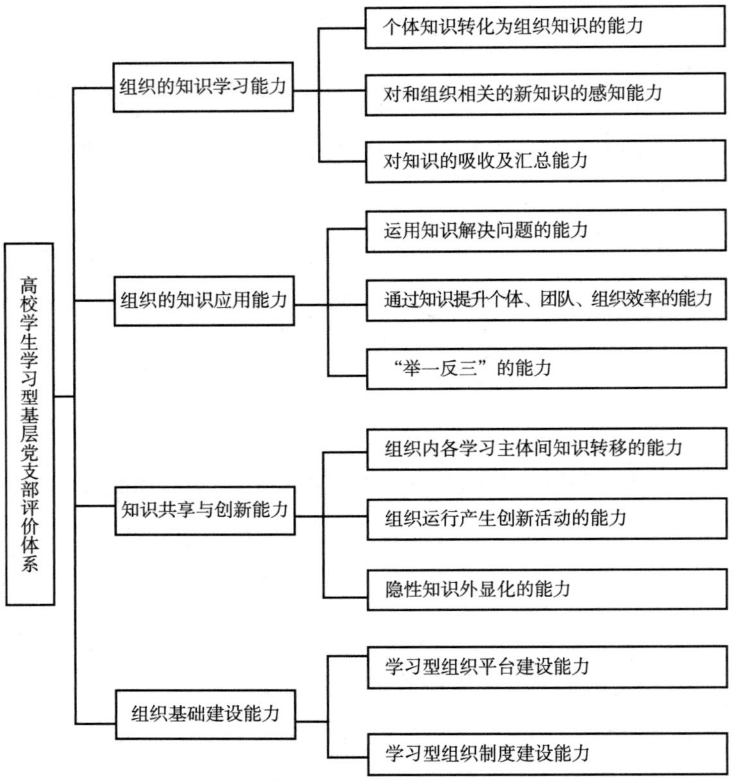

图4　高校学生学习型基层党支部评价体系

（一）组织的知识学习能力

组织的知识学习能力主要是指组织及组织中的团队及个体通过多种学习策略或方法对知识进行检索、收集、归纳、选择、吸收、反馈等过程，从而实现组织整体的能力提升。对高校学生学习型基层党支部的知识学习能力评价主要从三个方面进行。①知识转化能力，即学习型基层党支部内的党员个体知识能够快速转化为组织知识，从而使组织具有形成内部数据库的能力。②知识感知能力，即组织、团队、个人对领域内相关知识的敏感度、感知力。知识感知能力保证了学习型基层党支部在多变环境中保持柔性和适应性。③吸收汇总能力，即学习型基层党支部对获取的知识进行内化，使其转化为组织隐性知识。

（二）组织的知识应用能力

任何组织获取知识的直接目的就是对知识进行应用，运用知识获取组织利益，高校学生学习型基层党支部也不例外。组织就是在对知识的应用过程中实现知识的开发和再创造。学习型基层党支部的知识应用能力主要体现在以下三个方面：①组织内的团队和个体在知识学习内化的基础上，运用获取的知识解决实际问题；②通过合理运用知识，提升个体、团队、组织的效率；③组织运用知识的过程，也是理解知识、解决问题的过程，多次反复的知识运用使得组织内的团队及个体对习得的知识不再生搬硬套，具有了“举一反三”的能力。

（三）知识共享与创新能力

获取的知识只有在交流共享过程中才能得到新的发展，这种新的发展就是知识的再创造，即创新过程，无论是何种形式的创新，都是组织资源的累积。因此，对高校学生学习型基层党支部来说，知识共享与创新能力在很大程度上决定了组织发展的广度和深度。知识共享与创新能力主要体现在以下三个方面：①学习型基层党支部内各学习主体之间知识转移和扩散的速度和有效性保证了知识在组织内的共享流畅；②组织在运行过程中通过各主体间的互动并不会自然而然地产生创新，因此组织在运作中产生创新活动，并使之发展为组织创新也是组织知识共享与创新能力的体现；③相比显性知识，隐性知识因其有限的转移能力使得组织往往更被重视[9]，隐性知识调制效率和信息传递效率较低[10]，因此，使其外显化成为显性知识会让组织运行事半功倍。

（四）组织基础建设能力

高校学生学习型基层党支部的构建和评价是一系列的过程，需要环境、技术、工具等因素的支持[11]。基础建设能力是高校学生学习型基层党支部的支持部分，使得组织内的知识资源更加合理顺畅地进行整合、发展，从而促进组织知识链形成。高校学生学习型基层党支部的基础建设能力主要包括学习型组织平台建设能力和组织制度建设能力两个方面。组织平台建设能力主要是指技术保证和环境支持，如组织文化氛围的营造、信息网络技术和数据库的建立及运转、专家决策支持系统的建设、组织内交流沟通平台的建立等；组织制度建设能力主要是指激励制度、奖惩制度、培训制度等的制定和实施，以保证组织学习的积极性。

参考文献

[1]〔美〕彼得·圣吉:《第五项修炼：学习型组织的艺术与实务》，郭进隆译，上海三联书店，1998。
[2] 赵玲:《自然观的现代形态——自组织生态自然观》,《吉林大学社会科学学报》2001 年第 2 期。
[3] Cooper R. G., "The Performance Impact of Product Innovation Strategies," *European Journal of Marketing*, 1984, 8(5).
[4] Ranjay Gulati., "Alliance and Networks," *Strategic Management Journal*, 1998, 19(4).
[5] 王琛、赵英军、刘涛:《协同效应及其获取的方式与途径》,《学术交流》2004 年第 10 期。
[6] 王琛、赵英军、刘涛:《协同效应及其获取的方式与途径》,《学术交流》2004 年第 10 期。
[7] Ackerman, M. S., Halverson, C., Organizational Memory: Process, Boundary Objects, and Tranjactories, in *Proceedings of the Thirty-second Anuaoll Hawaii International Conferences on Systems Sciences* (Los Almitos, CA: IEEE Computer Society Press, 1999).
[8] Patricia M. Norman, "Knowledge Acquisition, Knowledge Loss, and Satisfaction," *High Technology Alliances*, 2004, (57).
[9] Prescott C. E., "Innovation in the Multinational Firm with Globally Dispersed R&D: Technological Knowledge Utilization and Accumulation," *The Journal of High Technological Management Research*, 1999, 10 (2).
[10] 李伟、卫民堂、王琳:《隐性知识转移机制的研究》,《情报杂志》2005 年第 4 期。
[11] 张建华、刘仲英:《知识管理系统要素分析》,《科学管理研究》2005 年第 2 期。

Construction of the Learning - Type Primary Party Branch of College Students under the Network background

Zhang Yuan

Abstract: As the important battle fortress and component of the ideological and political work, the construction of the learning-type primary Party branch of college students is particularly important under the network background. Through the analysis of the main body structure of it, the influencing factors can be summed up into three categories: individual, organization and environment. In order to ensure the effectiveness of the establishment of the learning-type party branch, we should give full consideration to the factors such as network, personnel, system, objectives and guarantee in the process of building the platform, and establish the knowledge sharing and learning mechanism of the Party branch. And this kind of branch is evaluated mainly from four aspects, learning, application, sharing innovation and infrastructure construction.

Keywords: Network; Learning Organization; Grass-roots Party Branch

高校学生工作研究
2018 年　第 1 期
第 39 ~45 页

学生党建在社区文化建设中的作用及实践途径研究

诸小妮*

摘　要： 学生社区文化建设是大学文化建设的重要组成部分，是大学文化育人的重要载体，而学生党建又是社区里的“一支有力队伍”。当前大学生社区文化存在的问题表现出大学生对社区文化重视程度不高，因此，有必要挖掘学生党建在社区文化中的重要作用，研究学生党建在社区文化建设中有效的实践途径，营造社区融洽的氛围，建立和谐的社区环境，这样才能为大学生成长成才提供保障。

关键词： 学生党建　学生党员　社区文化　模范作用

中共中央、国务院《关于进一步加强和改进大学生思想政治教育的意见》指出，要“发挥党的政治优势和组织优势，做好大学生思想政治教育工作”，加快完善学生党建工作，是做好大学生思想政治教育工作，培养高素质高水平人才的迫切需要，对于构建和谐校园，建设和谐校园文化有着重要的战略意义。

社区文化是校园文化重要的一部分，是大学生文化育人的重要载体，学生对社区的精神文化需求日益增加，因此，建设符合大学生精神文化需求的社区文化是学校的一项重要工作，也是学生党建的重要工作。

一　学生党建在社区文化建设中的作用

（1）学生党建是社区文化建设的核心，是党在社区全部工作和战斗力的基础，是社区各项活动的领头羊。党章规定：“街道、乡、镇党的基层委员会和村、社区党组织，领导本地区的工作和基层社会治理，支持和保证行政组织、经济组织和群众自治组织充分行使职权。”同样地，在大学里，社区的文化建设需要社区的学生党建来领导，以带领社区里的其他组织、部门更好

* 诸小妮：东莞理工学院教育学院（师范学院）辅导员、讲师，主要从事大学生思想政治教育研究。

地全心全意为社区的学生服务，从而营造团结、积极的社区活动氛围。

（2）学生党建在领导建设社区文化时有利于增强社区各部门的凝聚力、向心力。学生党建能够对社区的学生党员进行有效领导和协调，充分发挥学生党员的带头领导作用，动员和团结社区大学生积极参与社区的活动，关心社区的方方面面，增强社区大学生对社区的认同感和归属感，从而带动更多同学跟随学生党员参与到社区文化的建设中去，让更多社区的学生全心全意为社区服务，这样便能把各方面的力量凝聚起来，使其共同参与社区建设。

（3）学生党员发挥先锋模范作用，有利于营造先进和谐宿舍氛围。学生党建便是把社区中的学生党员集中起来管理，有利于即时宣传党的执政方针和路线，积极宣传党的先进思想，高度配合学校的各种思想政治工作和活动。这样一来，一名学生党员能够影响其身边的同学，一个党员宿舍能影响另一个宿舍。这种影响产生连带性效应，从而让社区的更多宿舍受到党员宿舍的影响，向党员宿舍看齐，共同构建一个和谐、健康、积极的社区环境。

二　学生党建在社区文化建设中的实践探索

（一）具体实践及成效

1. 社区学生党员参观“阳光雨党员服务中心”，学习他人先进模式

在莞馨社区学生党支部成立之初，我们的学生党员同老师以及社区主任一起参与了关于社区文化建设的党员见面会。莞馨社区的社工简单介绍了莞馨社区办公室工作的基本情况。莞馨社区党建负责老师说明了学生党员要主动配合社区的党建工作，谈了莞馨社区文化建设的设想，要求大家发挥党员的先锋模范作用，与莞馨社区的社工服务紧密联系，以共同营造和谐又充满生机的社区氛围，加强学生们对社区、学校的归属感。

会后，莞馨社区的学生党员前往党建社区示范基地——松山湖的“阳光雨党员服务中心”进行参观学习。服务中心的活动丰富多样，紧扣文化主题，在组织管理上非常专业和完善，给我们提供了丰富的经验，让我们更好地思考社区学生党建的运行模式。

2. 莞馨社区举行“快闪”活动

为了让社区的同学们对社区文化建设有初步的认识，我们的学生党员和社区骨干组织社区学生进行了一次户外锻炼——快闪跳舞活动，旨在提倡经常宅在宿舍里面、窝在床上的女生们多走出宿舍，走到楼下来一起参与锻炼，共同来跳一段短小的舞蹈，营造一种积极向上、其乐融融的宿舍氛围。为了吸引更多的学生参与，达到师生同乐的目的，莞馨社区相关指导老师和

宿舍阿姨也一起参与到快闪活动中来。

这次快闪活动以学生党组织这一团体以身示范，带动普通学生参与进来，只要多一个同学走出宿舍，这个社区就能多一份活力与生机，使社区文化建设与学生的生活喜好联系起来，成功地让大家对社区文化建设有了一个带有新鲜感的初步印象。

3. 莞馨社区“微笑墙”美化活动

为了让社区文化的积极影响扩散到每一栋、每一层、每一间宿舍，我们组织了社区所有的学生党员进行“微笑墙”活动的照片收集。社区学生党员分布于不同的专业、不同的楼层。这样学生党员在学院所在班级进行宣传就能让社区中每一个班上的学生对社区文化建设有进一步的了解，同时分工收集每一个宿舍的集体照。

这样既能够提醒宿舍同学之间珍惜和睦相处的机会，也可以让学生党员密切联系群众，了解自己所负责区域的宿舍同学之间的关系，及时谈话和解决问题，以将和谐的影响扩大，尽可能让所有的宿舍都能像“微笑墙”上一样，充满和谐与快乐。

4. 毕业生“打包小助手”活动

作为学生党员，首要的宗旨就是全心全意为人民服务。这种服务意识在社区文化建设中同样发挥着重要的作用，而且贯穿在整个社区文化建设中。为了让这种服务精神产生更大的影响，学生党组织协同社区主任一起策划了“打包小助手”活动，号召所有学生党员以及其他有兴趣的同学利用空余时间为即将毕业的师兄师姐进行行李打包。

学生党员用具体行动为毕业生践行，同时给毕业生一种家人的感觉，使社区因为学生党建而让大家留恋和珍惜，营造出一种“家人”之间互帮互助的氛围。

5. “馨榜样”宿舍评比活动

社区文化建设也应紧紧抓住“立德树人，知行合一”的理念，学生党组织打算策划一次“馨榜样”宿舍评比活动，意在通过学生党员的影响力带动其他优秀学生、优秀团体一起来传播正能量，分别通过“党员宿舍、学霸宿舍、爱心宿舍、干部宿舍”四大标准进行评选。

在莞馨社区里开展“馨榜样”宿舍的评选，鼓励社区里各种优秀和谐的宿舍成为大家的模范，并使大家向其学习，从而逐渐鼓励其他宿舍的同学们建立良好的宿舍交际关系，形成一种和谐、有爱的宿舍环境，最终建设和谐的社区文化。

（二）存在问题

1. 学生党员的管理与工作环境存在问题

高校的管理模式与中小学的管理模式差异较大，因此开展党建工作的方式与途径也有所不同。同一幢学生公寓或同一层学生宿舍可能居住的是不同年级、不同专业、不同班级的学生，这增大了党建工作的难度。学生党组织社区文化建设机制尚未成熟，其对突发问题或者情况的处理缺乏经验。比如，对于社区文化活动的开展申请流程如何、审批标准如何、活动效果验收标准如何、活动经费补贴如何等，都没有一个完整的、成体系的规定。

学生社区一般位于高校校园的生活区，而党建工作相关部门的办公地点大多集中在高校校园的教学区。学生社区的多样化特征、学生社区与管理部门之间的区域差距、学生个体强大的自主性等现实因素的存在无疑对党建工作提出了更多、更高的要求。

2. 积极性与责任意识水平较低

社区中的学生党员对“社区文化”概念的认识不清晰、不明确，不重视自身在社区文化中的作用，认为社区的活动并没那么重要，没有时刻以一个党员的身份要求自己，对参与社区活动的积极性不高，敷衍了事。

没有深刻意识到自己作为学生党员在社区中有高于普通学生的责任，有义务带动普通学生一起参与社区文化建设，用自己作为学生党员的行动去影响身边的同学。有些学生党员连自己参与活动的积极性都有待提高，更不用说用学生党员的影响力去带动其他同学，不重视自身的党员身份，缺乏责任意识。

3. 沟通不足与文化氛围不够浓厚

随着高校学分制的大力推行，大学生拥有了更多可供自由支配的时间与空间，意味着学生个体意识的凸显，这在一定层面上也会扩大党建工作的“盲区”。个别宿舍同学之间的关系容易因某些小事而破裂，影响到彼此的学习作息，造成一种宿舍内部“冷战”的局面或者同学之间组成一个个小团体。据同学们反映，目前大学宿舍不够和谐，“家”的氛围不浓厚，而学生党员密切联系群众的意识不强，不能及时了解到宿舍同学之间的问题，为同学服务的强度不大。

同学之间的问题与社区文化氛围不够浓厚在很大程度上是由于学生之间缺乏沟通，党员在联系群众、关心群众的基层工作方面做得不够细致，这导致党员影响力不够，不能很好地为同学解决问题。

4. 社区品牌文化特色不鲜明

对社区文化定位不准确。社区文化主要服务于社区同学，这就要求我们在社区文化建设过程中注重考虑社区同学的文化需求，找准社区文化定位，体现社区文化特色。但是，在实际工作中，由于受学生工作能力的制约，社区不能够很好地结合同学的需求，大力开展特色文化创建活动。再者，社区文化活动内容单调。由于受经费和学生条件的制约，大多数社区文化实践以单个活动为主，缺少一种稳定的文化特色来凝聚学生，使其在社区文化中具有影响力。

三 学生党建在社区文化建设中的思考

（一）发挥学生党员在社区文化建设中的重要作用

对于学生党建在社区文化建设中的工作，一方面是要发挥政治导向作用，做好学生的思想政治工作；另一方面是服务广大学生，做好与学生息息相关的各项工作。紧紧围绕学生社区工作的“热点”“难点”问题，广泛开展为社区学生办好事、办实事活动。要求学生党员充分发挥党员的先锋模范作用、榜样意识、影响力，带头营造良好的社区文化氛围，提高党员责任意识，正确行使党员的权利和履行党员的义务。关心同学，关注社区，不断提高学生参与社区文化建设的积极性，提高学生对活动的参与度，主动为社区建设出谋划策。

（二）不断完善健全的制度与寻找外部支持

健全组织结构，设立专门管理社区文化的部门。健全人员构成，制定完善制度。社区文化建设必须处于“有组织管”“有人思考”“有制度可依”的状态才能有序地、健康地、持久地发展下去。增设学生喜欢的社区服务设施，如图书阅览室、社区考研室等，并对这些场所进行分时间段、定时开放，集中管理，确保这些硬件设施能够发挥作用。对于社区文化建设资金问题，应积极申请上级专项资金，充分利用社区内部资源，如社区宣传栏、社区办公室等。确保社区文化建设工作能够持续开展、高质量开展。

（三）激发学生的参与热情

社区成员是社区文化建设的主体，他们既是社区文化的创造者，又是社区文化的受益者。社区文化的感召力、生命力最终取决于学生的认同感和参与度。因此，要正确引导广大学生真心诚意地关心和参与社区的文化建设，使其主体作用得以充分发挥。

一方面，开展形式多样、生动活泼的文化活动；另一方面，要拓展社区文化的参与面。要充分调动社区学生的积极性，举办参与度高的、影响力大的、好评度高的文化活动，力求在不同的群体中扩大社区文化的影响力。

（四）拓展新领域，发挥学生党建在思想政治教育中的作用

高校学生党建工作必须拓展新领域，开创新局面，充分发挥学生党建工作在大学生思想政治教育中的主阵地作用。因此，学生党建应主动占领网络思想教育的新阵地，弘扬主旋律，让更多学生通过网络了解学生党建，接触社区文化，拓展社区学生的视野，激发他们想要向学生党员靠拢的上进心。例如，通过社区微信公众号、微博、微课小视频等网络新媒体，了解宣传

社区文化建设的各种动态，收集社区学生的活动需求，从而逐步拉近社区学生的精神文化需求与社区文化发展之间的差距。

四　结语

学生社区不仅是高校校园的重要组成区域，也是高校开展大学生思想政治教育工作的核心阵地。党建工作进入学生社区已成为高校推进思政教育工作的有效途径之一。面对学生社区的多样性特征与社会化进程，建设学生社区党建阵地对于丰富学生校园生活、强化社区育人功能等方面具有重要的实践意义。

学生党建在社区文化建设中，主要起着主导、引领方向、凝聚力量等作用。社区文化建设必须始终坚持党的领导。学生党员担负着带领党员队伍、团结广大群众、把党的路线方针政策和上级的各项工作任务落到实处的重要责任。我们相信，学生党建工作在社区文化建设中必将发挥重要作用，有利于学生党员的自我教育和民主监督，有利于发挥学生党员的模范带头作用，有利于带动入党积极分子和其他同学共同进步。

参考文献

[1] 张锋：《学分制背景下高校学生宿舍管理现状及对策研究》，《河南教育》（高教）2014 年第 12 期。

[2] 王平：《社区文化建设的多维度思考》，《毛泽东邓小平理论研究》2016 年第 7 期。

[3] 毕英涛：《当代中国社区文化建设的价值、内涵与路径》，《四川文理学院学报》2011 年第 3 期。

[4] 刘庆龙、冯杰：《论社区文化及其在社区建设中的作用》，《清华大学学报》（哲学社会科学版）2012 年第 5 期。

[5] 陈志强：《关于社区文化建设的思考》，《大众文艺》（理论）2009 年第 2 期。

Study on the Role and Practice of College Students' Party Construction in the Community Culture Building

Zhu Xiaoni

Abstract: The building of students' community culture is an important part of college students' cultural construction, which is an important carrier of college students' cultural education, and the students' party building is a strong team in the community. Problems existing in the current university student community culture is a college student of community cultural value degree is not high, therefore, it is necessary to excavate students' party construction in the important role in the community culture, studies the student party building effective way of practice in the dormitory culture construction, build harmonious community atmosphere, establish harmonious community environment, so as to provide guarantee for college students to grow to become a useful person.

Keywords: College Students' Party Construction; Student Party Members; the Community Culture Building; Model Function

高校学生工作研究
2018 年　第 1 期
第 46 ~ 51 页

新形势下高校研究生党建育人工作创新机制的探索

李　阳*

摘　要： 研究生党建工作是高校党建工作的重要组成部分，在新的形势下，思考建立一个什么样的研究生党建育人体系，充分发挥研究生党支部的凝聚力和战斗力，真正地把思想政治工作贯穿研究生教育的全过程，实现全程育人、全方位育人，是当前研究生党建工作创新的重点探索方向。

关键词： 党建育人　创新机制　全程育人　全方位育人

2016 年 12 月习近平总书记在全国高校思想政治工作会议讲话中强调，“高校思想政治工作关系高校培养什么样的人、如何培养人以及为谁培养人这个根本问题。要坚持把立德树人作为中心环节，把思想政治工作贯穿教育教学全过程，实现全程育人、全方位育人，努力开创我国高等教育事业发展新局面”。同时总书记还指出，“做好高校思想政治工作，要因事而化、因时而进、因势而新”。

2017 年 10 月 18 日，党的十九大的胜利召开标志着中国特色社会主义事业进入了新时代，实现伟大梦想，必须建设伟大工程。因此，在新形势下，如何加强高校基层党建工作，创新体制机制，成为当前高校党建工作的重要课题。习近平总书记在全国高校思想政治工作会议上强调“我们对高等教育的需要比以往任何时候都更加迫切，对科学知识和卓越人才的渴求比以往任何时候都更加强烈”。研究生党员作为高层次、高知识的先进分子是未来社会建设的骨干和脊梁，肩负着建设和发展中国特色社会主义事业的重要使命，抓研究生党建工作就是抓研究生思政工作的龙头。[1]因此，思考建立一个什么样的研究生党建育人体系，充分发挥研究生党支部的凝聚力和战斗力，真正地把思想政治工作贯穿研究生教育教学的全过程，实现全程育人、全方位育人，是当前研究生党建工作创新机制探索的重点方向。

---

* 李阳：哈尔滨工程大学材料科学与化学工程学院讲师，主要从事大学生思想政治教育研究。

一　当前高校研究生党建育人方面存在的几点问题

（一）研究生党支部功能定位不清晰，育人效果不突出

长期以来研究生党建工作育人目标多是研究生党员，依靠的是研究生党支部这个组织载体，研究生党支部活动多以研究生党员发展和政治理论学习为主，这就造成了研究生党支部的功能定位不清晰，党建工作难以在广大研究生群体中发挥影响力，全程育人与全方位育人难以融入，育人效果自然不明显。习近平总书记在全国高校思想政治工作会议中指出，“高校党委对学校工作实行全面领导，承担管党治党、办学治校主体责任，把方向、管大局、作决策、保落实”。党的十九大报告中也提出“坚持党对一切工作的领导”，因此，在研究生育人工作中要体现党的领导，进一步扩大、明确党建工作的核心功能，使其全程地、全方位地渗入研究生教育教学中。

（二）研究生党组织管理体系不够完善，党支部设置不科学

在全国高校研究生连年扩招的大背景下，研究生招生人数不断攀升，研究生党员队伍不断壮大，原有的研究生党组织管理体系与设置模式已不能适应新形势的变化。在学院党委层面上，单单一名辅导员兼职负责管理日益庞大的研究生党员队伍已显力不从心。以往的党建工作功能单一，辐射面较窄，因此由一名辅导员兼职负责研究生党务工作是一个合理的选择，所以有些高校院系设有党务辅导员兼管学生党建工作，但是在新形势下实现全方位党建育人则需要一支思想政治过关、业务熟练的专业学生党建团队。在研究生党支部设置层面上，为了便于管理，研究生党支部多横向按照年级或班级设置，然而，实际情况则是研究生平时多待在实验室进行学术科研，同专业方向的研究生虽在同一年级或班级却分散在不同的实验室或课题组，尽管是一个党支部的同学但由于距离较远，彼此之间缺乏必要的沟通与了解，在发展党员时经常会出现自己实验室的同学投票给自己组研究生的情况，小课题组的同学则经常“无人问津”，这种情况下发展的党员是不能保证质量的。而有的党支部甚至由于党员数量过于庞大，党支部成员过于复杂，党支部内的党员往往不能很好地开展批评与自我批评，长此以往，党支部缺乏凝聚力，造成组织生活质量下降，无疑给研究生党支部的管理带来了很大的难度。[2]

（三）研究生群体的特殊性使研究生党建工作难于开展

研究生人员组成结构相对复杂，主要体现为：在年龄跨度方面，从二十几岁到四十几岁不等；来源背景不同，有应届生和有工作经历的，也有在职生源；在婚姻状况方面，有已婚和未婚的；在专业方向方面，不同课题组、不同的导师在研究方向领域有较大差异；在培养方式方面，分定向委培和非定向培养，这些方面的不同也会对研究生党建育人工作产生影响，每个学

校发展党员的标准和要求不一致会造成研究生阶段党员的素质不齐，个体需求的差异也会增加集中开展组织生活的难度。在研究生的培养方式方面，导师负责制的培养方式使研究生更多忙于导师分配的科研任务而无暇参与支部活动，如果导师仅重视科研而不注重党建育人，就会对研究生党建工作的开展带来极大的阻力。正因为研究生群体存在以上几点特殊性，部分研究生党员的政治意识淡薄，政治观念淡化，政治敏锐性下降，从而使全程、全方位的研究生党建育人体系难以建立，党建工作难于开展。

二　新形势下研究生党建育人工作的几点思路

（一）总体思路：体现党的领导，建立全方位育人的研究生党建机制

坚持党对一些工作的领导必须充分发挥党的基层组织的战斗堡垒作用和党员先锋模范作用。要扩大研究生党建在研究生群体中的影响力，将党建工作全面融入全程育人与全方位育人工作当中，需进一步明确和扩大基层党组织的功能，将全方位育人理念渗透至研究生工作学习的方方面面，而不能仅仅将党支部的功能局限于党员发展和政治理论学习，还要发挥学生事务管理、学生工作指导、学生工作服务的全方位育人功能，使研究生在生活中真切地感受到党组织的关怀，从而唤醒研究生党员的主体意识，使其在实践中加强党性与修养锻炼。

（二）进一步加强组织建设，打造政治坚定、素质优良的研究生党建队伍

良好的机制必须由高素质的组织队伍来执行。针对目前研究生党员队伍不断扩大，高校辅导员难以独立完成党建工作安排与调度的状况，应放宽工作思路，在学院党委领导下以研究生党员为主体组建一个专门负责研究生党建工作的学生自治组织，并为其做好组织定位与职能划分。学校通过建设一支政治坚定、素质优良、群众信任的服务型党员队伍，使党组织的各项具体任务和要求在研究生党员队伍中有人管、能管好、管长远。[3]选拔一批热心学生党务工作且党性强、作风硬、责任心强的研究生党员担任研究生党支部书记和党支部委员，明确党支部书记、党支部委员的工作职责，制订工作计划。[4]灵活设置研究生党支部，对于党员人数较多或者人员较为分散的党支部要充分发挥党小组的作用。

（三）加强制度建设，提供制度保障，形成研究生党建工作长效机制

加强制度建设，是研究生党建工作日臻完善的重要举措。学校党委组织部、研工部要根据研究生学习生活的实际情况，共同出台指导性文件，院系党委要做到上行下效，根据上级党委指导，因地制宜制定出台多项制度规范研究生党建工作的组织、程序、内容等诸多方面，利用官网、公众号等新媒体促使党建工作公开化，促进党务工作标准化。同时，要进一步落实研究

生党建工作的考核与监督机制，全面保障并推动研究生党建全程、全方位育人工作科学开展，达到形成研究生党建工作的长效机制的最终目的。

三 新形势下研究生党建育人工作创新机制的构建

（一）打造“四元一体”的研究生党建育人工作新模式

笔者针对全国高校思想政治工作会议提出的全程育人、全方位育人精神，以哈尔滨工程大学材料科学与化学工程学院为实践基地做了为期一年五个月的党建新机制探索与实践，结合“十九大”之后习近平新时代中国特色社会主义的提出，做出了相应的调整，提出创建集思想政治教育、学生事务管理、学生心理健康和学生就业指导于一体的“四元一体”的党建工作新模式。具体建设方法如下。

1. 建立研究生党建工作队伍的四级组织

党的十九大报告中强调，党的基层组织是确保党的路线方针政策和决策部署贯彻落实的基础。基层党组织要推进党的基层组织设置和活动方式创新，加强基层党组织带头人队伍建设，扩大基层党组织覆盖面，着力解决一些基层党组织弱化、虚化、边缘化的问题。针对上文中提到的目前研究生党员队伍不断扩大，高校辅导员难以独立完成党建育人工作的问题，通过打造一支由研究生党员组成的党务管理队伍，进一步加大学院学生党务工作力度，提升研究生党员的理论知识水平，发挥研究生党员的模范带头作用。同时，针对原有横向党支部存在不稳定，不利于长期管理的弊端，设置以同一专业不同年级党员共同组成的纵向党支部，在党支部内部以课题就近原则划分诸多党小组，形成上级党委—学生党务管理组织—纵向党支部—党小组的四级组织，使党的组织逐层逐级地覆盖到每一名研究生党员，逐步扩大党组织的覆盖面。

2. 成立研究生党建育人工作的四级培训体系

为了加强研究生的思想理论、党性和道德建设，按照“学校党校—学院党校—学生党务工作培训部—学生党支部理论学习组”成立四级培训体系，使四个层次相互衔接、相互配合、逐层递进；为保障培训机制的良好运行，由学生党务中心结合学校和学院党校的培训计划制订符合研究生群体特点的党员学习培训计划，由党支部订立相应的集体学习制度，学生党务中心负责监督并考核党支部党员集体学习的进度，从机制上保证整个党支部集体学习与党员自学的持续运行，以切实完成必要的学时；经过学习培训强化党员的“四个意识”，从而自觉维护党中央权威和集中统一领导，不断提高研究生的思想道德修养和科学文化素养，为培养具有共产主义远大理想和中国特色社会主义共同理想的坚定信仰者夯实基础。

3. 引入企业质量管理体系理念，进行研究生党建育人工作规范化管理

引入企业质量管理体系理念，组织学生党员干部进行体系化、系统化和人性化的管理育人工作。依据党章党规编写程序化文件，形成针对学生党务管理组织、学生党支部、学生党员监督考核三个层面的规范性文件，做到管理工作不留死角，党建工作有据可循。针对组织生活，发展党员编写详尽的指导性文件，规范研究生党支部组织生活，做到组织发展程序规范，发展质量有保证。

（二）以队伍建设为保障，整合资源，实现全方位育人

高校本着为党和国家培养高层次精英型人才的责任感和使命感，从研究生成长成才的实际出发，充分整合作风优良、专业素质过硬的导师及研究生党员队伍，建设一支专兼结合的工作队伍，对研究生提供心理健康辅导以及就业指导。同时，着力培养研究生自我教育、自我提高的能力，帮助他们掌握正确的心理疏导方法，提高心理素质；邀请品德高尚、业务精专的导师和研究生党员成为学生健康成长的指导者和引路人；研究生党员通过服务群众、强化党员身份与党员意识，通过研究生党员党性实践锻炼，扩展党建工作的辐射面，使党组织成为协调各方的力量，让研究生党建工作充满活力。

（三）创新组织活动形式和内容，丰富活动载体，增强研究生党组织活动的吸引力

一方面，策划党组织活动时需结合研究生的群体特点为其搭建学术科研的育人平台，把教育主题和科研活动紧密结合起来，引导研究生参与其擅长领域的活动，在活动中不断积累、提升自身的学术素养与党性修养。如以理工科背景研究生为例，可以根据专业，组织开展相应科创类活动，或是以建设制造强国等主题，引导研究生党员将个人抱负转化为建造创新型国家的不竭动力。另一方面，需建立研究生的党建信息化平台，运用移动端 APP、官方微博微信、新媒体联盟、微视频发布等在线新媒体，率先抢占新媒体的前沿阵地。[5]树典型、立标杆，用研究生自己身边的事现身说法，教育影响其他学生，在吸引广大学生注意力的同时促进研究生之间的互动交流，将分散流动的党员凝聚起来，将一个个研究生党支部打造成有凝聚力和战斗力的坚强堡垒。

参考文献

［1］潘广炜、冯连军：《嵌入性理论对加强研究生党建的启示》，《学校党建与思想教育》2015 年第 20 期。
［2］李立峰：《新形势下研究生党建工作存在的问题与对策研究》，《内蒙古农业大学学报》（社会科学版）2006 年第 3 期。
［3］瞿向前：《关于构建“四位一体”服务型基层党组织的思考与实践》，《党的生活》（黑龙江）2013 年

第 10 期。
[4] 彭淼、彭莹、张胜利：《"新常态"下高校研究生的党建工作》，《教书育人》（高教论坛）2017 年第27期。
[5] 朱毅：《微时代背景下高校研究生党建工作探究》，《黑龙江高教研究》2016 年第 5 期。

The Exploration of the Innovation Mechanism of the Party Construction of Postgraduates under the New Situation

Li Yang

Abstract: The party construction of postgraduates is an important part of the party building work in universities. Under the new situation, it is necessary to consider what system the party building and education of the postgraduates should be established, and to give full play to the cohesiveness and combat effectiveness of the postgraduate party branch, so that the ideological and political work can be fully integrated into the graduate education. The mission of achieving whole-process education and all-directions education is the key exploring orientation for the current party.

Keywords: The Party Building and Education of the Postgraduates; Innovation Mechanism; Whole-process Education; All-round Education

高校学生工作研究
2018 年　第 1 期
第 52 ~ 56 页

高校基层党组织危机及治理探究*

黄兆凡　张　美**

摘　要： 中国共产党构建全面从严治党、全面依法治国的战略布局，党的建设理论达到了新的高度。在中央巡视组针对高校基层党组织的检查工作中，发现高校存在基层党组织软弱涣散的问题。针对巡视组的反馈意见，高校党委认真查摆问题，检查自身原因，并指出严格规范基层党组织生活，提升党性修养，时刻不能忘记共产党员的先进性，做一个合格的党员。本文论述了高校基层党组织软弱涣散的具体表现及其原因，还有相应的整改措施。

关键词： 从严治党　基层党组织　软弱涣散

中共中央不断加强党的先进性建设，中纪委执法雷厉风行，处理了一大批违反八项规定的省部级高官，同时深化对党的群众路线的认识，将从严治党向基层延伸。在这样的大背景下，高校作为国家事业单位在党委领导下发展，基层党组织出问题将影响学校的正常运行。为此针对已经发现的高校基层党组织软弱涣散问题，应该给予充分的重视，并进行长期性的自省自查，以永葆党的生机和活力。

一　高校基层党组织软弱涣散的具体表现

（一）“三会一课”等组织生活落实不到位

“三会一课”要求各个党支部定期召开支部支委会、党小组会议、支部党员大会和党课，“三会一课”制度是基层党支部最基本的组织生活形式，是健全党内民主生活，严格党员管理，

* 本文为基金项目（项目编号 GUTDJ2016016）桂林理工大学2016年党建与思想政治教育研究课题“高校‘推优’入党工作的现状及对策研究”的阶段性成果。

** 黄兆凡：桂林理工大学环境科学与工程学院辅导员，主要从事大学生党建和思想政治教育研究。张美：桂林航天工业学院计算机科学与工程学院辅导员，主要从事大学生心理健康教育、高校社会工作、党建和思想政治教育研究。

加强党员教育的重要制度。在全面建成小康社会的新时期，完善党的自身建设，从严治党的根基还在于重视和坚持“三会一课”制度的落实。基层党支部在组织生活中坚持“三会一课”制度，可以让基层的普通党员经常性地受到党性教育、党的优良传统作风教育，增强党性观念，时刻谨记自己的党员身份，从而在平常的工作生活中主动带头发挥先进模范作用。完善的组织生活能够培养党支部的凝聚力，发挥党支部的战斗堡垒作用，增强党员的“政治意识、大局意识、核心意识、看齐意识”。坚持基层党支部“三会一课”制度要注意不断改进内容和形式，注重会议效果和党课质量，以避免流于形式。

现在高校基层党支部分为两大类，一类是教工党支部，另一类是学生党支部。教工党支部对“三会一课”重视不足，有些教工党支部组织生活除了有利于本单位的中心工作之外，没有发挥应有的作用，这导致大部分教工党员对于本支部的组织生活失去信心和兴趣。在时间的协调安排上，党支部的组织生活不得不向行政工作做出避让，这导致教工党支部组织生活没有保障，在学院的行政工作面前沦为形式。在内容上，教工党支部活动形式单一，缺乏对党员的吸引力和渗透力，部分党支部组织生活以娱乐游玩活动代替学习教育，这样的情况虽然让党员同志有兴趣参与，但是这样的泛娱乐化的组织生活达不到关键目的，同样属于流于形式。

（二）个别学生党员党性不强

学生党员是高学历、高素质党员的主要来源，在学习、工作和生活中发挥先锋模范作用。随着时代的变化，人们的物质生活水平提高了，大学生面临的诱惑也多了。由于国际政治局势错综复杂，在各种敌对势力的意识形态攻击下，高校个别学生党员的意志品质出现了下滑的悲观情况，给高校基层党支部的工作带来了新的挑战。部分高校的个别学生党员逐渐偏离共产党员的理想信念，对任何事情的评价都追求对自己有利。有的在入党动机上就不纯洁，他们为了在今后的荣誉评定中增加自己的砝码而选择入党；有的加入中国共产党之后，并没有高标准地要求自己，在学习、工作和生活上出现全面的松懈，对政治学习漠不关心，在学生群体中没有起到先锋模范作用，更加谈不上具有为人民服务的奉献精神。

（三）教工党员党性不强

由于教工党支部党员有着繁重的科研和教学任务，个别人思想中含有“党的理论知识与科研教学没有关系，频繁地开会学习只会对自己的事业起阻碍作用”的想法，没有把自己当作党员来高标准、严要求地对待，没有树起党风廉洁的鲜明旗帜，也没有义正词严地对不文明现象和不正确行为提出批评。个别人对党支部的工作也不够重视，不愿意承担支部的党务工作。

二　高校基层党组织软弱涣散的原因分析

（一）基层党组织存在功能不明晰

在新时期党建工作中自上而下的反省自查方面，个别基层的党务工作者认为这样的工作增加了其负担，错误地认为“问责”会引发人人自危的不良局面。高校存在这样的局面是由于党的基层组织——高校基层党组织存在的问题有其特殊性和普遍性，高校基层党组织和其他政府群团的基层党组织不同，高校是一个文化高地，在这样的环境中可以形成由一批先进个体组成的先锋模范队伍，但是其很难体现出党员的服务功能。学生党支部党员流动性大，大部分党员同志较为年轻，缺乏社会锻炼，始终局限于校园生活，始终围绕着自身的学习，成为一个单向度的学习人。学生党支部的设立没有更明确的目标，主要的作用就是发挥其先锋模范作用，在学生群体中能够带头进步，这对学生党支部的功能诉求又回到了对学生本质功能的诉求。学生显著而根本的价值诉求就是在学习上取得好成绩，而学习往往是个人的事情。对于教工党支部而言，教工党员比例一般高达70%，这样一种党员多群众少的局面，使部分教工党员错误地认为即使先进性突出，也会“无用武之地”。

（二）基层党组织监控力度不足

中共中央对于基层腐败的问题格外重视，如果说高层腐败会给整个社会带来不良的风气，基层腐败则很可能更直接地伤害到党和人民群众的感情。在纪录片《永远在路上》中，有专题讲述基层党组织腐败的严重性，其中对于原因的分析让人深思。首先是基层党组织的监控来源是上级监控和群众监督，对于上级监控，检查人员往往是进行简单的询问，由基层党组织自行汇报，并没有形成“调研－问责”机制；对于群众监督，群众没有做好相关的监督工作，在中国的传统思维里，民众是不会对政府的工作进行过问的。其次是基层党组织对上负责的工作模式，基层群众素质不高，对这样的政治活动不感兴趣，即便是有意见反映也得不到党组织的关注。

基层党组织的软弱涣散在高校和乡村有着不同的特点，高校是信息交流的阵地，对于上级拟派的任务都能够做到坚决执行，但是这样积极的工作情况往往仅停留在二级学院的党务工作人员身上。一些党支部工作的考核评定形同虚设，并没有触动党员同志对自身党性的思考，学生支部考核评定的结果不会对学生综合素质测评造成负面影响，教工支部考核结果也没有在教师的年底绩效考核中设定权重比例。

三 整改措施

（一）明确目标，建设党支部工作平台

教工党支部工作要紧密围绕学校党委的中心工作进行，始终把提升党员的党性修养和业务素质、工作能力相结合，将群众客观评价结果作为本支部先进性的关键衡量标准，要通过服务群众来提升党支部先进性，牢记党建工作对其他工作的引领作用。基层党支部书记应该将党建工作和行政工作有机结合，党支部应主动作为行政工作的完成单位，在各个科室的任务中做到分工明确，又在党支部的领导协调下相互配合。党支部的建设工作不仅仅局限于开会学习，还要和教学、科研、管理、工会等行政工作有机结合，防止党支部建设内容被行政科研工作代替。在实际的优秀党支部评定过程中要强化党支部建设内容，不能把党支部成员的科研文章实力作为评定优秀党支部的单一标准，党支部建设内容不是科研教学。

（二）创新机制，加强党支部党员教育

高校教工党支部要充分考虑到工作性质、重点和条件，创新基层党组织生活开展形式，比如，“党员教师精彩一课”“重温入党誓词”“听老红军讲故事”等主题教育活动和“学生党员亮身份”“党校现场教学项目”主题实践活动。实现党组织活动全面有计划实施，党支部组织活动应与师生喜欢的文艺、体育活动相结合，增强基层党组织活动的参与度、兴趣度和实效性。在党支部层面建立健全各项制度，做到党支部规章制度成文上墙，严格党内组织生活纪律，为基层党支部各项工作的顺利开展提供保障。党员按时缴纳党费是接受党组织教育，参加党组织生活的一种表现，对于某些党支部的党员长期不参加组织生活的情况要通报批评，二级学院党委向有关党支部直接问责。对某些组织生活健全，建设具有创新性的先进党支部要进行表彰，在经费和规定允许的情况下，对其他地区的先进做法进行考察学习。

（三）强化吸收，发展中青年教工党员

二级学院党支部工作的开展要顺应时代的潮流，党支部工作绝不允许教条主义，党支部建设工作不能离开年轻教职工，不能让群众和党内同志认为党务工作就是一些老年人的活动，或者是低效率地学习文件。党内建设的源头是做好青年党员的发展工作，要对青年教师进行全方位的帮助，在政治上进行关心，在生活上进行帮助，在业务上进行培养，让青年党员感受到党组织的温暖；同时还要高标准要求青年党员，帮助其确立正确的人生目标，用党的事业和目标来激励其成长，引导其将个人的命运和党的事业融合在一起。

（四）建设支委，加强党务工作干部队伍建设

基层党组织生活的健全要从党支部支委建设抓起，建设好的支委班子要贯彻实行党内民主选举，重视党支部委员换届选举是改善组织生活的有效环节。党支部要做好党支部书记的选拔配备和培养提高工作，把那些党性意识强、热爱党务工作、有较强业务能力与工作水平、具备一定党务工作能力的同志推选为支部书记。同时要选配有一定基层工作经验、工作性质相对稳定的同志担任支部委员，这样支部活动才能正常开展。切实加强对党支部书记和支部委员的培训工作，不断提高他们的综合素质和业务能力，从制度上解决他们的长远发展问题和后顾之忧。在制度上明确教工党支部工作机制，形成以支部书记为主、支部委员分工合理、支部党员共同参与的教工党支部建设局面。

参考文献

[1] 陈刚：《高校服务型基层党组织建设研究》，北京交通大学硕士学位论文，2016。

[2] 李斌雄、张银霞：《基层党组织落实全面从严治党责任及其问责机制探讨》，《探索》2016 年第 1 期，第 90 ~ 94 页。

[3] 钟晓辉：《高校学生基层党组织制度化建设研究》，江西理工大学硕士学位论文，2015。

[4] 关潮：《当前国有企业基层党组织建设的路径探索》，陕西科技大学硕士学位论文，2015。

[5] 苗微：《基层党组织在社会治理中的作用研究》，河北经贸大学硕士学位论文，2015。

Research on the Crisis and Governance of the Grass-roots of Party Organizations in Colleges

Huang Zhaofan, *Zhang Mei*

Abstract: Since the eighteen years of the party, the Communist Party of China has carried out the strategic layout of comprehensively and strictly administering the party and running the country according to law. In the central inspection teams for the grass-roots party organization and inspection work, found that grassroots organizations are weak and lax problems in Colleges and universities, feedback inspection teams, the party certification revealing problems, check their own reasons. And pointed out that strictly regulate the grass-roots party organization life, enhance the party spirit, always can't forget the advanced nature of the Communist Party members, to be a qualified party member. This paper discusses the concrete manifestation and the reason of the weakness of the basic level party organization in Colleges and universities, and the corresponding rectification measures.

Keywords: Strictly Administering the Party; Grass-roots Party Organizations; Weak and Lax

高校学生工作研究
2018 年　第 1 期
第 57 ~ 61 页

浅谈“微时代”下依托新媒体创新学生党建工作

李承明　王一丹　王 尧*

摘　要： 随着互联网的快速发展，新媒体已经成为高校进行思想政治教育的新阵地。以微信、微博为主的社交平台更是吹响了“微时代”的号角，这让高校学生党建工作迎来了新的机遇和挑战。本文主要介绍“微时代”下高校学生党建工作现状以及面临的挑战，并探索如何依托新媒体创新高校学生党建工作。

关键词： 微时代　新媒体　党建工作

高校学生党建工作是高校思想政治教育的重要组成部分，是培养社会主义合格建设者和可靠接班人的需要，对巩固党的执政基础有重要的意义。随着互联网的发展，以微信、微博等社交平台为主的新媒体已经成为高校思想政治教育的重要工具，随之也带来了一个新的时代——“微时代”。因此，高校党建工作面临如此挑战应与时俱进，在传统教育的基础上，主动占领网络阵地，用发展的思想开拓高校学生党建工作的新方法，提高工作实效。

一　新媒体开展高校学生党建工作的特点

新媒体是近年来流行起来的词语，是一个相对的概念，是一种相对于报纸、期刊、书本、广播等传统媒体发展起来的新的媒体形态。与传统媒体相比，新媒体形式更多样、渠道更广泛、覆盖面更广、互动性更强。这些特点使其具有广泛的应用，利用新媒体开展学生党建工作有以下特点。

* 李承明：北京化工大学材料科学与工程学院党委副书记、讲师，主要从事大学生思想政治教育与管理研究。王一丹：北京化工大学材料科学与工程学院兼职辅导员，主要从事大学生思想政治教育研究。王尧：北京化工大学材料科学与工程学院专职辅导员，主要从事大学生思想政治教育研究。

（一）新媒体拓宽学生党建工作平台

传统的学生党建工作模式主要局限于教师的教授，各类学习会的召开，线下活动的启迪等形式，但在参与度、受益面和宣传度上都有一定的局限性。因此新媒体为学生党建工作提供了广阔的平台。现今大学生已成为活跃在各大网络平台的主要人群，所以有效地将高校党建工作内容渗入其中，将发挥重要作用。比如，建立红色网站、微信公众号、微信群等，并通过多样化的形式传递党建等思想政治教育的内容，打破以前“一对多”的传播形式，努力使党建工作达到以点扩散、横向纵向全覆盖的状态，使传播的载体从单一走向多元、从一维走向三维、从静态走向动态，形成广阔的渠道。

（二）新媒体丰富学生党建工作内容

高校学生党建工作一直是高校学生工作的重中之重，传统的学生党建工作以培养和发展党员，开展组织生活会、理论知识学习会，组织红色“1 +1”共建活动等为主。而移动网络的普及化、新媒体的发展突破了传统工作时间、条件的限制，可通过网络阵地丰富党建工作的内容。例如建立红色网站、党支部微信公众号等平台，发布关于党建思想的文章和信息，传递党的思想方针和时事政治；通过开辟留言互动天地，学生可进行思想碰撞，自我检查，做到互相提高；开设网络党课和视频，实现随时随地学习探讨；设立学生活动栏目，发布活动信息和新闻，让学生及时掌握党支部活动动态，并对自己参与的活动有进一步的了解，提高活动宣传度和活动效果。

（三）新媒体提高学生党建工作实效性

高校学生党建工作属于思想政治教育工作，并且理论性强，要求严格，很多的日常活动相对其他的校园活动略显枯燥。如果没有创新的形式和有趣的内容，就很难达到想要的效果。然而，随着移动网络和新媒体的普及化，信息的传递和人与人之间的沟通都打破了时空的限制，一方面使学生党建工作更便捷，另一方面使学生党建工作更具针对性。另外，新媒体也将主动性和权力交给了学生，使受众学生不仅是信息的接收者，还是信息的传播者和发布者。网络的虚拟性使信息的传播者和接受者关系平等化，这极大地调动了学生的积极性和参与度，提高了学生党建工作的实效性。

二　新媒体环境下学生党建工作面临的挑战

（一）网络带来的消极影响

互联网的发展极大地方便了我们的生活，同时也带来了一定的负面影响。网络传播的快捷性和无边性使得任何信息在很短的时间内可大范围地爆炸式传播，网络的开放性使得每个人可以任意在网络上发表不同的言论，网络的虚拟性会导致一些错误的言论影响学生主流价值观的构建，因此网络舆论给党建工作带来一定的压力和挑战。

（二）网络技术和功能仍有局限

在新媒体环境下，要求老师和学生具有一定的媒体素养，包括电脑技术、硬软件设备以及较高的政治觉悟和敏感度，对大量信息做出挑选和排查，对网站、公众平台等网络阵地进行一定的建设和运营，对危机情况做出迅速处理等，但教师和学生一般都不是专业人员，因此在技术和素养上有待提高。

在新媒体环境下，网络的虚拟性和无纸化也会造成党建工作中需要保密的部分无法开展，需要留档的工作不能实现。此外，党建工作还有严格的规范，在网络上开展党建工作需要严格的管理，对网络阵地也要严格建设。

三 “微时代”下学生党建工作的探索

“微时代”下，大数据和互联网思维的影响使得网络宣传已成为学生党建工作的重要途径。创新高校学生党建工作的内容和形式能够有效地引导学生树立正确的世界观、人生观和价值观，促进学生党员积极发挥先锋模范带头作用。因此，“微时代”下，应依托新媒体开展“四微”行动，创新学生党建工作。

（一）以微党课加强理论知识学习

传统的党课以教师在课堂“一对多”的灌输形式为主，这种教育方式比较滞后。一方面形式单一枯燥，导致学生无法提起兴趣，也对教师的讲课水准有较高的要求；另一方面受条件的限制，这种教育形式针对性弱，忽略了学生的差异性，效果较低。而教师和学生党员等可以通过微党课的形式传递教育内容。微党课有以下特点，第一时间较短，第二形式新颖，第三内容多样化且有针对性，第四打破时间空间的限制。这些特点使得微党课受到学生的欢迎。

（二）以微传播增强党建宣传效果

微传播顾名思义就是不拘泥于传统的宏观传播形式，依托新媒体开展网络宣传，减少传统线下宣传费时费力费钱的情形。当前高校学生微信、微博使用率非常高，可通过建立微信公众平台、微信群、在朋友圈发布内容等形式迅速有效地传播思想。例如，建立党建工作微信公众号，实现信息发布、资源共享、消息推送、互动沟通等功能，且微传播形式多样，可利用点赞、转发、图片、视频等新鲜元素，提高读者兴趣，另外广大的人际圈可以有效扩大宣传的范围，强化宣传效果。

（三）以微论坛创新组织生活会

新媒体的发展让学生与老师之间、学生相互之间的交流不再局限于面对面的谈话，他们通过越来越多的聊天群以及公众平台进行互动：可以对一件事情进行思考，对一个政策进行发布，对一场活动的举办发表自己的看法；可在党建工作相关的重要事件节点，如建党纪念日、党的十九大召开、全国“两会”召开期间，专门建立微论坛，让每位学生发表为时一分钟的言论，激励学生积极参与并高度概括自己的想法，抓住主题，确保简明扼要，以形成良好的互动圈。这样的思想碰撞提高了学生的思维能力和学术素养，开阔了他们的眼界，也是党员组织生活会的一种形式上的创新。

（四）以微视频传递党的思想方针

微视频越来越多地被思想政治教育所利用，高校现有的很多思想政治理论课均加入了实践活动环节，以微视频形式讲述历史人物故事、传播社会主义核心价值观等党的思想方针。微视频这种学生自编自导的简短视频不仅可以让学生对某一事件有深刻的了解和认识，而且对党和国家的政策有不同的解读，更可以通过视频的制作提高团队合作意识、组织管理能力等综合素质。

四　结语

“微时代”下，高校开展学生党建工作的方式需要与时俱进。在保留传统工作的同时，依托新媒体开拓工作平台，不断创新工作模式，提高高校学生党建工作的实效性、针对性。

参考文献

［1］李海平：《信息化背景下高校学生网络党建工作创新微探》，《学校党建与思想教育》2013 年第 16 期。
［2］郑元景：《新媒体环境下高校思想政治教育实效性探析》，《思想理论教育导刊》2011 年第 11 期。
［3］张雪、静丽贤、王艳：《新媒体视域下高校大学生党建和思想政治教育模式构建》，《科技风》2015 年第 24 期。
［4］张剑宇：《“微视角”下高校思想政治教育探究》，《亚太教育》2015 年第 33 期。
［5］郭唐梨：《新媒体对高校学生党建工作的影响及应对策略》，《学理论》（下）2015 年第 6 期。
［6］邢晓越、祝海霆、刘洋：《新媒体时代下高校学生党建工作探究》，《学理论》2016 年第 6 期。

Discussion about the Innovation of Party Construction by the New Media under the "Micro Era"

Li Chengming, Wang Yidan, Wang Yao

Abstract: With the development of the internet, new media has become a new field of ideological and political education in universities. Social platform represented by Wechat and Microblog has sounded the horn of "Micro Era", which brings new challenges and opportunities to the Party construction in universities. This article mainly introduce the characteristics and challenges of Party construction of undergraduates under the "Micro Era" , and explores the way to innovate the Party construction in universities relying on new media.

Keywords: Micro Era; New Media; Party Construction

高校学生工作研究
2018 年　第 1 期
第 62 ~ 69 页

高校“形势与政策课”实践教学设计探析

兰 芳　李 红*

摘　要： 实践教学环节是高校“形势与政策课”的重要组成部分。在有利于激发学生学习热情、“知行统一”的设计前提下，基于“形势与政策课”教研室整体导向，“课内 + 课外”实践相结合，进一步改革课程考核方式，能取得更好的教育教学效果。

关键词：“形势与政策课”　实践教学　教学设计

对于高校“形势与政策课”实践教育教学安排，中宣部、教育部早在2004 年就提出明确要求，《关于进一步加强高等学校学生形势与政策教育的通知》（教社政〔2004〕13 号）指出：形势与政策课要“请进来与走出去相结合，课堂教学与课外讨论、交流相结合”，要与“三下乡”“青年志愿者”等活动结合起来，使学生在社会实践中接受教育。这为高校“形势与政策课”实践教学环节的设计指出了明确的方向。

一　设计原则

“形势与政策课”实践教学环节的目的在于通过开展形式多样的实践活动，打破传统课堂教学“满堂灌”、任课教师“一言堂”的局面，让学生开动脑筋、“眼耳并用”、“手脚并用”，激发学生主动参与教与学各个环节的热情，实现课堂与课外学习的有效衔接，让学生在亲身实践中更直观地了解国际国内形势，了解、理解并支持党和政府的重要大政方针，了解中国特色社会主义建设工作现状，培养大学生在实践中检验课堂理论知识的能力，以及通过观察各类社会现象进行理性分析的能力，进一步激发学生的爱国主义热忱，增强其时代责任感。因此，为达到相应教学目标，在实践教学环节的设计中，应坚持以下两个原则。

* 兰芳：乐山师范学院特殊教育学院政治辅导员，主要从事大学生思想政治教育研究。李红：乐山师范学院特殊教育学院助教，主要从事大学生思想政治教育研究。

（一）坚持有利于激发学生学习热情的原则

在2017年5月对乐山师范学院216名本科生的调查中，在对形势与政策课实践教学效果情况的选项中，有86人选择了“不满意”或“很不满意”，2项累计占比为39.8%。由此可见，现有的形势与政策课实践环节设计还不能满足学生的学习需求，不利于学生学习热情的进一步调动。

但可喜的是，实践环节的重要性在大学生中还是有较高认可度的，本次调查中，仅有18人认为形势与政策课不需要实践教学，占被调查对象的8.3%，甚至有学生主动提出“实践成绩应该作为形势与政策课成绩的一部分”。

“兴趣是最好的老师”，只有从学生的学习需求出发，才能有效激发学生学习热情，达到教学目标。作为一门较为特殊的课程，形势与政策课的特殊性主要表现为班级人数多、时效性强、课时设计量少等，相对于其他常规课程，学生往往对本课程整体管理规定不熟悉，对于课程学习、考核等感到迷茫。目前形势与政策课实践环节在某些学校还未能较好地开展甚至流于形式，也未能制定科学的规划和学习效果评定标准[1]。学生希望教学实践环节不仅要包括课堂讨论、分小组学习、观看视频等，还期待社会调研、课堂辩论、个人学习成果展示等更加丰富多彩的形式。

（二）坚持“知行一致”原则

毛泽东在关于马克思主义认识论的代表著作《实践论》中指出，人类认识发展的全过程是实践、认识、再实践、再认识。形势与政策课课堂教学侧重讲解各类基本理论、基本政策以及国际国内热点，实践教学则是课堂教学的有益补充，它强调赋予学生更大的自主学习权利，给予学生更多的体验空间，使学生能主动将理论与实践相结合，不断完善自我，综合提升发现问题、分析问题和解决问题的素质能力。

因此，实践环节设计应放眼世界，既结合历史渊源，又紧扣时代脉搏，将其与当下社会广泛关注的热点问题结合起来，并引导学生认真观察、理性思考，如以每年召开的两会、重大节日节点等国内社会热点，以及全球关注的反恐、国际关系等问题为契机，开展形式多样的系列主题实践教学活动，促使学生“知行一致”，增进学生对国内外形势的认识和对党的路线、方针、政策的理解，并积极自觉投身到中国特色社会主义建设事业之中。

二　基本形式

根据近年来高校形势与政策课普遍运行状况和已有的教学经验，结合当前大学生对于本课程教学实践环节的意见，我们可以考虑形势与政策课教学实践环节采用“一基两结合”模式，即基于“形势与政策课”教研室整体导向，“课内+课外”实践相结合的方式。

（一）强化教研室引导功能

教研室是高校教育教学的基础细胞，“形势与政策课”教研室在师资能力培训、学生专业知识和实践技能培养、专业学科发展方向引导等方面有着不可替代的重要功能。

1. 严格把控教学实践环节目标的正确方向

形势与政策课主题选取更新频繁，教学内容每学期不同。在高校形势与政策课领导小组的宏观管理下，教研室应更多地承担起形势与政策课的教学实践内容、实践载体、实践方法和实践目的设计规划，从而确保本课程的思想性、政治性、理论性与党和国家大政方针高度一致。

2. 提升任课教师实践教学指导能力

众所周知，由于多方面的因素，形势与政策课师资来源较广、专兼职不一、专业背景各异，这就造成了教师队伍专业素质和教学水平参差不齐的情况。教研室通过集体备课会、教学观摩、时政热点研讨会、学生意见反馈会等方式，一方面有助于加强形势与政策课老师之间的沟通联系，增进团队意识，形成稳定的教学团队；另一方面可全方位快速提升任课教师教学水平。

（二）强化“实践”意识，课堂实践与课外实践相结合

广泛考虑不同专业特点、不同年级层次、不同政治面貌等因素，条块分割，纵横相连，设计相应的课堂实践与课外实践内容以将各类学生“一网打尽”，提高实践教学成效。

1. 课堂实践与“3析”相结合

“3 析”是指案例剖析、视频赏析、辩论分析。在课堂教学过程中，教师充分备课，选取适合的案例、视频片段、辩论题目，使学生充分参与到案例剖析、视频赏析、辩论分析中去，引导学生主动思考探索问题，积极查阅相关史实资料，内化相关知识以形成个性化认识，鼓励学生在一定范围内与他人分享自己的学习成果，提升课堂活跃度和实效性。

2. 课外实践与“3活动”相结合

“3 活动”是指社会实践活动、志愿帮扶活动、专业实训活动。为使第一课堂教学效果得到有效延伸，将以上三类活动作为课外实践的主要内容具有重要意义。

（1）社会实践活动。广泛搭建各类学生社会实践平台，积极争取地方行政部门、社区、大中小学等大力支持，整合校内宣传部、学工部、团委、图书馆、外事合作交流处等职能部门的教育教学资源，形成多样的主题社会实践项目。

调研项目如区域市民“社会主义核心价值观”调查、“社会主义荣辱观”调查、“西南地区残障基本设施建设情况”调查等。

考察项目如“寻访老校友”、“海外华裔青少年中国寻根之旅夏（冬）令营”、探访革命老区（圣地）等。

文化活动如“建党 90 周年主题征文赛、演讲赛、摄影赛等系列活动”，包括演讲大赛、征文大赛、摄影摄像比赛、文艺演出、影视片展播、假期社会调查报告撰写等。

这些实践内容紧密结合了社会发展形势，极大地培养了学生的爱国主义情操和增强了学生的民族自豪感，引导大学生自觉践行社会主义核心价值观，弘扬改革创新的时代精神。

（2）志愿帮扶活动。根据不同群体的服务需求，结合学生专业特色，组织学生党员、团员和社团成员成立多支志愿服务小分队，组织学生深入社区、工厂、偏远乡村、基础教育学校等开展志愿服务活动，如物电专业学生开展的义务家电维修活动，体育保健专业学生开展的义务按摩活动，特殊教育专业学生开展的阳光助残活动、中小学生家庭作业辅导等活动，这些实践活动使学生受益匪浅，促进他们更好地了解社会现实情况，形成当代大学生的社会责任感，同时在服务社会经济发展、服务群众中受教育、长才干。一方面提高学生专业实践运用能力，另一方面也促进学生了解真实社会经济、教育和民生发展现状，启发学生思考社会各行业发展中的困难，并主动探索解决问题的办法。

（3）专业实训活动。加强校地合作，不断建设学校专业实习基地，制订完善的学生专业实习工作计划，加强实习过程监管和实习效果考核，让学生走出校园，开阔专业视野，在专业实践中发现自己存在的不足，不断将理论与实践相结合，做到学以致用，提高专业水平。

三 设计方法

（一）开放式教学法

1969 年，科恩（R. C. Cohn）创建了人本主义的教学理论模型，1992 年，斯皮罗（Spiro）提出了建构主义教学模式，它们都成为情境开放式教学法的起源，这些教学理论都着重强调，学习是学习者主动建构内部心理表征的过程，教师在情境教学法中是促进学生不断吸收新知识的“催化剂”和“助产士”。

1. 精简教师讲授时间

“90 后”“95 后”的青年大学生成长在一个经济高速增长、信息爆炸的特殊时代，特别是在智能终端设备广泛运用的今天，学生所掌握的信息在某些方面有时甚至比教师还多、还快，这就对教师手中的“一桶水”有了更高的要求：教师不仅要能清晰地进行知识点讲授，还要更加善于利用互联网信息，如网上海量的图片、丰富的数据资料、生动的影像资料。

随着教学硬件设施条件的改善，网络与新媒体相结合的教学手段不断被运用到形势与政策课教学中，以有效增加学生对教师理论知识讲解的直观感知，提高课堂教学的生动性，缩短任课教师单纯讲授的时间，为开展课堂实践练习提供更充裕的时间。

2. 营造多种课堂情境

形势与政策课的开放式教学主要体现在教师在课堂上应给予学生独立思考的时间，提出问题的时间以及师生交流、生生交流的时间。而此时，小型课堂演讲、辩论、小组讨论等活动则是最好的实践载体。教师精心设计，主动引导学生营造课堂问答情境、表演情境、比赛情境等不同课堂情境，则能较好地调动学生参与学习的积极性和主动性，取得良好的成效。

（二）团体学习法

团体学习法是把学生团体（小组）作为学习主体，任课教师给予适当引导并对其学习成果给予评议的方法[2]。目前，高校形势与政策课普遍实行大班制教学，一个教学班人数为100～200人，同时跨学院、跨专业、文理科背景不一的情况也不在少数，这些复杂因素大大降低了实践教学的效率。

笔者的第1种做法是：将学生“化整为零”。借助互联网和新媒介，我们可以方便地将众多学生归入不同的小团体，如建立班级QQ群，通过“面对面”手段建立班级微信群，或者建立讨论群，将学生编入不同的小团队，建立学生之间沟通交流的平台，增加学生之间思维的碰撞概率。

笔者的第2种做法是：首先构建若干学习小组，并推选出小组组长1名，学习评委1人；其次将预先设定好的学习主题在第一堂课中进行公布，以学习小组为单位自由选择主题，由小组长召集成员开展初步研讨，并分工合作，开展课后学习资料收集、分析和汇总活动。在第二堂课中，分组别进行学习成果汇报，由教师、学习评委共同参与点评，并给出相应分数以作为本组成员的一次平时成绩，此方法促进了学生主动为小组学习建言献策，较好地调动了学生学习积极性。

笔者的第3种做法是：在学生中征集学生组成备课小组，参与备课工作。如在“两会精神解读”一章中，小组通过图文信息收集，更直观了解到我国“高精尖”技术的发展现状，进而对中国航天技术、虚拟现实技术、量子技术、大飞机技术、射电望远镜技术等进行探索，不仅能对大飞机、射电望远镜等具体的性能、科学意义进行详细讲述，还深刻体会到这些“中国制造”已成为“中国名片”“中国骄傲”。这极大地增进了学生的民族自信心，激发了学生的民族自豪感。在“香港回归20年”一章中，由学生备课小组广泛收集近20年来香港高等教育、经济发展中的突出例子，并要求学生制作PPT，在课堂上进行讲解，既锻炼了学生团队合作意识、集思广益，又活跃了课堂氛围，还对其他学生起到良好的示范作用，受到学生好评。

（三）课题研究法

大学生参与科学研究，是启蒙其科学探究意识，培养其研究能力素养，提升其创新实践能力的重要途径。在课题研究的过程中，交流讨论、文献资料查阅有利于拓展学生知识面，而实证研究则有利于学生在实践中找到正确的答案。课题研究还有利于发挥学生学习主体作用，进一步提高学生学习兴趣，加深学生对所学理论知识的理解和掌握，提升每个学生的研究自信心。

笔者的做法是：第一步，结合学生专业实际，发布课题研究方向项目，由学生自由组队主动申报课题；第二步，分析把握学生个体情况，根据不同个性优势和知识构成指导学生分工合作，教给学生文献法、实证研究法等基本科研方法，开展系统深入的课题研究；第三步，定期召开研讨会，了解工作进度，根据实际进展情况开展组内调整，按不同的研究目标要求学生形成不同的科研成果，如科研论文、调查报告、影像作品等，要求学生按组别提交作品，鼓励学生积极参与“挑战杯”大学生课外学术科技作品大赛、青年创新创业大赛等各级各类比赛，鼓励学生在公开刊物上发表相关作品成果。

四　考核评价

实践环节考核是形势与政策课考核的重要组成部分，在对实践环节日趋重视的情况下，本环节在课程考核中的比重也越来越大，建立多维度的评价标准，实行过程评价与综合评价相结合的考核模式，才能较为客观准确地对实践环节进行有针对性的评价。

（一）建立多维度评价标准

美国学者格隆朗德（N. E. Gronlund）曾提出了学生学习效果评价等式，即评价 = 测量（量的描述）或非测量（质的描述） + 价值判断，受到教育界较高程度的认同。而国内推行多年的素质教育政策也为形势与政策课教师开展学生多维度评价奠定了一定基础。在形势与政策课实践教学考核中，不仅要体现学生学习能力、学习效果，还应该体现学生的学习态度。

1. 传统评价

考试是检验学生学习状况、学习效果的重要手段，也是传统评价的最重要表现形式，形势与政策课应继续坚持这一课程考核办法，有利于使学生形成适当的学习压力和动力。

2. 过程评价

学习态度是学生学好形势与政策课，掌握本课程知识点的重要前提，加强对学生学习态度的考核有利于培养学生养成良好的学习习惯，督促学生完成每一项学习任务。

传统评价与过程评价两个维度相结合，对每名学生学习情况不仅有“量的描述”，也有“质的描述”，可较为全面地反映学生在实践学习中所表现出的学习态度、学习行为。

（二）具体考核评价步骤

第一步，建立评价体系。全面考虑可量化考核和非量化考核因素，针对可量化考核内容，采用闭卷考试和心得体会撰写两项成绩因素。针对非量化考核内容，则考虑课堂笔记评价、教师评价、同学评价和校外评价因素，以形成学生个体学习情况因素框架（如图 1 所示）。

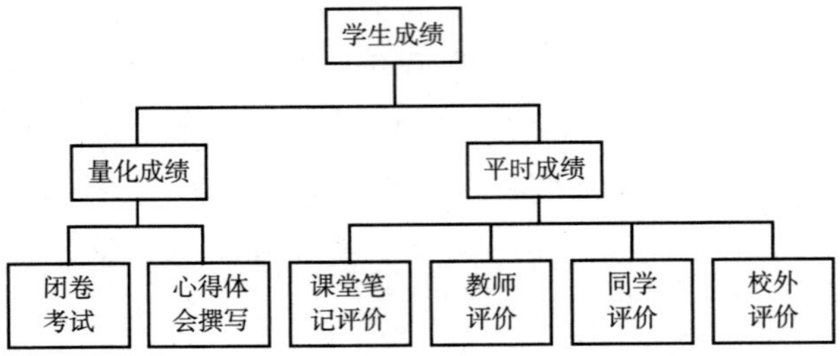

图 1　学生个体学习情况因素框架

第二步，实施量化考核。通过组织期末闭卷考试、撰写心得体会等方式进行量化评分，以检测学生对相应学期课堂教学知识的掌握情况，任课教师可给出评分。

第三步，选择适合的评判方法，例如层次分析法、SPSS 模糊综合评价法，它们都处于对复杂因素的综合判断中，教师可通过建立一定的学习评估模型，计算出权数和排序，以对学生学习情况进行较为科学的综合评价判断。

当然，形势与政策课教学实践环节是课程教学的一部分，更是高校思想政治教育工作的一部分，此项工作的顺利开展牵涉师资力量、实践经费、实践场所等多方面的因素，只有紧紧依靠学校党委的坚强领导，建立健全形势与政策课教学实践环节保障体系，各职能部门统筹协调，相互配合，才能充分挖掘利用教学资源，达到良好的育人目标。

参考文献

[1] 沈光、孙倩、荆波：《大学生〈形势与政策课〉的实践环节及其实现途径》，《吉林省教育学院学报》2011 年第 12 期。

[2] 董晓蕾、王洛忠：《团体学习法在思想政治理论课中的应用》，《内蒙古师范大学学报》（教育科学版）2013 年第 9 期。

An Exploration of Practical Teaching Design of the Course of Situation and Policy

Lan Fang, *Li Hong*

Abstract: The practice teaching link is an important part of the "situation and policy course" in the university. Based on the premise of stimulating students' learning enthusiasm and "unity of knowing and doing", based on the overall guidance of "situation and policy" teaching and research section, combined with "class + extracurricular" practice, further reform of curriculum assessment method can achieve better teaching effect.

Keywords: Situation and Policy Courses; Practical Teaching; Teaching Design

学工专题

高校学生工作研究
2018 年　第 1 期
第 73 ~ 79 页

“五个一”法促成高校辅导员有效谈心谈话

谭　鑫*

摘　要： 高校辅导员与学生的谈心谈话是了解学生思想动态、解决学生学习生活问题的主要抓手，是提高辅导员工作效率的重要途径之一，也是开展大学生思想政治教育工作的重要手段。针对辅导员谈心谈话工作现状，结合学生工作实践经验，借助心理学专业中的积极心理学理论、行为主义疗法、萨提亚家庭治疗模式、短程焦点治疗、叙事疗法等心理咨询技术，总结出行之有效的“五个一”辅导员谈心谈话法，有助于提高辅导员谈心工作的科学性和实效性，让辅导员真正成为学生健康成长路上的人生导师和知心朋友。本方法由于在学校推广中产生良好效果，现已成为湖南省高校辅导员上岗培训班“谈心谈话”培训课程的内容。

关键词： “五个一”法　高校辅导员　谈心谈话

一　进行谈心谈话是高校辅导员开展大学生思想政治教育工作的“法宝”

习近平总书记在高校思想政治工作会议中提出：“做好高校思想政治工作，要因事而化、因时而进、因势而新。要遵循思想政治工作规律，遵循教书育人规律，遵循学生成长规律，不断提高工作能力和水平。”与大学生进行谈心谈话是高校辅导员做好学生思想政治教育工作的重要“法宝”，是了解学生思想动态、解决学生学习生活问题的主要抓手，也是提高辅导员工作效率的重要途径之一。因此，辅导员必须通过深入细致的谈心谈话活动，掌握学生思想动态，切实帮助学生解决思想困惑和实际困难，有针对性地开展工作，从而提升大学生的思想政治素养，为培养又红又专、德才兼备的社会主义合格建设者和可靠接班人打下坚实基础。

* 谭鑫：中南大学机电工程学院讲师、辅导员，主要从事大学生思想政治教育、大学生心理健康研究。

二 正确审视当前高校辅导员进行谈心谈话中存在的“梗阻”

“梗阻”一词是指妨害、推迟或干预某种行动的任何一种障碍物或抑制力。目前一些高校辅导员在与学生开展谈心谈话时也存在一种“梗阻”现象，比如过分严肃，缺少亲和力；直奔问题，缺少灵活性；一味灌输，缺少互动性；一味说教，缺乏理解性等问题。这样的谈心谈话不仅很难深入学生内心，了解学生心里真实想法，而且容易让学生对辅导员产生抵触情绪，影响师生关系。据了解，不少“95 后”大学生认为辅导员在谈心谈话时会摆出居高临下的架子，并没有做到以理服人、以德服人、以情动人。学生很容易对此产生防范心理、抵触心理、轻视心理、自卑心理、辩解心理和放纵心理[1]。因此如何采用行之有效的方法与学生进行谈心谈话是高校辅导员值得深入思考和探究的重要问题。

三 “五个一”谈心谈话法是平衡积极心理与消极心理的“砝码”

本文针对辅导员谈心谈话工作现状，结合学生工作实践经验，借助心理学专业中的积极心理学理论、行为主义疗法、萨提亚家庭治疗模式、短程焦点治疗、叙事疗法等心理咨询技术，总结出行之有效的“五个一”辅导员谈心谈话法。本方法由于在学校推广中产生良好效果，现已成为湖南省高校辅导员上岗培训班“谈心谈话”培训课程的内容。

（一）营造一种温暖的氛围

弗洛伊德曾说，只有分析和了解才能促成改变。所以想有一次效果良好的谈心谈话，先要了解学生的心理。学生当得知老师要找自己谈话时一般会存在以下心理。首先，面对辅导员找自己谈话，总会揣测其谈话意图，存在揣测心理。其次，对于犯错误的学生，由于不知辅导员会如何批评、处罚自己，或存在惶惑、恐惧心理，或对辅导员存在戒备心，存在防御心理。有些学生平时与辅导员关系紧张，会有对立心理；还有些学生平时表现好，自尊心强，对于偶然犯错被找谈话，会存在沮丧心理。最后，有些学生会主动找辅导员谈话，这时多数学生希望能给老师留下好印象，存在期盼心理[2]。由于学生怀着不同心理状态而来，所以一开始的谈话氛围就显得尤为重要。卡耐基说过：“要使别人喜欢你，首先你得改变对人的态度，把精神放得轻松一点，表情自然，笑容可掬，这样别人就会对你产生喜爱的感觉了。”因此，无论谈话的主题是什么，辅导员在谈话之初都应该创造一种和谐、安全、温暖的气氛。首先请学生落座，辅导员应面带微笑，语气温和，询问找学生来谈话是否对其安排有影响，如有条件可给学生倒上一杯水。以微笑融化陌生，用信任沟通心灵。在让学生获得亲近感后，辅导员可说：“刚刚过来，辛苦你了，约你这个时间段来，希望没有给你造成太大不便。""你刚下课赶过来，挺辛苦的，先喝点水。""谢谢你信任我，愿意敞开心扉，把自己的心里话告诉老师，老师保证不会轻易告诉其他人。"正如《高校思想政治工作质量提升工程实施纲要》基本任务所要求的那样，"坚持育心与育德相结合，加强人文关怀和心理疏导"。谈话开场的气氛是谈话是否能顺利进行的基础，对之后的谈心谈话效果有着重要影响。

（二）建立一套有效的沟通方式

行为主义心理学上有一套在人际沟通中十分有效的"三段式"沟通法，这种沟通方法主要分为三步：第一步称为"我理解你"，引出所要谈论的问题；第二步称为"但这造成了"，指出问题导致的影响；第三步称为"事已至此"，共商解决办法。此法运用在辅导员与学生谈心谈话过程中也将有良好效果，其本质是利用心理学原理和方法，涉及艺术的提出问题、分析问题、解决问题的过程。

1."我理解你"，在与学生共情中提出存在的问题

寻找"共鸣点"，让学生感到"被理解"。著名行为主义心理学家华生强调，人们的行为必有原因，任何行为均有其功能[3]。学生不管做出怎样的行为必然有自己的理由，辅导员需要去深入了解学生行为背后的理由。例如辅导员可以对学生说"有句话叫'不是不理解，而是不了解'，我想你这么做一定有自己的原因，能说说吗?""我想你这么做一定有你的理由，能和老师说说吗?""我理解你这么说可能是因为……"等。许多辅导员在谈话中会非常直接地指出学生的问题，然后开始教育学生，希望以此达到一针见血的效果，但往往适得其反。当辅导员表示愿意去理解学生行为、倾听原因时，会极大地让学生有一种"被理解"感，也会避免抵触，促使学生打开心扉。

发掘"积极点"，让学生感到"被肯定"。从积极心理学的角度来看，任何行为都会有其积极点和资源[4]，正如著名积极心理学家马丁·塞利格曼所说，每个人都有向上的动力，每个人都有闪光的资源。为使理解更为深入，让学生感到辅导员是真正"共情"自己，这需要辅导员更进一步从学生的行为中找到积极点和资源面。即便是对于学生犯错误的行为，由于任何行为都是具有功能的，里面也一定会有值得肯定和赞赏的方面。在短程焦点治疗中也坚信每个人都有各自的品性和过往经历，这些品性就是人身上的力量，如果对其加以利用，则对解决他们的困难、创造更美满的生活大为有用。例如，对于考试舞弊的学生来说，他的出发点是想把成绩搞好；某一次学生打架的背后的原因可能是为同学出头，维护正义；胆小怕事学生的积极面是小心谨慎，性格多疑的原因是自我保护意识强等。所以当辅导员表示"老师找你来，你可能认为老师要批评你，但老师从这件事中看到了你的勇敢、正义。""可能这件事让你受到了很多非议，也会有人不理解，但在你身上，老师看到了一个爱班级、不惜牺牲自己时间和精力的好班长。""这件事听起来很糟糕，让你感觉自己是糟糕的，但老师从中发现你其实在这里面有所成长。”即使对于不愿讲话、沉默的学生也可以找到资源，辅导员可以说：“老师相信，你今天愿意来见老师，就说明你有和老师交谈，有意愿想解决问题，有这个心。”“可能一部分的你会感到生气、不舒服，但一部分的你仍然愿意来解决这个问题，这就很棒!”

沟通“三段式”的第一步“我理解你”看似简单，但只有做到认真倾听学生，真诚了解事件原因，欣赏、发现学生身上的资源和积极点，才能对学生有深入的理解和共情，减少学生的防御、反感和阻抗。在欣赏中不仅包含了理解，还体现了信任和肯定。心理咨询中有一个技术叫“跟与领”技术，简单而言，想去“指领”学生、引导学生、教育学生，首先要做到先“跟随”学生、理解学生、欣赏学生，这样老师的引导才能真正奏效。

2. “但这造成了”，在与学生沟通中分析存在问题

当表示了对学生的理解和共情，让学生发现辅导员并不是和自己站在对立面，学生愿意敞开心扉之后，就要慢慢开始指出谈话目的，讲明主要冲突、矛盾和问题。在指出问题的过程中，辅导员重点要体现学生行为中有哪些方面不符合校纪校规、相关规定等；给其他同学、老师造成的客观困扰；学生自身会受到怎样的损失等方面。例如辅导员可以说：“但这件事，我们从客观上可能造成了……”“按照学校的规定，这会导致……”“这件事情确实让你的室友受到了影响。”总而言之，要让学生感到辅导员的客观、公正、公平，让学生体会到辅导员并非在故意为难、刁难自己。

3. “事已至此”，在与学生的互信中解决存在问题

当表示对学生理解同时也指出学生的问题后，这时学生的心扉已经敞开，并且认识到自己的错误，此时辅导员与学生通过前面的谈话已经建立信任关系；学生对辅导员存在既信任又依赖的心理，想知道怎样可以解决问题、辅导员是否能给自己提供帮助，这时也就达到了辅导员谈心谈话的主要目的之一——解决学生存在的问题。但在解决学生问题时要做到《高校思想政治工作质量提升工程实施纲要》中要求的“坚持问题导向，注重精准施策”。

以“情”动人，让学生感到“被支持”。萨提亚家庭治疗模式指出每个人都非独立的个体，人与人之间的联结给了人生命力[5]。萨提亚家庭治疗模式创始人心理学家萨提亚女士反复强调，每个人都希望与“他人”产生联结，希望与他人在一起，尤其是值得自己信任的重要“他人”。所以辅导员在和学生讨论问题解决办法过程中，要让学生感到辅导员和自己“在一起”。愿意和自己一起面对问题，在积极、真心、尽力地给自己想办法，是真心为自己好。例如辅导员可以说：“事已至此，现在这样的情况发生了，我们一起想办法来面对。”“既然现在的情况是这样，我们一起来想想要怎么办。”“没有过不去的山、没有过不去的坎，老师和你一起面对。”这种“在一起”会让学生从内心深处感受到来自辅导员的关爱和温暖，对于辅导员建议的接纳程度和认可程度也会大大提升。正如一首诗所描述的“关爱是一把钥匙，轻轻地插入我的心间，是你与我生命的沟通”。

以“本”说人，让学生感到“被理解”。《高校思想政治工作质量提升工程实施纲要》提出

要“加强分类指导、着力因材施教”。在多数情况下，学生表述的问题都是表面现象，辅导员要能透过现象看本质，抓住问题主要矛盾。例如，一名藏族学生在寝室烧香而与室友发生矛盾，这是寝室冲突，但本质原因可能是藏族学生思家和感到孤单。所以如何让藏族学生寄托思家之情，如何提升周围同学对藏族学生的关爱，就比解决是否在寝室烧香的表面问题更为重要。又如有学生上课顶撞老师，可能学生的本质并非故意不尊重老师，而是想出风头，博得同学关注。这时，和学生探讨如何以合适恰当的方式来展示自己比纠结于上课顶撞老师的细节更能抓住学生的要害。但是，如何才能抓住解决学生问题的本质？关键又回到了前面所说的如何去理解学生，让学生敞开心扉，放心与辅导员交谈。

以“法”明人，让学生感到“被点拨”。在解决学生具体问题时，辅导员应掌握一些常用的技巧和方法。例如在学生面对矛盾、冲突选择时，可教其使用利弊分析法，让其拿一张纸，详细列出每个选择的优缺点，再来进行比较，其将有新的发现；在学生面对考试压力时，可教其使用音乐想象放松法；在面对情绪低落时，可教其使用倾诉法、运动法、注意力转移法；在面对拖延症、制定目标时，可教其使用强化法；在人际沟通时，可教其采用三段式沟通法等。同时值得注意的是，无论给学生建议何种方法，都可以采用积极暗示，增强学生进行实践的信心。例如辅导员可对学生说：“老师告诉你的这种方法，在心理学上被广泛使用，效果非常好。”“你的一个学姐也遇到和你一样的问题，她当时也是这样做的，取得了成功。”尤其是当学生处于无助状态时，积极的心理暗示对学生进行改变并取得成功具有良好效果。

（三）给予一份信任的赋能

短期焦点治疗解决心理问题坚信“每个人都是解决自己的问题的专家”，每个人身上都蕴藏着巨大的能量和资源[6]。所以辅导员在和学生谈心谈话时，要坚信学生是解决自己的问题的专家，相信学生可以创造让自己更满意的生活，辅导员需要给予学生肯定和赞美，给学生赋能。例如辅导员可说：“在老师眼里，你一直是一个有上进心，有想法，负责、友善的学生，老师坚信你一定能做到。”“老师相信等过段时间再看到你时，你一定会让我刮目相看。”辅导员在谈心谈话中要敏锐地捕捉到学生身上的积极品性和过往成功，充分相信和肯定学生愿意努力做出改变，让学生体会到“被信任感”。辅导员给学生的赋能，将极大激发其进行改变的动力。正如马斯洛所说，“一个人心若改变，你的态度就跟着改变；态度改变，你的习惯就跟着改变；习惯改变，你的性格就跟着改变；性格改变，你的人生就跟着改变”。

（四）进行一次思想的引领

高校辅导员是教育引导青年学生树立正确、科学的价值观，让社会主义核心价值观在高校得到有效传播和践行的重要力量[7]，所以辅导员在每次和学生就某一具体问题进行谈心谈话后，需要对学生进行信念引导、价值塑造，应该引导学生从一次具体经历中总结收获，举一反三，以将其变成今后应对类似事件的经验，变成人生路上的宝贵财富，提升学生经历的意义，对学生进行思想上的引领。心理治疗的叙事疗法常用“那时那地”技术，让来访者通过想象假如现在是几十年后来看此时此刻的经历，他们基本都会发现无论是成功还是失败，不管是顺境还是逆境，此刻的经验都会变成人生路上一笔宝贵财富，都是一段独一无二的人生体验，于是让人生得到升华[8]。辅导员在与学生谈心谈话过程中也可使用此技术，例如辅导员可说：“我们每个人都会遇到各种各样的困难，这次经历是对你的一次考验和磨砺，也是在这样的过程中我们能得到历练与成长。”“大学之所以丰富多彩，正是因为在大学里你会有各种各样的经历与体验，希望你能从这次经历中获得体验，以将其变成今后人生路上的财富。”这种引领不仅能让学生的目光不再局限于眼前问题，不对当下困境感到绝望，而且能让学生“以小见大”，通过此事有所感悟、有所成长，提升生命意义感，树立正确理想信念，让辅导员真正做学生成长路上的人生导师。

（五）播下一颗希望的种子

高校辅导员谈心谈话是一门艺术，倘若没有艺术般的谈心谈话，那就难以实现与学生心灵相通。虽然，有些时候通过一次谈心谈话，学生的问题并不能得到充分解决，或者学生在大学中还会遇到其他问题，但作为辅导员需要给学生一份希望，让学生感到辅导员能成为他们的倾诉对象、支持力量、温暖港湾，以为良好的师生关系播下一颗希望的种子。例如辅导员可说：“谢谢你愿意敞开心扉，把自己心里的想法告诉老师，以后遇到什么问题，都可以来找我，我们再一起来讨论，想方法。”这颗希望的种子会让学生在遇到困难时想到辅导员，依靠辅导员，信任辅导员，把辅导员当作自己的知心朋友。

四　结语

营造一种温暖的氛围，建立一套有效的沟通方式，给予一份信任的赋能，进行一次思想的引领，播下一颗希望的种子——“五个一”谈心谈话法让辅导员在整个谈话过程中立足于和学生“在一起”的基本理念，让学生被看见、被肯定、被尊重、被支持、被理解、被信任、被点拨、被呵护，让改变在温情中悄然发生。在谈心谈话中培育大学生自尊自信、理性平和、积极向上的阳光心态，让辅导员真正成为学生健康成长路上的人生导师和知心朋友。

参考文献

［1］施祖军：《浅析个别谈心在学生管理中的意义和方法》，《教育与职业》2006 年第 3 期。
［2］孙晓晴：《谈话的艺术刍议》，《山东教育》1998 年第 5 期。
［3］贾红英：《环境控制与行为养成——行为主义心理学在大学生行为教育中的应用》，《北京化工大学学

报》（社会科学版）2003 年第 4 期。
[4] 曹新美、刘翔平：《学校心理健康教育模式的反思与积极心理学取向》，《教师教育研究》2006 年第 3 期。
[5] 贺庆莉：《萨提亚家庭治疗模式的个案研究及其在中国本土化发展的价值探讨》，陕西师范大学硕士学位论文，2010。
[6] 王玲：《焦点解决短期心理咨询法的评介》，《中国心理卫生杂志》2002 年第 10 期。
[7] 朱铭：《论高校辅导员在社会主义核心价值观建设中的角色定位》，《理论与改革》2014 年第 6 期。
[8] 魏源：《解构并重述生命的故事——叙事疗法述评》，《台州学院学报》2004 年第 4 期。

The "Five One" Method Contributed to the Effective Talk of College Counselors

Tan Xin

Abstract: College counselors and students' heart to heart talk is the main way to understandstudents' ideological trend and solve their learning and life problems. It is also an important way to improve the work efficiency of counselors, and also an important means to carry out ideological and political education for college students. The counselors talk talk work situation, according to the students' work experience, with the theory of positive psychology, behavior therapy, psychology doctrine in the Satir family therapy model, short focus therapy, narrative therapy andpsychology-cal counseling techniques, summarizes the five talk "counselor conversation effective", is helpful to improve the scientific and the effectiveness of the counselors to work, let the instructor truly become the healthy growth of the students on the mentor and friend. As this method has a good effect in the promotion of school, it has been used as the talk training course for the training class of College Counselors in Hunan province.

Keywords: The "Five One" Method; College Counselors; Heart to Heart Talk

高校学生工作研究
2018 年　第 1 期
第 80 ~ 86 页

高校思政教育工作“三全育人”主体性导向发挥研究

——以习近平新时代中国特色社会主义思想为指导

向　勇*

摘　要： 习近平新时代中国特色社会主义思想的理论依据和逻辑起点，就是要求我们在新时代续写中国特色社会主义新篇章。我们所从事的中国特色社会主义思政教育“三全育人”工作，导向正确、凝聚人心、汇集力量，我们要主动、充分调动、发挥教育者和受教育者的主体性，并评价和引导思政育人的方向、效果与质量，切实保证高校的政治安全。要坚持把立德树人作为中心环节，顺应时代发展、实践发展和历史潮流的新趋势、新特点，在针对性和实效性上下功夫，优化育人育才的内容、机制，用习近平新时代中国特色社会主义思想凝聚力量，开创全员、全过程、全方位育人新局面，努力写好新时代的“奋进之笔”！

关键词： 政治站位　历史方位　主体性　“三全育人”

党的十九大已经胜利召开，全力推动党的十九大精神和习近平新时代中国特色社会主义思想在高校落地落实成为当下亟须提上议程的大事。面对新的形势和新的时代命题，我们唯有在行动中坚守初心，用习近平新时代中国特色社会主义思想给高校“三全育人”机制“强心固体”，持续在以提高大学生的综合素质为目标，以加强大学生社会主义思想道德素质教育为核心的思想政治教育工作中下功夫，积极探索大学生思想政治教育工作的新途径、新方法，切实把育人贯穿于教育教学的各环节，形成全员育人、全程育人、全方位育人的新格局。

一　深刻领会习近平新时代中国特色社会主义思想

（一）习近平新时代中国特色社会主义思想的理论特质

学习与领会习近平新时代中国特色社会主义思想，首先须把握其理论特质。

* 向勇：中南大学信息科学与工程学院辅导员，主要从事大学生党建工作研究。

第一，必须提高政治站位，有高举中国特色社会主义伟大旗帜的责任感和使命感。深刻理解“以人民为中心”的宗旨是我们的价值追求和根基，在新的改革开放实践行动中加强政治学习、理论学习、思想学习、看齐学习，不断增强政治认同、理论认同、思想认同和情感认同。

第二，作为中国特色社会主义理论体系最新成果，习近平新时代中国特色社会主义思想具有科学的价值旨归和战略思量。体现在新的中国社会转型工作实践里，就是自信运用中国特色理论、中国特色制度、中国特色“药方”等凝聚中国精神力量，以“中国道路”扮演实现“中国梦”的“根本路径”角色；在构建新型大国关系的国际格局时，讲究立足中国，借鉴国外，交往交融，面向未来。不局限于对旧事物的批评以产生新事物，强调问题导向，谋准大势，以敏锐的思想洞察力推动实践创新与理论创新互动结合，挖掘当今时代方位下人类的一切优秀成果，以“人类命运共同体”的思想境界全面指导、推进社会主义现代化建设。

第三，习近平新时代中国特色社会主义思想顺应时代要求，体现了国家体系建设的高度、宽度和深度。在党的十八大召开以来的新时期国家政治、经济、文化、社会建设中，融入了生态文明建设思想，注重形成“五位一体”整体合力。

（二）习近平新时代中国特色社会主义思想的主体性解读

着眼于新时代改革开放各领域的实际问题及所凸显的新特点，以习近平同志为核心的中共中央政治局经常组织集体学习，用实际行动树立了“学习才有未来”的榜样，彰显了习近平新时代中国特色社会主义思想与时俱进的发展属性。

一方面，习近平新时代中国特色社会主义思想在治国理政方略中始终强调把坚持党的领导作为先导和根本，政治建设必须放在首要位置，但也注重人民主体力量的发挥。随着经济全球化不断向纵深发展，人民的主体意识、平等意识和参与意识不断提高，对中国新时代改革开放的发展方向有着重大影响。40 年来，中国特色社会主义改革开放伟大实践能够取得全球瞩目的历史性成就，是因为党正确领导、调动了一切积极力量、资源，实现了社会生产力的极大解放和发展；是因为坚持人民主体地位，支持和尊重其劳动创造及意愿诉求。

另一方面，习近平新时代中国特色社会主义思想在哲学层面也对包括思想政治教育领域在内的社会科学做出了重要论断。我们所从事的中国特色社会主义哲学社会科学有无中国特色，关键在于有没有主体性、原创性。深刻领会和学习习近平新时代中国特色社会主义思想的主体性，必须坚持马克思主义是反映和引领时代精神的根本力量，它赋予了广大人民群众以坚定的理想信念支撑其进行历史创造活动。

二　新时代高校思想政治教育主体性特点

加强和改进高校思想政治工作是必由之路。把高校思政教育发展落实到具体的问题和实践行动上，我们要从解决思想政治教育问题的长远、根本、全局角度来思考有效办法，这就需要理解其时空方位新特征。自媒体时代下的高校学生思想活跃、价值多元，传统思想政治工作“说教式”“管理式”的教育方法已渐渐与时代脱节；在教育对象主体性意识高扬的新时代，必须把尊重和激励教育者和被教育者的主体性纳入新时代高校思想政治教育“三全育人”工作机制中，充分发挥他们的能动性、创造性。习近平总书记强调马克思主义是中国高校的鲜亮底色，高校立身之本在于立德树人，高校思想政治工作则为其提供政治保证。高校思政教育要紧紧围绕立德树人这一根本使命，坚定不移地用习近平新时代中国特色社会主义思想统领高校思想政治工作，因事而化、因时而进、因势而新。我们要深刻认识到当今思想政治教育工作中教育者和受教育者主体性导向作用发挥不够的问题，要主动、充分调动、发挥教育者和受教育者的主体性，并评价和引导思政育人的方向、效果与质量，把思想政治工作贯穿教育教学全过程，实现全程育人、全方位育人，做新时代的合格答卷人。

三 提高政治站位，准确把握高校思政教育“三全育人”工作主方向

（一）塑造社会主义核心价值观，做科学真理的传播者

我们提倡和弘扬社会主义核心价值观，必须深入推动习近平新时代中国特色社会主义思想这一党的最新理论成果进教材、进课堂、进头脑。开展社会主义核心价值观活动也要有内容、有仪式、有情景，否则就不会有生命力和影响力。高校作为大学生思想政治建设活动的重要阵地，要把显性教育和隐性教育相结合，在注重发挥文化的浸润、感染、熏陶作用的同时也增强支持社会实践育人功能；要“虚”功“实”做地开展“铭记中国共产党的苦难奋斗史”以及“读红色家书，阅文化传承”阅读周记竞赛等社会主义核心价值观传承践行活动，我们可以从习近平新时代中国特色社会主义思想中汲取丰富营养，以文化认同弥合政治认同，构建“生活化”和“仪式感”的社会主义核心价值观培育情境，健全实施价值观培育的经费与机制保障等措施，切实提高高校思想政治教育培育实效性，形成精神合力。

（二）增强环保意识，做“美丽中国”建设的践行者

新时代党和国家高度重视“美丽中国”建设，并在党的十九大报告中予以重点指出。我们高校思政教育要先行一步，学习领会习近平新时代中国特色社会主义思想新精神，积极贯彻落实新要求、新发展理念。

当前，习近平总书记在党的十九大报告中重点强调的“美丽中国”生态文明建设，不应该仅仅体现为政府机关以及少数环保志愿者的参与，而应该是包括高校、大众传媒单位等在内的广大人士的共同追求目标。青年大学生是未来中国环保建设的主力军和核心推动力量，

要对我国生态环境问题进行非常全面、系统的可持续治理，只能依赖于锲而不舍地做好青年大学生环境保护意识培育，改变年青一代对生态环境问题的态度、认知和习惯行为。所以，我们高校思想政治教育工作也应该将保护生态，弘扬绿色观念，提高环保意识，明确可持续发展战略观念纳入一项迫切而长久艰巨的文化工程，积极开展以“用艺术去生活，用技术去生存”等有美感、仪式感的主题活动，努力让祖国的新一代达成建设“美丽中国”的社会共识。

（三）提升法治素养教育，做法律规制的守护者

青年是国家的未来，青年只有自觉做到信法、知法、懂法、守法，习近平新时代中国特色社会主义思想中的全面依法治国理念才能推进实现。当代高校青年学生是第一代网络“原住民”，他们从小便在网络空间和现实空间中切换，具有极强的权利意识和公民意识。在宣传即资本的时代，高校思政法治素养教育工作要创新工作方式，敢于发声、善于发声，以增进青年大学生对高校法治素养教育和规章的敬畏、理解、认同。注重改进、引导学生的行为，要在日常生活的潜移默化中培养青年学生对法律和规则的敬畏态度；事关重大原则毫不动摇，时刻与学校治理规章制度保持高度一致；事关师德师风毫不松懈，严格执行各项规定标准，划定情感道德底线，坚决不做出格之事，坚决不做有损高校教师形象之事；事关学生切身利益毫不偏颇，在党员发展、奖助学贷、评先评优和违纪处理等具体事务中，照章办事，主动接受学生监督。要让青年学生在生活细微之处感受到公平正义，相信公平正义，自发维护公平正义。

四 不忘育人初心，深刻把握高校思政教育“三全育人”主体性的发挥及其培育切入点

（一）硬约束与软约束相结合的班团建设机制

班级团支部建立在班级之上，是团的各项工作下沉的最底端，是党的思想政治工作显示的最终端。当代高校青年学生是伴随着互联网成长起来的一代，网络生态业已成为舆论思潮的新领地。互联网不仅塑造了崭新的社会生活样态，而且已成为国与国之间“文化软实力”博弈的关键战场。新生代思潮网络化带来了高校日常网络舆情监控被削弱、西方资本主义国家意识形态网络渗透以及主流价值传播受阻等困境。再加上原有的班团关系结构划分不清晰，班级团支部还采用老一套做法，缺乏有效指导，活动组织创新不够，对班级同学的吸引力不够，导致团支部思想政治引领作用发挥不够，班长负责制管理仅仅局限于事务性活动和工作，班团工作没有拧成“一块整钢”。习近平新时代中国特色社会主义思想要求我们把握好社会主义办学方向，

应该将社会主义核心价值观教育贯穿办学育人全过程，所以我们高校思想政治教育工作也应该下沉到学生基层——班级和寝室，全面深化基层党建建设，突出政治导向，及时掌握网络舆论主动权，创新党的思想引领下的高校班团一体化机制，构建师生信息沟通畅通渠道的“血液循环系统”。团支部管思想，班委会管日常事务，分别扮演主导者和行动者的角色。突出政治导向，积极鼓励班级自身发挥更大的能动性、主体性，以政治引领和价值引领为根本点，确立团支部在班级中的思想核心和管理核心地位，基层班团组织就不仅仅和辅导员是单线联系样态，而且能更好地发挥高校基层管理的硬约束作用。[2]

进一步发挥青年学生的行为主体性，其实就是一次思想统一的过程和力量凝聚的过程。通过自律与他律相结合，硬约束与软约束相结合，不让他们心中产生抵触心理。通过班级公约、寝室公约等软规范引导学生自觉养成良好的行为习惯，激发青年学生的学习动力和主动性。新时代青年大学生最明显的特征是“无视频，不网络”，而我们高校辅导员的思政工作还是依赖沿用的博文、微信推文宣传经验或者轰炸式的思想政治理论教育模式，导致所宣传的正能量网文往往浏览量不高、影响力不大，浏览量很少过千次，点赞数只有几十次。硬约束与软约束相结合的班团建设机制就是要在学生网络圈群下加强最基层的思想引领工作，通过各班个性化的网络宣传和监督，加强班团的网络宣传工作。因为班级团组织成员对班级内部学生性格熟悉，所创网络作品能够很好地找到他们的兴趣点，所提的劝诫意见也更容易被接受，我们的高校思想政治工作就是要在这方面切入和使力，以找到国家主流意识形态价值需求和学生成长需求的契合点。坚持强化管理育人的理念信念，基层班团组织要利用好网络新媒体，推动全员共建工程，广泛动员青年大学生参与勤工助学、志愿服务、生态环保活动、社会实践等班集体活动，尽可能满足各领域不同青年群体的多种利益诉求。也可以在班级的新媒体网络平台上动态开设一些学业知识辅导、职业生涯规划、心理健康教育、就业发展、校纪校规、班级公约、党的理论知识等网络资源项目，以传达正确的立场、观点和态度，不断扩大高校基层大学生覆盖面，提升其精神风貌，构建高校思政宣传新平台和新阵地。

（二）高校辅导员专业能力和职业素养提升体系

作为思政教育工作者，立德树人就是我们的初心，坚持教育者先受教育，要学习掌握更多的理论知识，也要在教育实践、组织培训中提升自己的专业素养，努力成为先进思想文化的传播者、党执政的坚定支持者。切实推进解决思想问题与解决实际问题的有机结合，及时发现和解决学生生活、学习、交友以及成长发展等方面的实际困难，多做暖人心、稳人心的工作，做学生们想得到、靠得住、离不开的知心人、贴心人。[3]

党和国家对高校思想政治工作的重大部署已经“由全面施工进入内部精装修”阶段。我们高校辅导员除了要深入学习思想政治理论、管理学、教育学、心理学、就业指导、职业规划等知识，也需要进行科学的量化评价体系激励创新。创新根植于当代中国特色社会主义建设的客观实际，辅导员思政量化评价创新体系要以成效为导向。学生日常稳定是我们的工作基石，学生参加科研竞赛、社会实践和党的理论知识竞赛，就业创业等表现是我们评价体系的加分项，学生违纪、作弊，网络舆情失控，学生合理合法投诉等情况是我们评价体系的减分项，文化、心理育人功能、基层党支部建设等的案例实践为特色工作。要充分发挥新时代信息化和大数据的作用，建立起大学生思想政治教育量化分析和评价工具，发挥学生在评价过程中的主体性意识和作用，以科学评价为指引，推动高校思想政治工作的制度化、规范化和科学化。所以，我们必须优化高校辅导员专业能力和职业素养提升体系，创建研究型、职业化思政队伍，将党的思想政治优势转化为辅导员事业发展的优势。

辅导员要强化本职研究，走学术型、研究型发展道路。在高校这个学术共同体中，博士帽子、学术头衔、教授身份是被专业认可的，别人很难剥脱。辅导员要想赢得学校里教师群体的尊重、领导的认可、上级的依赖，就必须以作为求地位，立足本职工作，强化本职研究，在高校思政工作的某一个领域，持续发力，久久为功，成为某方面的专家。习近平新时代中国特色社会主义思想非常强调学习的重要性，认为重视抓学习是推动我们党的事业发展的一条成功经验。走研究型的道路，成为专家型、学术型的辅导员，前途会更加光明，道路也会更加宽广，在工作中也更有积极性和主动性，这是辅导员专业化、职业化发展的未来之道。而且，对于评上思政系列职称、在某一思政专业领域有着丰富经验的辅导员来说，学校从加强思政教育“三全育人”协同效应的角度考虑，可以支持其开设思政教育及实践课程，以发挥思政新理论与实践的协同作用，在思想教育效果上形成合力，使其更有获得感。

五 倡议与展望

要提升高校思政教育“三全育人”工作的针对性和实效性，就必须在习近平新时代中国特色社会主义思想学懂弄通上继续下功夫。不断推动高校思政教育理论创新、实践创新、机制创新以及其他诸方面创新，充分发挥思政教育工作者和青年学生的主体性，以不忘初心、砥砺奋发的进取姿态，切实把我们的思想和行动向党和国家事业的前进方向看齐。

参考文献

[1] 刘开法：《习近平中国特色社会主义思想研究》，《经济研究导刊》2013 年第 16 期。
[2] 刘翩翩：《网络时代：学校共青团工作的创新及使命》，《广西青年干部学院学报》2011 年第 4 期。
[3] 胡建军、周翱、田丽、武宇坤：《创新大学生思想政治教育工作的探索与实践——以西南大学大学生思想政治教育创新工程为例》，《学校党建与思想教育》2012 年第 28 期。

A Study on the Subjective Orientation of "Three Kinds of Education" in the Ideological and Political Education in Universities: A Guide to Socialism with Chinese Characteristics in the New Era of Xi Jinping

Xiang Yong

Abstract: The theoretical basis and logical starting point of Xi Jinping's socialist ideology with Chinese characteristics in the new era is to require us to continue to write a new chapter in socialism with Chinese characteristics in a new era. When we work on the "Three Elixir Education" of socialist ideological education with Chinese characteristics, the correct orientation leads to the unity of the people and the pooling of power. If the orientation is wrong, it will shake people's hearts and disintegrate morale. We must actively and fully mobilize educators and educators. The subjectivity of the party, and evaluate and guide the direction, effect and quality of ideological education, and effectively guarantee the political security of colleges and universities. We must adhere to the Lide Shuren as a central link, conform to the new trends and new features of the development of the times, practical development, and historical trends, and work hard to improve the content and mechanism of humanistic education, and use the new era of Xi Jinping China. The characteristics of socialist ideology have united forces to create a new situation for all employees, the entire process, and omni-directional education, and strive to write a new era of "forge ahead!"

Keywords: Political Position; Historical Position; Subjectivity; "Three Kinds of Education"

高校学生工作研究
2018 年　第 1 期
第 87 ~92 页

高校学生干部能力和成绩协调发展的研究

李永涛　苏 晶　陈仲星*

摘　要： 顺应时代要求、满足社会需要，学生干部在高校中起着重要作用，是师生沟通的桥梁，是学校开展活动的主要辅助力量。但在高等教育从精英化向大众化的转变过程中，出现了学生干部能力与自身成绩不平衡的现象。为统筹推进学生干部能力与成绩协调发展，加快推进我国新时代高素质人才培养进程，本文讨论了学生干部成绩与能力协调发展的重要性，分析了学生干部能力与成绩不均衡的原因，提出了实现学生干部能力与成绩协调发展的几点建议。

关键词： 学生干部　能力与成绩　协调发展　高素质人才

一　学生干部能力培养与成绩提高的重要性

（一）学生干部能力培养和成绩提高是国家建设的需要

习总书记在党的十九大报告中指出，“青年兴则国家兴，青年强则国家强。青年一代有理想、有本领、有担当，国家就有希望，民族就有希望”。这是总书记对广大青年学生最殷切的寄语。德才兼备的人才被誉为全球最稀缺的资源，新时代国家之间的竞争归根结底是人才的竞争，美国政府一直把争夺世界各国优秀人才作为一项国家战略。青年的作为是一个国家经济发展的晴雨表，青年的价值取向决定了未来整个社会的价值取向。学生干部是大学生群体中的优秀代表，也是我国建设现代化强国的中坚力量，更是人才储备的主力军。因此学生干部素质的高低关乎国家的发展，培养能力出众、成绩优异和勇于担当的新时代学生干部成为各高校学生工作的重要组成部分。

* 李永涛：吉林建筑大学经济与管理学院辅导员、助教，主要从事大学生日常管理、思想政治教育研究。苏晶：吉林建筑大学经济与管理学院讲师，主要从事大学生思想政治教育研究。陈仲星：吉林建筑大学土木工程学院助教，主要从事大学生思想政治教育研究。

（二）培养学生干部能力和提高成绩是自身发展的需要

毛泽东曾说过：“有了学问，好比站在山上，可以看到很远很多的东西；没有学问，如在暗沟里走路，摸索不着，那会苦煞人。”成绩也是学问的间接体现，没有渊博的学问储备便就像饿晕的拾荒者一样寸步难行。学生干部只有拥有丰富的知识，才能更好地开展工作，才能树立坚定的理想信念，在实际工作中才能将理论和实践有机结合起来，提高工作效率，丰富理论基础；此外，学生干部能力与学习成绩的协调发展将有助于自身职业生涯发展，工作能力强和专业知识扎实是大学生就业的必备素质，通过调研发现，国企或者事业单位在招聘过程中很看重学生的实践能力和专业知识，特别是德才兼备的学生干部更受他们的青睐。因此，学生干部在锻炼能力的同时也必须注重学习成绩的提高，从而真正满足自身发展需要。

（三）培养学生干部的能力和提高成绩是建设班风、校风、学风的需要

高校的“三风”建设是高校工作的重点，“三风”建设的强弱直接反映一个学校办学的成败，在日常建设过程中，除了老师的统筹规划外，也需要广大学生的积极参与，而学生干部作为从学生中选出来的代表，综合素质相对普通同学来说有一定的提高，他们在“三风”建设中发挥重要作用，这就要求学生干部必须具备较强的综合能力，在日常的班级管理和寝室文化的建设过程中，学生干部应起到一定的模范带头作用，但是如果他们的工作能力或者学习成绩不均衡，上行下效，就会带给其他同学极坏的影响，在班级同学中就会失去公信力，这将严重阻碍“三风”的建设，因此，学生干部只有将工作能力和学习成绩协同提高，才能在同学中具有模范榜样作用，为学校的“三风”建设提供坚实的保障。

二　高校学生干部能力与成绩不均衡的原因

（一）高校学生干部自身存在的不足与问题

1. 不能正确处理工作与学习的关系

目前，高校学生干部只顾工作不管学习的现象十分严重，我们通过调研，制作了不同高校中普通学生和学生干部成绩及格率的示意图，如图 1 所示（图中学校 A 代表 985 高校，B 代表 211 高校，C 代表普通一本院校，D 代表二本院校，E 为三本院校，F 为高职院校），即使同一个学校，学生干部与普通学生的学习成绩也差异很大，普通学生的成绩高于学生干部成绩，出现这种情况的原因是多方面的，其中最主要的原因是一大部分学生干部不会在工作与学习之间合理分配时间和精力，常常由于工作繁多而占用学习时间，以至于直接影响了学习成绩；还有一

些学生干部在学习与工作之间疲于奔命，导致工作和学习情况均不理想。

2. 没有主见，想法少，听信谣言

刚步入大学殿堂的学生，懵懂无知，感觉一切事物都是新鲜的，在成为学生干部之后，对学长学姐的话深信不疑，听之任之。有些学长学姐为了炫耀自己有多厉害，总会转播一些错误的思想，诸如上课不用好好听讲，听课了老师讲的你也听不懂，不听课也能拿高分，不如不听，期末自己复习就行等，导致他们在思想上降低了学习的积极性，这已成为学生干部工作能力强与学习成绩不能协调发展的重要原因。

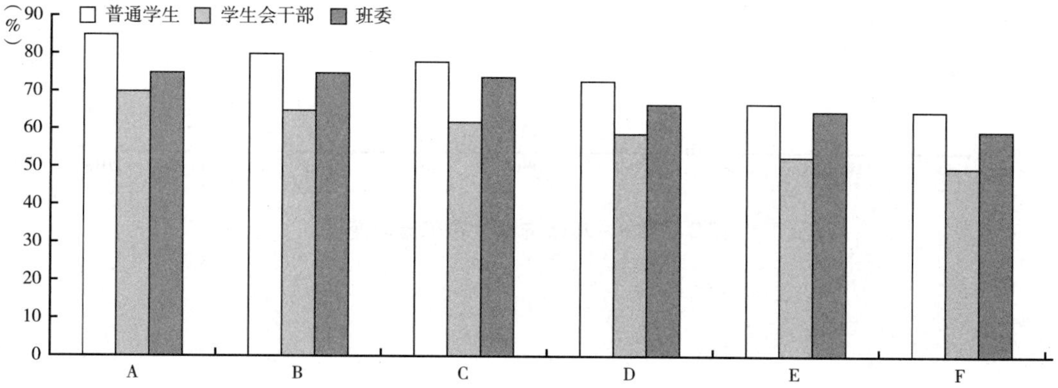

图1　不同高校中普通学生与学生干部成绩及格率

3. 自我认识不足，发展动机不纯

有些同学在成为学生干部后对自身认识不足，有的沉溺于过去取得的成绩，骄傲自满，总以一种高高在上的态度对待同学，与同学相处不融洽，影响了身心健康，耽误了工作与学习。还有一些学生干部发展动机不纯，存在功利思想，认为在学院、学校里只要工作能力强就可以得到自己想要的，从而耽误了学习。

（二）学校在对学生干部培养过程中存在的不足与问题

1. 重使用，轻培养

高校学生干部工作最突出的特点是老师组织设计，学生干部执行，缺乏对学生干部的系统培养，在日常工作中，老师会安排很多事情给学生干部做，如常常让他们组织各类型的节目、活动等。但在工作过程中对其进行的培养较少，因此不少学生干部在工作中走了弯路，工作积极性大打折扣，浪费了大量的时间，以至于学习时间少，学习成绩不理想。

2. 重能力，轻学习

大多数高校只看重学生干部的工作能力，而不注重他们的学习成绩，使得一部分学生干部只关注个人能力和个人工作，以至于学习成绩不尽如人意。为了研究学生干部能力和学习的关系，我们对 1978 ~ 2018 年学生干部的文化素质、创新能力、服务意识和团结能力进行了深入研究，如图 2 所示，发现在学生干部的培养过程中，重能力、轻学习的现象十分严重。

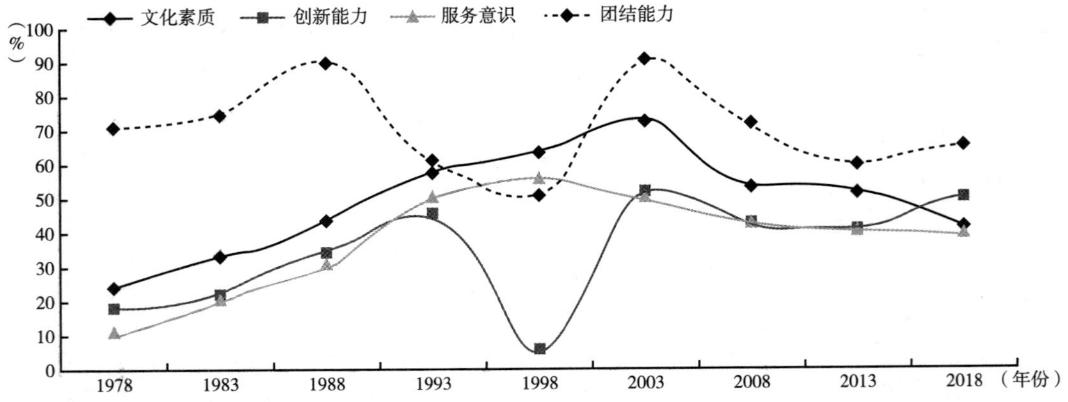

图 2　1978 ~ 2018 年学生干部素质变化

三　统筹推进学生干部能力与学习成绩协调发展的措施

（一）加强思想教育，强化对学习的认识

学生干部能力和成绩不能协调发展的主要原因在于思想认识不到位，高校思想政治教育的辅导员需要肩负起更多的责任，从大一开始就加强对学生干部的思想教育，如开展谈心谈话、举办学习“榜样”活动等，使他们养成爱学习、善于学习的良好习惯。加强学习，更重要的是在思考和实践上下功夫。“学而不思则罔，思而不学则殆。”只有把认真学习和勤于思考结合起来，才能把各种知识融会贯通，才能创造性地开展工作。坚持发扬理论联系实际的作风，要经常进学校、进课堂，从学校领导、教师中吸取智慧和力量，以激发自己的工作、学习热情。总之，我们要从思想上树立终身学习的观念，缩短知识更新的周期，不断进行理论研究、实践反思和感悟沉淀，进而厚积薄发，在教育教学的改革中，在自己的本职岗位上，轻车熟路，驾驭自如。

（二）建立科学严格的学生干部选拔机制

学生干部在日常管理和“三风”建设过程中发挥重要作用，也是学校开展育人工作和文化建设的中坚力量，所以学生干部的选拔应该予以高度重视。首先，在选拔过程中要本着“公平、公正、竞争、择优”的原则，严把标准关，选出品质好、素质高、能力强、学习成绩优秀、工作积极性高、愿意为广大同学服务的学生干部；其次，在大二或者大三的竞聘过程中，将学习成绩作为主要参考，有挂科超过一科的实行一票否决，取消任何评奖评优资格；最后，建立学生干部成长档案，真实记录其学习成绩、工作能力等，转变谁跟部长关系好就上的不良风气，以为学生干部的选拔提供坚实的数据支撑，真正让被选拔上来的学生干部都能在学生当中起到模范带头作用。

（三）加强组织建设和能力培养，切实提高学生综合素质

推进学生干部能力和成绩协调发展，需要加强组织建设和能力培养，精简学生会相关部门，制定学生干部管理办法和规章制度，并严格执行；在学生干部能力培养方面，制定学生干部培养方案，召开每周学生干部例会，并使之制度化，以解决班级日常管理遇到的问题和分析班级学习情况，各学生干部之间通过沟通交流探讨在学习和工作中遇到的问题，形成互帮互助、彼此督促的氛围，以共同解决学习和工作中出现的问题；开展每月谈心谈话，重点针对学习成绩差的学生干部，提高他们思想认识；开展年终述职大会，每位学生干部在期末考试之前都要进行述职，主要从学习、工作、生活等方面进行，切实提高学生干部的综合素质。

（四）加强任课老师、辅导员和学生之间的沟通

良性的师生关系是良好教学效果的重要保证，任课老师、辅导员和学生之间的有效沟通是保证学生成人成才的有效途径；首先，学生干部在课内外要积极与任课老师沟通，就学习中遇到的困惑或者难题及时反馈给任课老师，做到发现问题立即解决，同时，任课老师也要多关注学生干部的学习动态和学习效果，针对上课不认真的学生干部要及时教育，提高他们学习的自觉性；其次，学生干部要积极与辅导员沟通，辅导员也应不定期找学生干部谈心谈话，通过谈心谈话，可以解决学生干部在工作和学习中遇到的困难；最后，加强辅导员与任课老师的交流，通过不定期的查课，不但可以杜绝学生干部逃课现象，还可以与任课老师交流班级上课状态，有利于促进良好班风和学风建设。

（五）强化查寝制度，努力建好第二课堂

寝室是大学生生活的主要场所，寝室文化建设的重要性对学生干部的成长影响深刻，通过我们的调研发现，很多逃课、早退的学生干部一般都待在寝室玩游戏，通过经常查寝，可以杜绝学生干部不上课的现象，同时也能够检查寝室卫生和违禁电器；加强寝室文化建设也是减少学生干部挂科的有效途径之一，要求学生干部在所在寝室必须起带头作用，组建学习型寝室，营造寝室互帮互助氛围，将寝室文化建设水平作为学生干部考核的主要指标之一，真正让寝室成为学习的主要场所。

学生干部队伍是高校思想政治教育工作中的一支不可或缺的主力军，学生干部个人能力的培养和学习成绩的提高要统筹推进，时刻牢记不忘初心，继续学习。在工作中深化理论，在学

习中结合实践。多渠道解决学生干部在学习和工作中存在的问题，切实提高他们的综合素质，将他们培养成理论丰富，能力突出、创新性强、善于学习的新时代学生干部，使其真正成为社会主义事业的建设者和优秀接班人。

参考文献

[1] 邓力群主编《毛泽东人际关系》（上册），中央民族大学出版社，2004。

[2] 贺书伟：《高校学生干部教育管理工作的创新研究》，《哈尔滨职业技术学院学报》2017 年第 1 期。

[3] 陈慧敏：《高校学生干部培养方式方法的研究》，《湖北经济学报》（人文社会科学版）2008 年第 4 期。

[4] 刘雪晶：《新世纪高校学生干部培养》，《河北联合大学学报》（社会科学版）2012 年第 3 期。

[5] 龚玲：《浅谈高校学生会干部队伍建设》，《北方文学》（下半月）2012 年第 6 期。

A Study on the Harmonious Development of Student Cadres' Ability and Achievement in Colleges and Universities

Li Yongtao, Su Jing, Chen Zhongxing

Abstract: Student cadres play an important role in colleges and universities to meet the needs of the times and meet the needs of the society. Student cadres are the bridge between teachers and students and the main auxiliary forces for the school to carry out activities. However, with the transformation of higher education from elite to civilian, there is imbalance between student cadres' ability and their own achievements. In order to promote the coordinated development of student cadres' ability and achievement as a whole and accelerate the process of cultivating high - quality talents in the new era of our country, this paper discusses the importance of the coordinated development of student cadres' achievements and abilities. This paper analyzes on the causes of the imbalance between student cadres' ability and achievement, and puts forward some suggestions for realizing the coordinated development of student cadres' ability and achievement.

Keywords: Student Cadres; Ability and Achievement; Coordinated Development; High Quality Talents

高校学生工作研究
2018 年　第 1 期
第 93 ~ 98 页

情商教育在高校思想政治教育中的应用探究

胡若静*

摘　要： 当前，大学生思想政治教育的实效性问题较为突出，归其原因在于高校思想政治教育未与情商教育进行有效的结合。因此，运用情商教育的理论和方法探讨情商教育在高校思想政治教育中的应用途径，可以提高大学生思想政治教育的实效性和趣味性，对于创新大学生思想政治教育具有重要的现实意义。

关键词： 情商　大学生　思想政治教育

当前，随着网络时代的到来和“90 后”成为高校学生的主体，高校思想政治教育的时效性问题显得较为突出，比如普遍存在脱离实际、形式呆板、注重说教、方法陈旧的问题，这极易引起自我意识、独立意识日益增强的大学生的逆反心理。归其原因在于高校思想政治教育未与学生的情商教育进行有效的结合，致使部分思想政治工作者不能遵照学生的情商发展现状开展循序渐进和科学有效的引导式教育。因此，本文试图结合情商的一些理论和训练方法，寻找并探讨情商教育在高校思想政治教育中的应用途径。

一　情商教育在高校思想政治教育中应用的可行性和必要性

情商教育和高校思想政治教育虽然分属于不同的知识范围，但两者在内容的很多方面存在一定的关联性。比如，从情商所包括的内容来看，情商是指一个人的情绪智能以及非智力因素。情绪智能主要包括认知自己的情绪、自我感情的调控、自我激励的能力、认知、理解他人情绪的能力、妥善处理人际关系的能力。非智力因素主要由兴趣、动机、信念、情绪、理想、意志、性格等要素构成。[1] 而情商教育的目的旨在帮助一个人识别自己和他人的需求，从而把握自己的

* 胡若静：保定学院副教授、辅导员，主要从事大学生思想政治教育研究。

选择，承担自己的责任，最终享受生命的“丰饶与自由”。[2]从高校思想政治教育所包括的内容来看，高校思想政治教育主要是指高校借助“两课”、思政工作者等将当前社会的思想观念、政治意识、道德规范转化为学生个体的品德素质的过程，从而达到疏导大学生思想、塑造大学生精神世界的教育目的。依此来看，大学生的精神世界必然包括其世界观、人生观、价值观，而这些均受到情商中的情绪智能和非智力因素的影响，最终决定着大学生的思想政治状况。设想，一个高校思想政治工作者跟一个心神恍惚、精神萎靡的大学生大谈社会主义核心价值观，向一些迷茫无助、找不到未来发展方向的学生灌输关于奉献和崇高社会理想的信条，其教育效果可想而知。而情商教育正是通过一些体验式和游戏式的活动帮助一个人以积极的情绪和态度去承担自己应负的责任。所以说，情商教育与高校思想政治教育在内容上具有重合性，在目的上具有一致性，将丰富的情商教育理论和方法运用到高校思想政治教育过程具备一定的可行性和必要性。

二　情商教育在高校思想政治教育中的应用案例探究

综合情商教育和思想政治教育的内容与目的，我们不妨寻找“高校思想政治教育的需要”与“学生自身发展的需要”的契合点，尝试运用情商教育的理论和方法，实现高校思想政治教育的目的。

（一）“情商教育之识别你的需要”在社会主义核心价值观教育中的应用

情商教育理论强调“我们每个人每种感受和言语的背后都潜藏着某种需要，感受的好坏取决于这些需要是不是得到了满足。如果不倾听和认可我们的需要就不能维持生命，也不能维持我们的心理健康和精神健康”。[2]依此理论来看，无论是思想政治课教师还是思想政治工作者，在向学生灌输或是讲述某些道理时，最重要的前提就是了解学生当前的感受和需要，是不是和自己教育目的的需要能够和谐地达成一致，否则，只能起到相反的作用。比如我们的高校强调学生要树立社会主义核心价值观，我们的思想政治工作者详细地列举社会主义核心价值观的内容，并一再强调这是实现“中国梦”的必然选择。的确，这是思想政治工作者站在国家的高度去引导学生实现国家政治理想的教育需要，但是学生当前的价值观状况怎样，学生的感受和理解是什么，我们如何引导学生理解我们的教育需要，如何引导学生把自己的价值观与社会主义核心价值观相衔接，这就要借助情商训练的对话，从倾听、认可学生的需要，到宽容、坦诚地接受学生的需要，从而让学生满足开放的融入教育者的需要。举例对话练习如下。

“我想问同学们，对社会主义核心价值观有什么疑问吗？”

“老师，其实我们现在更关注自己能找到什么工作，能实现什么价值，这样看来，社会主义核心价值观好像离我们很远。”

“这位同学说得很好，我们如果连自己的价值都不能实现，我们怎么去实现社会主义核心价值观呢。那请问同学们，你认为自己怎么做才算能够实现自己的价值呢?”

“我觉得能挣很多钱，能实现很多自由的梦想，这样才算实现自己的价值。”

“很好，这是一位很有抱负的同学，那请问如何才能挣很多的钱呢?”

“我觉得，最初得通过自己的努力掌握一定的技能，先寻得一份工作，在工作中为公司为企业创造一定的利润，积累一定的经验和人脉，将来再进一步创业，挣很多的钱。”

“很好，其实这位同学可以说首先就是希望自己要敬业、诚信、友善，要有成就感。这难道不与我们的社会主义核心价值观一致吗？那么我还想问这位同学你挣很多的钱以后，要实现哪些自由的梦想呢?”

“我觉得我可能要给家人买大房子，带家人去旅游等，还可能会帮助一些比自己困难的人，像那些知名人士一样为他人为社会做一定的慈善和贡献。当然我还希望有一个公正、法治的社会环境，不像我爸那辈创业，经常会被一些人坑害，觉得社会很黑暗。”

“很好，这位同学首先表达了可能会帮助家人和比自己困难的人，表明希望自己要友善、文明、和谐，还说要为社会做一定的贡献，其实也表达了他对国家的热爱。其次他还希望生活在一个公正、平等、法治的环境里，这样有利于自己创业和发展。大家想一想，这些与我们的核心价值观难道不是一致的吗？非常感谢这位同学，用他自己的想法证实了我们的社会主义核心价值观的重要性和正确性，预祝这位同学早日实现自己的价值和梦想，也希望每位同学课下结合自己的价值观进行一下反思和总结，看看社会主义核心价值观是不是离我们很近?”

以上这些对话练习即通过引导学生表达自己的感受和想法，识别学生的深层次需要，继而与思想政治教育的需要巧妙地衔接，从而达到引导学生认可、树立社会主义核心价值观的思想政治教育目的。

（二）“情商教育之你总是有选择”在公民道德建设纲要教育中的应用

我们在思想政治教育中，会涉及要求学生学习、遵循并牢记社会主义《公民道德建设实施纲要》的内容，如“爱国守法、明礼诚信、团结友善、勤俭自强、敬业奉献”等。无论在党课还是在思想政治课的考试中，我们都会让学生详细背诵和考试。由于内容较多，学生在一遍遍的诵记过程中，犹如有一个高高在上的人拿着一根大棒很威严地说“你们必须爱国守法，你们必须明礼诚信，你们必须团结友善，你们必须勤俭自强，你们必须敬业奉献等”，这样学生无形中就会出现一定的厌烦感和麻木感，很难对内容产生高度的认同感。此种情况下，我们不妨借助情商教育的理论和方法让大家逐一体验纲要内容，换一个角度让学生愉快地接受和学习纲要内容。因为情商教育理论认为“我们每个人都是有选择的，但是如果当你觉得‘我不得不’选择的时候，你实际上觉得是无能为力，没有能量的。只有当你觉得‘我选择’的时候，你才是有权利支配自己，并且有精力和能量做你想做的事情的”。[2]比如我们可以与学生通过互动小游戏并进行逻辑分析解决此问题，具体环节如下。

开始上课（或者是主题班会）了，老师一反常态，非常严肃地看着学生，学生也很好奇地看着老师。接下来老师说："请同学们站起来好吗?"同学们都站起来了，接着老师又很严肃地看着大家保持一小段时间，说："请坐下好吗?"同学们又坐下了。接着老师又很严肃地说："请你们再站起来好吗?"同学们又站起来了，老师又说"请坐下好吗?"同学们又坐下了。接下来老师非常夸张地说"请同学们从窗户里跳出去好吗?"这时候，同学们必然会大眼瞪小眼，一阵喧哗，认为老师疯了，当然也不可能有学生再按照老师的要求跳出去。这时候，老师制止大家的喧哗，让大家静下来，开始引导学生思考"刚才是谁让你们站起来的?"学生回答是老师。老师又问"真的是我吗? 那我是怎么做到的啊?"学生回答"是您告诉我们的啊"，老师又说"那我告诉你们从窗户里跳下去，你们为什么不跳啊?"学生回答"因为跳下去可能会摔死的，所以我们不可能再听你的了"。老师说"很好，那让我们再看看这个问题，到底是谁有权力选择你什么时候服从命令，什么时候不服从命令呢?"同学们回答"是我们自己"。老师说"很好，你们每个人都有选择的权利，或者选择服从或不服从，选择做或者不做。只有当你自主选择做或不做的时候，你的内心才是充满力量的，你才会主动承担责任去做你所选择的。但是当你迫于某些规则和威严，不得不做的时候，你的内心是无能为力和没有力量的，你的责任心也会大打折扣。大家想一想是不是会这样?"

当同学们接受自己有选择的权利后，老师可以继续在思想政治课堂（或班会）上引导同学们，告诉大家"如果我让大家必须牢记《公民道德建设实施纲要》的内容时，同学们就可能会感觉自己不得不爱国守法，不得不明礼诚信，不得不团结友善，听上去或许会觉得自己是迫于某种威严觉得自己没有权利而不得不去做，内心有一定的厌烦感。但是如果同学们换做'我选择'的语气时，会是怎样? 比如'我选择爱国守法，我选择明礼诚信，我选择团结友善等'，这样是不是觉得自己拥有权利，内心充满了力量感和责任感?"同学们体验过后可以分享自己的感受。当然接下来老师还要引导另一种"可能"，那就是有的同学逆反心理比较强，老师让向东，他偏要向西。比如"让我爱国守法，我偏不爱国守法，让我明礼诚信，我偏不明礼诚信等"。那么大家可以想一下这些同学也的确是在赋予自己权利，那就是赋予自己不服从、不选择的权利，如果顺着这种不服从、不选择的逻辑思考下去，比如"我选择不爱国守法，我选择不明礼诚信等"，那样的后果会是什么? 毋庸置疑，同学们肯定会列举"不守法就会受到法律惩罚、人民漫骂""不诚信就会受到人们远离和社会制裁等"答案。通过这样层层递进式的逻辑分析，无形中会帮助学生发自内心地再次肯定《公民道德建设实施纲要》的内容。

以上案例即在思想政治教育中，运用情商管理中的"你总是有选择"的理论和方法，通过让学生进行体验式游戏互动和逻辑分析，逐步引导学生认可和牢记《公民道德建设实施纲要》的内容。

（三）"情商教育之创造性的想法"在理想信念教育中的应用

我们在思想政治教育中经常对大学生进行理想信念教育，教育学生要树立崇高的理想和坚定的信念。然而何为理想信念，理想信念是人们对未来的向往和追求，是人生发展的内在动力，是一个人世界观和政治立场在奋斗目标上的集中体现，是确立人生价值观的最高准则。[3]但是当学生遇到困难、挫折，出现迷茫、困惑的时候，我们又该如何引导他们继续对未来充满向往，继续努力找寻自己的人生发展目标呢？此时，我们不妨借助情商教育理论中的“创造性的想法”来解决学生的理想信念问题。

情商教育理论认为“情绪是能量，感受是能量，生命是能量，此外，声音是能量，话语是能量，想法也是能量。我们每个人都在通过身体上的接触、移动、情绪、感受、言语、思想等与这种巨大的能量网相连，或是承接积极的能量，或是成为消极能量的受害者。”[2]比如，当一个人听到“你是一个很愚蠢的人”这样的话语时，他有可能生气，继而相信这样的话，此话便会在他身体里产生负面能量，使其相信自己很愚蠢。但是如果他不相信这样的话，觉得那人只是在开玩笑，认为自己很聪明，此话便不会在他身体里产生负面能量。还比如学生在学习中遇到了困难，学习成绩大幅下滑，此时，学生可能会产生消极的想法“我学不会，我是一个很笨的人”，如果这种想法在学生头脑里一遍遍地重复，他就会越来越相信自己是一个很笨的人，不仅会影响他在学习上的表现，还会逐步影响他去做任何事情，进而影响他自己未来的发展。面对这种情况，我们可以从“想法是能量”这条法则入手，帮助学生把消极的想法转为积极的想法，比如我们可以引导学生去想“我只是在学这一部分内容时有些吃力，但是我相信自己经过多次努力是能够学会的，我并不是一个很笨的人”，或者“我在学习上虽然有些吃力，但是我人际关系能力很好，同学们都很喜欢我，我相信自己”等。这样积极的想法必定会帮助学生增强自信心，从而注入肯定的能量。此外，我们的思想政治工作者还可以帮助学生把日常学习、思想、生活中的消极感受通过“句子改写”转换为积极感受，并大声念出来，从而帮助学生积蓄正能量。每一个学生只有养成了积极的思维习惯，才会逐步增强自信心，坚定理想信念。

以上案例即在思想政治教育中，通过运用情商管理中的“创造性的想法”的理论和方法，引导学生认识到想法和信念的品质会决定一个人的生活质量，以及发生在一个人身上的所有事情。通过让学生进行体验式对比，逐步引导学生树立坚定的理想和信念。

三 情商教育应用在高校思想政治教育工作中的意义

当前瞬息万变的社会充满了各种机遇和挑战，因此培养能够适应未来竞争和全面发展的高素质人才便成为当前高校思想政治教育工作的重点。而将情商教育应用在思想政治教育工作中既能提高学生的情商能力和思想政治素养，促进学生综合素质的全面提升，还能激发思想政治工作者的创新热情，达到既教育学生又能赢得学生信赖的效果。所以说，情商教育应用在高校思想政治教育工作中具有重要的现实意义，我们期待更多的思想政治工作者进一步深入探讨和实践，从而取得更多双赢的结果。

参考文献

[1]〔美〕丹尼尔·戈尔曼：《情感智商》，耿文秀、查波译，上海科学技术出版社，1997。
[2] 米杉：《情商魔法训练营》，译林出版社，2014。
[3] 郑予婕：《试析新形势下如何加强大学生理想信念教育》，《成都电子机械高等专科学校学报》2007 年第 3 期。

Discussion on the Application of EQ Education in College Ideological and Political Education

Hu Ruojing

Abstract: Currently the ineffectiveness of ideological and political education of college students becomes more and more prominent, because the college ideological and political education has not been effectively combined with the emotional intelligence education. Therefore, using the theory and methods of EQ education to discuss how to apply EQ Education in Ideological and Political Education can improve the effectiveness and interestingness of college ideological and political education, and has an important practical significance in the innovation of the college Ideological and Political Education.

Keywords: EQ; College Student; Ideological and Political Education

高校学生工作研究
2018 年　第 1 期
第 99 ~ 106 页

民办高校辅导员工作课程化的内容选择及作用

周培荣*

摘　要： 近年来民办高校大学生群体各种问题日渐增多，辅导员工作课程化是对辅导员工作方式的一种创新，旨在解决大学生群体中出现的各种问题，而辅导员工作课程化的内容选择是关键所在。在深入分析学生问题形成原因的基础上，科学合理地选择辅导员工作课程化内容，引导学生实现素质和能力上的突破，凸显了辅导员工作课程化对民办高校大学生成长成才具有重要的作用。

关键词： 辅导员工作　课程化　内容选择

当前，民办高等教育已经成为我国高等教育的重要组成部分。民办高校无论是学校规模还是学生人数都取得了较大的发展。而民办高等院校学生录取批次较低，学生在学习基础、学习习惯、行为习惯等方面，与公办本科院校的学生有明显差别。2017 年 10 月《中国民办本科教育质量报告》指出了民办本科教育需要改进的问题："学风建设与素质教育存在较大改进空间。民办本科院校学生学习风气、学习机会等方面需要着力改进。毕业生的创新能力、分析和解决问题能力及科学人文素养等亟待提高。"[1] 这对民办高校辅导员的工作提出了严峻的挑战。面对民办高校学生群体，尝试把辅导员工作中的相关内容，按照课程设计的理念进行整合，形成完整的教育内容，既"创新和发展了辅导员履行工作职责的方法"，又解决了学生群体中存在的问题，引导学生实现素质和能力上的突破，对学生工作有积极的促进作用。这对探索民办高校人才培养的方法和途径具有重要意义。

一　辅导员工作课程化的内涵

辅导员工作课程化就是辅导员用教学的方式来开展工作，履行工作职责。让学生了解和掌

* 周培荣：武汉晴川学院讲师、辅导员，主要从事思想政治教育研究。

握他们应该要学习的知识，解决学习生活当中出现的困惑和问题。辅导员工作课程化本质上是一种工作方式。

有学者曾经提出了辅导员工作课程化的概念，辅导员工作课程化是指："辅导员通过上课的方式对学生进行有效的教育、管理和服务，同时把辅导员的教育实践或活动整体转变成一门课程的形式，并按照课程实施的要求和规律加以建设。"[2]把课程化作为辅导员工作的一种方式，一是以教育部相关文件规定为依据。《普通高等学校辅导员队伍建设规定》明确指出，辅导员具有教师和管理人员双重身份。辅导员具有教师身份，表明其工作用课程化开展是必备的一种方式。二是以解决学生问题为需要。当今时代的大学生性格越来越鲜明，尤其是民办高校大学生在素质、心理、安全、学习、就业等方面出现了很多新问题。辅导员针对相关问题，通过课程化对学生进行教育和引导，能够更加有效地化解他们内心的矛盾和困惑，不失为一种有效的工作方式。

课程化作为辅导员的一种工作方式，不但要区别于校级正式课堂，而且不能取代辅导员的日常管理工作事务。因为，校级正式课堂在开展形式上，与辅导员工作课程化有很大的区别。就辅导员工作本质而言，管理也是辅导员必备的一种工作方式，可以与课程化共存，但不能相互取代。

二　辅导员工作课程化内容选择的原因分析

任何一件事情的发生都是由多种因素造成的。解决民办高校大学生群体存在的问题是辅导员工作课程化最主要的原因。只有认真分析大学生群体出现问题的原因以及需求，才能为辅导员工作课程化内容做出科学的选择。

（一）学习因素

获取足够的知识是大学生在校期间的主要任务之一。但是对部分民办高校的学生来说，他们的学习基础、学习状态等方面都存在一些问题。

（1）学习基础薄弱。民办高校学生高考成绩都偏低，与公办院校学生录取分数相比，低几十分甚至上百分。于公办院校学生而言，他们学习基础就比较薄弱。由此，他们对深奥的理论知识不感兴趣。这在民办高校工科专业的学生群体中表现得特别突出。

（2）学习态度不够端正，没有明确的学习目标。民办高校学生学习态度不端正问题较为普遍。"调查显示，绝大部分学生在课堂上能够认真听课，但也有一部分学生不听课，自学，看其他书籍，睡觉，玩手机。"[3]具体表现为：上课出勤率低，迟到现象严重；课后不复习，不按照任课老师的要求完成相关作业，消极应付学习，对学习产生倦怠感，经常逃课；个别同学考试作弊。这些仅仅是表面现象，更深层次的原因则是没有明确的学习目标。没有明确的学习目标，就不会有学习动力和学习的主动性、积极性。

（二）能力因素

民办高校学生大部分家庭生活条件较优越，在家人娇生惯养中长大，在进入大学以后表现出思想活跃、易于接受新事物等优点，同时也不可避免地表现出一些能力上的不足。

（1）抗挫折能力不足。这类学生在高中时家庭条件就比较优越，在家长眼里他们是乖孩子，在老师眼里他们是好学生，在同学眼里他们是学习的榜样，但是由于高考发挥不好进了民办高校，之前的优势全部丧失，产生自暴自弃心理。“一些民办高校大学生缺乏坚强的意志，遇到困难垂头丧气，不能根据所面临的困难采取有效措施应对。”[4]而另外一类同学则受到男女感情因素的影响，心理脆弱，引发心理问题，严重时还会危及生命安全。

（2）专业实践能力差。专业实践能力差主要表现为两个方面。一方面通过专业操作能力反映出来。很多学生虽然理论知识掌握得不错，但是实验能力和科研能力就很差。另一方面通过就业反映出来。就业中有很多同学在本专业领域内上岗需要较长的适应时间，因为他们的专业适应能力还处于较基础的水平，能够较好地适应工作还得一段时间。

（三）素质因素

当前，各用人单位招聘中越来越重视受聘者的素质因素。在每年大学生就业过程中，一些优秀的企业会更加注重对大学生素质的考察。新东方总裁俞敏洪在谈到大学生就业时指出：“一个人要找到好工作由两个要素组成，过硬的专业知识加上综合素质。”对于民办高校大学生群体而言，他们在心理素质和职业素养方面还存在很大的不足。

（1）心理素质脆弱。民办高校大学生心理素质总体上是健康的，但是总有一部分学生在情感、信心、意志力等方面表现出脆弱的倾向。在每年的大学生安全事故中，由于情感因素而产生的安全事故总占有相当大的比例。由于学习压力、就业压力而产生的学习目标模糊、自信心不足和意志力薄弱的现象比较普遍。

（2）职业素养“不足”。据研究表明，民办高校大学生在职业行为、职业认知、职业意识等职业素养方面都存在“不足”。“不少大学生追求光鲜、体面的管理类岗位，极力回避行业的基础性岗位，他们甚至还有重个人表现、轻团队合作，重荣誉回报、轻职业道德，重舒适安逸、轻重复劳作等表现。”[5]良好的职业素养需要大学生在学习生活过程中逐步养成。但是民办高校年轻的大学生群体在这方面的养成非常有限。调查显示，在每年刚毕业的大学生群体当中，工作一年之内有较大一部分会选择跳槽。在思想上表现为散漫、不思进取；内心浮躁、缺乏实干精神，功利性强。在工作岗位上表现为眼高手低，不安于现状；只关注成功人士的荣誉，而不关注成功人士的爱岗敬业精神。

民办高校人才培养的主要任务是向社会培养应用型人才，而应用型人才所具备的要求主要包括能力、素质、学习等内容。科学合理地选择辅导员工作课程化的内容，不但能够解决学生问题，提升学生能力和素质，也是探索民办高校人才培养模式的一种方法。

三 辅导员工作课程化的内容选择

《普通高等学校辅导员队伍建设规定》明确规定了辅导员工作职责，其中涉及思想理论教育和价值引领、学风建设、心理健康咨询与教育工作、职业规划与就业创业指导等九个方面内容。在学生群体当中，正是这九个方面的内容容易出现问题和困惑。把这些内容与工作实践相结合，深入研究并遵循一定原则，又注意相关问题就可以做出课程化内容的选择。

（一）辅导员工作课程化内容选择应该遵循的原则

辅导员工作课程化的内容要进入课堂，必须按照课程的要求和规范来整合。而辅导员工作课程化的一些内容来源于学生问题以及需求，可能没有完备的理论体系和相应的教材。因此在内容选择上务必要遵循一定的原则。

（1）针对性原则。这一原则要求课程内容选择的依据是学生当中出现的问题。鉴于民办高校学生的特点，他们当中会出现各种问题。这些问题反映出的实质是学生自身还存在某些不足。课程化的内容要针对这些问题，只有把握实质才能做出科学的内容选择。

（2）探究性原则。探究性原则是课程内容选择针对性的进一步延伸。它要求通过对学生群体当中存在的问题进行探索和研究来选取适当的内容；通过学生生活、学习等场景，与学生交流和沟通来发现问题。而每一种问题都有它发生的根源和背景，在结合学生群体对该类问题进行深入的探索和研究后，选择合适的教育内容。

（3）导向性原则。导向性原则要求在内容选择上有助于引导学生向正确的方向发展。一方面必须以学校制定的人才培养目标为基准和方向；另一方面要注重教育引导作用的发挥。

（二）辅导员工作课程化的内容取向

根据辅导员的工作职责，对大学生群体中出现的问题进行研究，对主要内容进行选择，会有助于减少各种问题的发生，而促进学生学习成绩、能力以及素质的提升。课程化的内容主要有六个方面。

（1）适应性教育。适应性教育主要是帮助大学新生在学习、生活、心理等方面进行调整，以适应全新的大学环境。由于大学和高中在很多方面存在差异，很多学生进入大学不久就会产生不适应问题。如果不及时引导就会导致一系列问题的出现。针对这些问题和学生特点进行深入研究，制定相应的教育内容。一般情况下，民办高校新生入学主要会产生四个方面的问题：生活不习惯问题、心理落差问题、人际交往无所适从问题和学习方法不适应问题。由此对新生的适应性教育应该从以下四个方面进行。①生活方面。引导新生克服依赖、懒散心理，提高料理自己日常开支和整理宿舍卫生等独立生活的能力，实现自我管理。②心理方面。引导新生提高环境认同感和对学校的归属感，消除理想与现实的差距造成的失落感，及时转变角色融入校园生活。③人际交往方面。引导新生克服害羞、胆怯心理，积极参加各种集体活动，拓宽人际交往渠道，提升交际沟通能力和谦让包容品质，正确处理人际关系。④学习方面。引导学生及早消除应试学习中形成的分数至上思维模式的影响，适应大学的教育方法和学习方法，尽快树立明确的学习目标。当前，大学新生适应性教育内容系统性不够，沿袭传统模式较多，内容相对固定，经常被新生入学教育代替。新生适应性教育的内容还有待于深入研究。

（2）安全教育。当今时代的大学生应该要接受一定程度的安全教育。随着当前网络信息的高速发展，社会上各种形形色色的骗术层出不穷，年轻的大学生没有过多的社会阅历，很难识别其中的诈骗信息。大学是社会的一部分，这些欺骗信息也不可避免地进入了大学校园，如果大学生不接受一定的安全教育就很容易上当受骗，这会给其造成很大的伤害。因此，大学生接受安全教育就显得很有必要。其内容主要包括五个方面：①学习安全；②生活安全；③网络安全；④财物安全；⑤人身安全。以上五个方面内容基本上涉及了大学生生活中可能出现的安全问题。他们在经历了对大学的好奇与新鲜之后，在开始了解、探索、接触社会之际，学校及时补上安全教育这一课，以帮助他们在心理层面建立基本的安全防范意识，能在其面对诈骗信息和场景时起到有效的自我保护作用。安全教育的内容要不断研究更新，及时补充社会发展变化产生的新内容。

（3）生涯规划教育。在经历了一段时间的大学学习和生活之后，尤其是对专业进行学习和了解后，大学生应该开始学会规划自己的大学生活，要给自己一个定位，以便确立自己的学习目标。这就是生涯规划教育要解决的问题，主要有四个方面的内容：①生涯规划的基本概念；②生涯规划的基础理论；③生涯规划务实；④生涯潜能开发。这四个方面的内容可以帮助大学生清楚地认识到自己的兴趣爱好和不足，认清这些要素和将来准备要从事的职业之间的关系，并通过加强学习，改善自己的劣势，及早树立明确的学习目标，以为将来走向社会做好能力和素质上的准备。生涯规划教育在国内外都有比较系统的理论知识，要根据学生特点研究和选择比较合适的内容。

（4）心理健康教育。心理健康教育就是让大学生尽快从心理上走向成熟，帮助他们处理好自我管理、交友恋爱、人际交往、求职择业、人格发展和情绪调节等方面的困惑，预防和解决个别心理问题，树立积极的人生观和价值观。主要内容有七个方面：①普及心理学基础知识；②培养心理健康常识；③强化自我心理适应能力；④努力塑造完美人格；⑤培养积极乐观情绪；⑥合理宣泄、转移消极情绪；⑦两性心理健康。心理健康教育已经有比较成熟的理论体系和教材，高校都基本上在开设这门课程，但是有部分民办高校心理健康教育居于弱势地位，其内容的选择就更应该紧密联系实际。

（5）就业指导教育。近年来大学生就业形势严峻，尤其是民办高校大学生竞争力相对薄弱，在合适的时间段进行就业指导教育，能有效解决大学生在就业中遇到的一些问题，以提高竞争力，实现就业预期。主要内容有七个方面：①就业形势与就业政策；②毕业去向与选择；③求职准备；④应聘务实；⑤择业心理调适；⑥就业权益与保障；⑧职业适应与发展。就业指导教育也具有完整的理论体系，在民办高校当中也陆续开设了这门课程，但是就业指导教材较多，具体内容需要辅导员根据学生的实际情况认真选择。

（6）实践拓展。实践拓展主要有三种途径：①社团活动；②社会兼职；③社会志愿者公益活动。其内容可以根据实际情况自行设定。它是大学生各方面能力和素质在实践中的检验，通过检验发现不足，及时改善。这三种途径在内容的设计上要注重素质的考察和提升，大学生在将来进入职业生涯之后，选择参与一些社会志愿者公益活动，是提升社会公民素质的一条有效途径。大学期间由于学习任务很重，选择什么样的实践拓展途径以及内容需要不断进行深入探讨和研究。

以上六个方面的内容基本上包含了民办高校大学生遇到的问题和困惑。在内容的选择上要遵循一定的原则，选择的内容才更具合理性和科学性。

（三）辅导员工作课程化内容选择需要注意的问题

（1）学生问题的隐蔽性和变化性。课程化的内容选择基本上都以学生问题为依据，通过学生群体表现出来的问题来研究学生需要哪些方面的教育内容。有些问题表现得很清楚，比如学习方面的一些问题，如学习倦怠、没有学习目标等，课程化的内容就相对比较容易选择。但是有些问题则不容易被发现，而有些问题在不断发生变化，在内容选择的时候务必要认真考量和探讨，根据这些问题的变化做出不同的内容选择。尤其是安全方面的问题具有很强的隐蔽性和变化性，内容选择要相应做出调整，否则教育的效果就不理想。

（2）学生需求的多样性。学生需求是内容选择的另一个依据，也是基于民办高校学生较为突出的特点。一方面一部分学生虽然成绩不理想，但是动手能力比较强；另一方面一部分学生具有很强的个性化。由此，他们的需求也表现出很大的不同。因而，在内容选择上要注意到学生需求的这种多样性特点，以关注相关内容。

（3）内容选择的真实性。内容选择不管是学生问题还是学生需求，务必要少一点浮躁，多一点务实。课程化内容都是基于学生真实的问题表现和需求，而不是为了走形式或迎合领导的喜好。尤其是实践拓展环节，容易出现走形式这种现象。整个实践过程看似非常好，既讨领导高兴又从表面上完成了工作任务，但是在解决学生问题、让学生受到必要的教育和启发的实效性方面就有很大的不足，从而失去了实践育人的本真。

四　辅导员工作课程化内容选择的作用

辅导员工作课程化就是辅导员用教学的方式来开展工作，解决学生学习生活当中出现的困惑和问题，来履行辅导员的职责。辅导员工作课程化作为一种工作方式直接面对的是学生，尤其是课程化的内容对学生成长成才起着一定的教育作用。这种教育作用主要体现在引导与突破两个方面。

（一）有助于引导学生树立正确的学习目标

学习是大学生在大学的首要任务，但是部分民办高校大学生在学习方面表现出某些弱势，尤其是学习目标的缺乏比较普遍。只有确定了明确的学习目标，才能激发学习兴趣，提高学习的积极性和主动性。课程化的内容针对学生存在的问题，分析原因，寻找解决的措施和办法，形成科学的教育内容，引导他们养成良好的学习习惯，树立明确的学习目标。比如适应性教育和专业教育等内容，可以帮助学生摆脱学习迷茫和缺乏学习兴趣产生的困惑，有助于解决学生“学什么”和“怎么学”的问题，由此引导学生树立明确的学习目标。

（二）有助于学生实现自我能力和素质上的突破

在解决了学习上的问题之后，课程化的内容因势利导指引他们继续在实践中加以磨炼，以改变自身存在的缺点和不足，实现能力和素质上的突破。从安全教育及实践拓展等内容中，学生可以清楚地认识自我，从而迅速改变、提升自我。通过心理健康及就业指导教育让学生形成良好的心理品质和正确的就业观念。同时也让学生认识到学习专业知识很重要，能力和素质的提升更重要。钱理群先生曾经谈到一个“绝对利己主义者”[6]的故事，意在指明当代个别青年大学生有知识、有技术，但是缺乏人文素养和公民素养。习总书记在党的十九大报告中强调新时期青年一代要“有理想、有本领、有担当”。所谓理想、本领和担当就是对青年人人文素养和公民素养的内在要求。辅导员工作课程化的内容选择，旨在帮助民办高校大学生群体明辨学习知识和素质提升两者之间的误区，让他们通过学习和锻炼，实现能力和素质上的突破，将来走向社会首先是一名高素质的社会公民，然后才是一名职业人。

“引导”与“突破”两种作用，在学生的成长过程中，通过辅导员工作课程化的内容逐步发挥出来。引导是前提，突破是结果，要想实现自我突破必须进行正确引导。两者相辅相成，促进了教育效果的发挥。

五　结语

2017年“两会”，李克强总理在《政府工作报告》中提出，要抓紧制定“中国教育现代化2030”，旨在全面深化中国教育制度改革。“‘中国教育现代化2030’必须促进教育体制和人才培养模式的改革创新，推进中国教育现代化跨越式发展。”教育现代化必然涉及教育内容现代化和教育手段现代化，必然促进教育内容和教育手段的创新。辅导员工作课程化的内容选择在本质上，既是对教育手段的创新，又是对教育内容的创新。因为教育内容承载着把学生培养成为什么样的人的使命，所以教育内容不应仅仅停留在传播知识的层面，还要重视培养学生的素质和能力。结合社会大背景和学生当中存在的问题以及需求，善于创新教育内容和教育方法，来解决学生问题和社会的人才需求问题。其实这种创新精神就是一种认真、敬业的工匠精神。作为辅导员，这种精神就体现为：不只是把学生工作当作赚钱养家糊口的工具，而是“树立”起对职业的敬畏，对学生工作的执着和静心于浮躁之外的精雕细琢。

参考文献

[1] 邢宝君：《高校辅导员工作课程化模式的价值创新与实施路径》，《高校辅导员》2017年第2期。
[2] 叶芜为：《辅导员工作“课程化”的必要性与可能性探索》，《高校辅导员》2010年第4期。
[3] 李爽、孙海召、边立民：《民办高校大学生学习状态及对策研究》，《中国市场》2016年第23期。
[4] 王刚：《民办高校大学生非智力因素存在的问题及原因》，《湖北函授大学学报》2015年第9期。
[5] 钱理群：《二十六篇：和青年朋友谈心》，东方出版中心，2016。
[6] 杨九诠：《“中国教育现代化2030”的内涵》，《中国教育报》2016年10月13日第6版。

The Content Selection and Function of Counselors' Work Curriculum in Private Colleges and Universities

Zhou Peirong

Abstract: In recent years, the problems of college students in private colleges and universities are increasing day by day. The curriculum of counselors' work is an innovation of counselors' working methods, aiming to solve the problems in college students' groups. On the basis of deep analysis of the causes of the students' problems, the scientific and reasonable selection of the counselors' work curriculum content will lead the students to achieve a breakthrough in their quality and ability. It highlights the importance of tutors' work curriculum to the growth of private college students.

Keywords: Content Selection of Counselors' Work Course; Counselor; Curriculumization of Work Content Selection

高校学生工作研究
2018 年　第 1 期
第 107 ~ 112 页

“二八定律”和“长尾理论”在学生工作中的应用*

饶家辉**

摘　要：“二八定律”和“长尾理论”本是经济学领域的统计学概念，在商业营销和企业管理中被广泛应用。本文将这一对看似矛盾的理论引入学生工作，并加以应用和实践。善用“二八定律”，以实现优秀典型学生培养与后进学生转优的首尾兼顾。多用“长尾定律”，以实现学生全面发展和全体学生的发展。“长尾理论”与“二八定律”看似矛盾，互为否定关系，实则是一个辩证的统一体。在学生工作中巧用“二八理论”和“长尾理论”，能够延展高校大学生思想政治工作的内涵，提升有效性。

关键词：“二八定律”　“长尾理论”　学生工作　实践

“二八定律”和“长尾理论”自发现以来，在商业营销、企业管理、社会生活中被予以广泛应用，很多企业家、营销人员把其当作金科玉律深入探究，一时风靡全球。经济学家、高校教授们也不甘落足，纷纷加入研讨行列，各持己见，竟有百花竞放之势。那么，什么是“二八定律”“长尾理论”？我们又如何结合思想政治工作规律、教书育人规律和学生成长规律，运用好“二八定律”“长尾理论”，推动一流人才培养呢？在此，结合工作实际，予以简要探讨。

一　“二八定律”释义

“二八定律”（The 80/20 Rule）又名帕累托法则（Pareto Principle），也叫巴莱特定律、最省力法则、不平衡原则、犹太法则等[1]，是经济学领域的一个统计学概念。它是约瑟夫·朱兰（Joseph M. Juran）根据意大利统计学家、经济学家维尔弗雷多·帕累托 1897 年对国民财产分布统计情况而提出来的[2]，即统计发现 20% 的人占有 80% 的社会财富。后来这一定律被广泛用于

* 本文为基金项目（XGY201709）：吉林大学学生工作研究项目“创业教育生态体系研究”的阶段性成果。
** 饶家辉：吉林大学动物医学学院，主要从事教育管理研究。

管理学、心理学、教育学等多个领域，并扩展至人类社会活动的全过程。比如，有些心理学者认为 20% 的人集中了人类 80% 的智慧。有些管理学者认为人类中 20% 的人在做事业，80% 的人在做事情；20% 的支配别人，80% 的人被人支配。除此之外，很多自然和社会现象也契合了这一理论，比如，在原子中，约 20% 体积的原子核占据了 80% 的质量；空气中对人体有用的 O_2 约占 20%，N_2、CO_2 等约占 80%；在人体中 20% 是有机物，80% 是水分子；在股市中，80% 的大额资金被 20% 的机构或大户拥有。在学生工作中，也有类似的现象，比如，我们 80% 的工作都是围绕在 20% 的重点学生身上，如此种种。这就是耳熟能详的“二八定律”。其主旨就是：事物（件）中 20% 的特性决定了 80% 的重要性。通俗地讲，就是关键的往往是少数，关键少数决定了多数。

二　“二八定律”实践

“二八定律”强调在资源有限的条件下，要有的放矢，有所侧重，坚持“有所为有所不为”[3]。一个学院少则 500 名、600 名学生，多则 3000 人、4000 人。作为学生干部，做到人人熟知、人人关注，基本不太可能。同时，学生工作又包罗万象、纷繁复杂。2014 年 3 月 27 日，教育部颁发的《高等学校辅导员职业能力标准（暂行）》[4]，要求辅导员了解马克思主义理论、哲学、政治学、教育学、社会学、心理学、管理学、伦理学、法学等 18 大类学科知识[5]；实现 9 大职业功能，即思想政治教育、党团和班级建设、学业指导、日常事务管理、心理健康教育与咨询、网络思想政治教育、危机事件应对、职业规划与就业指导、理论和实践研究[6]。每名辅导员都能熟练运用每门学科专业知识，对 9 大职业功能都成为“行家里手”也不太现实。因此，学生工作切不可“眉毛胡子一把抓”，不分主次。在有限的人力和精力状态下做学生工作，就是要抓重点、抓关键、抓特色；就是要善于做重点人的工作、关键时期的工作、最紧要的工作。

（一）善用“二八理论”教育学生

“二八理论”是教育引导学生成为一流人才的“利器”。每名学生都有成长成才的强烈愿望。利用这一特性，可充分发挥名人效应、权威效应，开展“青春与理想对话”等系列活动，鼓励学生成为对社会有贡献的人。同时，社会有分工，职业需专注，可借助重大活动、热议话题、流行元素等，激发学生活力，引导他们用 80% 的精力专注于自己最感兴趣的事业，激励学生把个人的理想追求融入国家和民族的伟大事业中，不忘初心，勇做走在时代前列的奋进者、开拓者和创造者[7]，勇做“为天地立心、为生民立命”的担当者和践行者。

（二）关注专业班级中的首尾 20%

不难发现，年级或专业班级中首尾 20% 的同学一般都是学生工作的重点和难点。对于这些学生，更应倾心关注。既要搭建平台，培养典型、宣传典型，让前20%的优秀学生更加优秀，把他们的辐射、示范和榜样力量发挥到极致；同时，也要充分利用青年学生好胜心强、荣誉感强、自尊心强的特性，挖掘后进20%学生的潜力，落实和完成好"后进生"的"转优"工作，德润心田、鼓舞干劲，让他们迎头赶上甚至超越。总之，在日常学生管理教育中，要施行首尾20%定期分析制度，及时发现变化，跟踪分析原因，采取合理帮扶措施，实现首尾呼应，均衡发展。

（三）形成优胜劣汰的竞争机制

优胜劣汰既是生物界的基本生存规律，也是挖掘学生潜力，激发学生斗志的有效手段。在日常工作实践中，我们一般保持学生干部指数在20%左右，每年考核，优者连任，劣者退出，动态补入，以此不断提升学生干部的综合素质和竞争意识。在条件成熟时，也可尝试按学生总数的20%，双向自由选择，组建试验班，每年考核，退一补一，动态管理，择优竞争，形成比学赶帮超的良好环境和氛围。每年对优秀班级、优秀寝室、优秀团体等表彰奖励也不突破20%，以此不断增强班级的凝聚力和竞争力。这些举措均是对"二八定律"的实践，成效显著，达到了"抓两头促中间"的工作设想，发挥了思想政治工作的激励效用。

三 "长尾理论"释义

《长尾理论》（*The Long Tail*）是美国《连线》杂志（*Wired*）总编辑克里斯·安德森（Chris Andersen）2004年10月编写的关于经济理论的一本书[8]。他在对亚马逊网站图书销售进行分析时发现：20%的畅销图书约占销量的一半，而80%的非畅销图书则占销量的另外一半[9]。于是，其提出了著名的"长尾理论"：在商品销售领域，在存储和流通渠道足够大的前提下，非主流的、需求量小的商品销量也能和主流的、需求量大的商品销量相匹敌。也就是说，市场也许不再是传统垄断"大佬"们的天下，"小众"们也会分得一杯足够多的"羹"。

"长尾理论"是伴随着网络兴起和发展而提出的一种新理论，也是CEO必读的内容，近两年风靡全球，掀起了新一轮的商业理念革新。除在商业领域外，它也影响人们的价值再判断和理论再认知。比如：淘宝、温氏（大华农）、"网红"等井喷式成功；党的群众路线教育、毛泽东同志关于人民本位思想的成功实践和传播等，都诠释和肯定了"长尾理论"的可行性。

四 "长尾理论"实践

随着高等教育理论的深度发展和人们对人性的全面认知，教育的功能也在向推进学生个性发展、赢得终身幸福等方面拓展。在哈佛大学350周年校庆时，曾有记者问校长，学校最值得自豪的是什么？校长毫不犹豫地答道：哈佛最引人自豪的不是培养了 6 位总统、36 位诺贝尔奖获得者，而是让所有进入哈佛的“金子”在毕业后都发出了耀眼的光芒[10]。哈佛的魅力在于让每一个学生都“闪闪发光”，做到人尽其才，才尽其用。习近平同志在全国高校思想政治工作会议上也强调：高校思想政治工作从根本上说就是做人的工作，必须围绕学生、关照学生、服务学生，让学生成为德才兼备、全面发展的人才[11]。在一个学生群体中如果只有少数人获得发展，其结果往往就是“一枝独放不是春”。让多数人甚至是绝大多数人获得进步和发展，“百花齐放春满园”，让学生获得全面发展，让全体学生得到发展才是高校教育的宗旨。为每名学生点亮理想的灯、照亮前行的路也是党中央对高校政治思想教育工作者提出的新要求。那么，如何利用上述理论，塑造学生的品格、品行和品位呢？

（一）依据“长尾理论”，践行“三全育人”

充分利用“长尾理论”，实现学生均衡发展，让每一名学生都有“光芒”是学生工作干部的诚挚追求。要做到这一点，必须依靠广大师生，仅靠几名辅导员是远远不够的。在实际工作中，我们构建以“激励学生成长，引导学生成人，教育学生成才，帮助学生成功”为核心的“四成”教育体系，学院教职工“人人都是育人工作者”，实现“全面育人、全程育人、全员育人”的“三全育人”管理格局。领导干部管理育人，一线教师教书育人，教辅人员服务育人，学生自我教育，形成“学工无小事，事事皆教育；教师无小节，处处是楷模；管理无空白，时时能育人”的良好环境和氛围。80% 的班主任是国内知名专家、杰出青年、973 首席科学家或担任国家二级学会副理事长以上学术兼职的老师。学院领导、教学委员会、学位委员会、学术委员会主任等均积极参与育人工作，全部担任本科生班主任，人人都担负学生培养之责。

（二）依据“长尾理论”，实现“精细管理”

“精细管理”的前提是精通。因此，辅导员要自觉学习教育管理理论、心理学知识、就业指导知识以及信息技术，努力成为一名专家型、学者型管理干部，对大学生思想政治工作能够做到因事而化、因时而进、因势而新[7][11]。“精细管理”的核心是“熟”：熟悉每一名学生，熟知每名学生的需求。我们的做法是坚持“辅导员 5520 谈心谈话”制度，即对前来办事的学生，偶遇的学生，问询不少于 5 句；对重点关注人群（如学业预警、经济特别困难、性格内向孤僻等）每学期谈心不少于 50 分钟；对每名新入学的新生，谈心不少于 20 分钟。通过寝室走访、微信互聊、活动参与、辅导员信箱等多种形式与学生沟通交流，实现“四熟悉一知道”，即熟悉学生的家庭情况、熟悉学生的个性特征、熟悉学生的学习状况、熟悉学生的职业规划，知道学生在哪里干什么。在学生就业、职业生涯规划、政治思想教育、经济困难精准帮扶上用好“长尾理论”，重点关注 80% 的大众学生，实现学生发展的再平衡。课程老师、学生导师、班主任等各级教育工作者都守好一段渠，种好责任田，精细管理，相向而行，尽力实现学生全面发展，使全体学生都得到发展。

（三）依据"长尾理论"，推进创新创业

"长尾理论"的核心要义就是"小众"通过努力也可以与"大咖"们平分秋色，"穷二代""农二代"只要把握好"大众创业、万众创新"的时代契机，大力弘扬"双创"精神，充分运用自己的"知识本钱"服务社会，也可以创造无限的财富。"小众"创业也可以赢得春天。因此，可以充分利用"长尾理论"，举案例讲政策，多支持常服务，鼓励同学们摒弃自卑，恢复自信，敢于创业，勇于创业。

总之，"二八理论"是一个相对概念，绝非固定的数理统计，强调的是关键人物、主要因素的作用和地位，也就是我们通常说的抓主要矛盾，抓矛盾的主要方面，绝非放弃另外的80%，其实质是实现全体学生的发展、学生的全面发展和学生工作的整体推进。"长尾理论"与"二八定律"看似矛盾，互为否定关系，实则是一个辩证的统一体。"二八定律"是指在资源有限的前提下，要发挥关键人物的核心作用，集中优势兵力各个击破。而"长尾理论"则可以理解为"后二八定律"而非"反二八定律"。在"长尾"后获得利益，想办法去抢占或稀释80%的资源，尽力向前20%看齐，实现资源再平衡。作为学生工作干部，如果能够巧妙利用"二八理论"和"长尾理论"，必能获益，必能实现学生综合素质和能力的再提升、学生工作内涵和水平的再跨越。

参考文献

［1］赵伟：《浅谈数据统计分析在问题解决中的重要性》，《企业技术开发》2016年第2期。

［2］董成惠：《市场在资源配置中起决定性作用的经济法维度》，《聊城大学学报》（社会科学版）2015年第5期。

［3］张敏：《二八定律和长尾理论在学校管理工作中的运用》，《科学导报》2015年第5期。

［4］《教育部关于印发〈高等学校辅导员职业能力标准（暂行）〉的通知》，中华人民共和国教育部网站，http：//old. moe. gov. cn/publicfiles/business/htmlfiles/moe/s7060/201404/xxgk_ 167113. html，2014年4月。

［5］黄晓龙、王鹏炜：《对高校辅导员专业化发展的思考》，《当代教师教育》2015年第3期。

［6］许峰、王东维：《论高校辅导员思想政治工作意识的培养》，《延安大学学报》（社会科学版）2016年第2期。

［7］《习近平：高校立身之本在于立德树人》，《新华每日电讯》2016年12月9日第1版。

［8］李元春：《长尾理论对军事理论课拓展教学的启示》，《黑龙江教育》（高教研究与评估版）2011年第1期。

［4］彭英、魏银霞：《长尾理论在高校大学生就业工作中的应用》，《教育与职业》2014年第24期。

［10］钟凯雄：《大学校庆如何发挥其文化功能》，《华南师范大学学报》（社会科学版）2013年第5期。

［11］《坚持立德树人　实现全程育人》，《人民日报》（海外版）2016年12月9日第1版。

Pareto Principle and the Long Tail Law in Student Affairs Management

Rao Jiahui

Abstract: Pareto Principle and The Long Tail are originally statistical theories in the field of economics, which are widely used in commercial marketing and business administration. However, we could apply these two seemingly contradicting theories into student affairs management and practice them. Harnessing The Pareto Principle we could make both ends meet by cultivating outstanding students and improving the performance of less outstanding students. Using The Long Tail, we could help promote full development of one single student and also the development of all students. The Pareto Principle and The Long Tail seem to be contradictory, but as a matter of fact, they make up a dialectical unity. In the management of student affairs, the use of The Pareto Principle and The Long Tail could deepen the depth of ideological and political work in university students and boost its efficacy.

Keywords: "Pareto Principle"; "the Long Tail"; Student Affairs Management; Practice

高校学生工作研究
2018 年　第 1 期
第 113 ~ 119 页

推拉理论场域下促进高校精准就业服务的实证研究

王立新*

摘　要： 党的十九大报告提出要提供全方位公共就业服务，促进高校毕业生等青年群体多渠道就业创业。目前，基层需要更多高校毕业生投身到经济、社会发展中去，对高精尖人才的需求量较大，但大多数高校毕业生对基层就业并不感兴趣。基于推拉理论场域下的高校毕业生与基层之间这种供求失衡的就业状况，分析高校毕业生基层就业意愿和发展现状，重点研究高校精准就业理念和措施，增加高校毕业生基层就业的积极因素（拉力），减少基层就业的消极因素（推力）。在“振兴东北老工业基地”和“大众创业、万众创新”的国家战略的背景下，促进更多高校毕业生等青年群体献身基层、服务基层、贡献基层，为创建和谐美丽基层做贡献。

关键词： 推拉理论　高校毕业生　就业意愿　基层就业

推拉理论最早是斯汀格在萨缪尔森的比较优势理论基础上，根据求职者的不同特征和职业特点，以研究出求职者与职业的匹配度，以实现最高质量的精准就业。20 世纪 50 年代和 60 年代，唐纳德·博格（D. J. Bogue）和 E. S. Lee 分别用推拉理论分析了人口迁移和流动的影响因素，他们都坚持认为，在人口迁移和人口流动的过程中，存在一种推力和拉力，这种推力是导致人口迁移和流动的消极因素，主要是就业难、工资性收入不均等；相反，拉力就是导致人口迁移和流动的积极因素，主要是发达的经济、稳定的政治和较高的教育水平等。故此，推拉理论能够完全解释高校毕业生到基层就业的人口流动。同时，在推拉理论场域下重点研究精准就业的服务理念，顾名思义就是既要注重就业过程的精准设计、精准服务、精准管理，也要密切关注学生的就业结果和就业质量，以提高学生在基层企业就业的幸福指数。

一　实施精准就业的现实必要性

目前，全国高校毕业生数量猛增，社会就业形势异常严峻，由于社会发展迅速，经济和社

---

* 王立新：长春金融高等专科学校金融学院助教，主要从事思想政治教育原理与方法研究。

会需求质量高，然而，部分高校毕业生的就业观念和需求与社会发展脱钩，甚至呈现不均衡的现象。就此，高校抓好精准就业工作势在必行。

（一）市场与人才之间的供求

改革开放40年，社会经济发展迅猛，人才需求也从“统包统分”到目前“双向选择、自主择业”转变，人才需求的数量和质量也都要求较高。在社会整体就业供需得以满足的基础上，人才发展的专业化和需求的差异化是值得我们关注的。2010年6月7日，《国家中长期人才发展规划纲要（2010—2020年）》发布问世，其中提到了务必要加强产业人才和行业人才的就业指导与规划，尤其是企事业管理人才、党政干部队伍和农村基层人才、专业技术人才、高层次技术人才和志愿服务、社会实践队伍要进行分类规划指导。然而，也因为当今社会，网络信息技术发展较快，各行各业都需要人才做到更加专业、更加准确和更加高效。

（二）学生发展需求多元与因人施导的就业指导

当今社会，网络方便快捷，“95后”大学生可以足不出户就了解社会发展形势和职业发展方向。大多数大学生对未来就业有着一定的心理认知，有着较强的自身能力提升意识，对未来职业发展有一定规划，一般情况下，入学前的专业选择已经与就业目标挂钩。经调查了解，有51%的学生确立职业发展方向的时间是在大二年级，有39%的学生确立职业小目标的时间是在大三年级，另外还有10%的学生在报考专业时，就已经确立了自身的职业发展方向和目标。与此同时，社会发展多元，大学生的求职意向也呈多元化趋势。基于此，高校更应该开展精准就业指导与服务，以帮助大家树立职业目标，做好职业发展规划。

二 精准就业在工作实践中的具体运用

精准就业理念的提出，有利于改变毕业生的就业观念，激发毕业生到基层就业。我们在透彻研究精准就业理念的基础上，更要注重就业指导服务的实践环节，要做到目标精准、过程精准和结果精准，输送更多的高精尖人才，以焕发基层社会发展活力。

（一）目标精准

完成精准就业实践环节，要求学校树立精准的就业目标。学校层面应从政策和工作实践两个方面设定目标，实现精准就业实效。学校在国家、省市政府多个主管部门下发的文件政策基础上，制定了学校关于就业工作的基本工作方向和具体实施方案。另外，学校还在具体就业工作过程中，实施假设或预判就业结果的机制。总体来看，政策目标是指导思想，是否准确地制定政策目标，决定着精准就业工作的成败，没有调查就没有发言权。故此，学校不仅遵循上级部门的政策，还广泛地去基层进行调研工作；工作目标是方法论，具有一定的实践指导作用，学校经常经过研讨、预判，以制定出符合实际的工作目标，更好地服务政策目标，做好高校精准就业工作。

就目前的就业市场来看，我国高校毕业生的就业工作基本是高质量、高层次的。一方面，部分地区已经制定了政策目标和具体的工作目标，以吸引更多优秀的人才到基层就业工作，服务基层经济发展，比如基层为引进人才提供资金和住房供给，这足以说明高校精准就业工作已经取得初步成效，但仍需努力。另一方面，现如今，国家政府机关的选调生政策对精准就业工作给予了支持，基层选调生基本是回到家乡乡镇或者街道工作。与此同时，在国家“美丽乡村”建设过程中，还要鼓励和引导更多的人才回到“美丽乡村”就业，为创建“美丽乡村”做贡献。

（二）过程精准

在高校精准就业工作开展的过程中，重要的关键环节就是就业过程要实现精准，精准主要倾向于就业管理、就业指导和信息管理等方面的服务精准。管理服务精准意在工作规范、流程以及方法等，并且采取网格化管理模式，责任到人，以为精准就业工作做好基本服务保障，比如关于就业管理服务的标准、校本规范和指导手册等，能够充分为学生提供便捷的政策指导和服务。

管理服务的精准还主要体现在对学生的个案分析和分类管理上，学校就业指导部门经过摸排、登记和访谈，将毕业生做好分类，以进行因类指导，做到每十人一小组，一小组一指导教师。基于因类指导而分组的依据可以按就业意愿和就业能力两个方面分类，主要有就业所在企业的行业归属、所在区域、性质等就业意愿因素，另外还有毕业生的综合能力、专业优势以及困难帮扶等就业能力的培养。

另外，精准就业的管理服务还主要关于学生就业进度、相关情况的就业数据的掌握和发布，实现就业信息的实时更新，以进行进一步的个性化和差异化的就业指导与服务。我校主要开展就业创业指导课程培训，就业专题讲座、宣讲，职业测评与就业指导，企业实习与就业实习等丰富多样的就业指导服务。但是，由于学生的职业发展方向、就业期望、个人素质和能力都各不相同，对就业指导与服务的接受程度也各不相同，故此，学生在就业能力上存在差异，就有必要进行差异化和个性化的就业指导和服务。吉林省就业指导中心在各高校就业指导与服务的基础上，每年还对就业困难和家庭困难的学生开展“双困生”就业拓展培训，这种精准的就业指导服务通过制造简历、“一对一”辅导、素质拓展、提升训练、模拟面试等多种方式，做到了精准就业指导和帮扶。

最后，为了匹配学生就业意向与企业用工需求，应建立信息数据库，及时进行信息更新。另外，按学生专业、个性特点以及单位用工需求等因素进行分类，将企业按行业领域、地域归属分类，组织召开企业与学生专业相匹配的就业双选会，比如金融行业专场就业双选会、会计行业专场就业双选会、博士生高层次人才专场招聘会等。

（三）结果精准

结果精准就是对就业结果的评估和总结，以判断其与政策目标、工作目标是否契合，如果就业结果与目标出现不匹配的情况，就要进行查摆，寻找具体原因，查看其是否在制定政策目标和工作目标过程中出现错误，并提出可行性解决办法。与结果精准相伴而生的评价标准必须足够科学合理，以满足学生更高质量的就业，提高学生就业率和满意度。“更高质量就业”主要看就业质量的高低，但就业质量高低的评价主要为主观和客观两个角度衡量和评价。客观方面主要为就业去向、工作性质、薪资水平等，主观方面主要是工作满意度、期望值、幸福指数等。此外，就业质量和学生幸福指数的评价标准还要看学生的就业期望值的高低，倘若正如所愿进入了自己心仪的单位就业，该生的就业质量就高，否则相反，那么，就有必要定期开展就业辅导与咨询服务工作，以引导学生树立合理的就业目标和正确的就业观，确保实现毕业生精准就业。

三 推拉理论场域下提高精准就业实效性

目前，部分人片面地认为国家的就业扶贫就是简单的介绍工作，一旦要求精准就业扶贫，就提高了帮扶单位和个人的帮扶要求。对高校来说，高校必须掌握和梳理本校贫困毕业生的数量、基本素质、就业的意愿、对就业岗位的要求。对就业地来说，精准帮扶挑战性极强，尤其是在精准就业的过程中存在“技能不适合，岗位对不上，留不住人”的现象。

（一）国家层面

从国家层面来看，学校通过建立“一个学生一份就业档案”，实施“一个学生一个落实”的就业战略，主要是从学生成绩、社会实践、实习情况、获奖情况、工作意向、就业需求以及生源地等多方面、多角度，为每一位毕业生建立就业信息数据档案，尤其是双困生的毕业要引起关注和重视，通过分析数据档案，详细登记每一位学生的困难程度以及就业过程中的主要困难，不断丰富数据档案，对其进行有针对性的就业补助和创业资金支持，落实高校基层就业的“私人订制”战略。在新时代，学校为了牢牢把握就业意识形态的主流地位，推广了“互联网 + 精准就业”，主要以手机和互联网等平台为依托，推出“微就业招聘”等就业招聘终端，将企业的用人需求与毕业生就业意愿相匹配，使精准就业具有高匹配度。同时，学校与就业企业共同搭建了就业指导服务平台，开展用人企业、专家进校园活动，主要是教授和提高毕业生面试技巧、简历制作以及其他各方面就业面试综合素质和能力，以丰富校园招聘活动，实现高校精准就业的最大成效。

另外，通过分析并匹配学生的就业期望和用人单位诉求，学校建立了毕业生分类就业指导体系，实现精准帮扶，提供符合学生本身的精准就业指导与服务。结合国家的“一带一路”、“大众创业、万众创新”、“振兴东北老工业基地”和“京津冀协同发展”等，学校搭建了毕业生与基层岗位就业创业平台，鼓励和帮助高校毕业生到基层就业创业。对家庭困难、就业困难的“双困生”给予奖助学金支持外，还进行数据分析，制定就业指导方案，并定期召开“一对一”和“一对多”等多种形式的就业指导与帮扶研讨会。

（二）社会层面

在依托大小社会组织的背景下，学校大力发展了社会实践工作，将学校的社会实践工作向基层倾斜，以激发大学生到基层工作的决心和斗志，形成了一套行之有效的就业制度和指导体系。

学校通过建立健全毕业生就业工作机制，将社会实践活动融入就业指导全过程。近年来，学校通过青年志愿者协会将社会实践、专业实习、就业指导、服务基层相结合，形成了集实践、实习、支援、就业于一体的就业指导新模式。持续坚持教育与引导学生走进敬老院、基层企业、贫困农村开展慰问、实习活动。同时，组织开展了“手拉手”情系乡村小伙伴爱心活动，通过搭建集社会实践与就业指导于一体的项目平台，激发了学生到基层就业的决心，鼓励大学生走进基层、服务基层和贡献基层。回到学校后，还坚持组织以就业为导向的讲座、结构化和无领导小组面试、经验交流会等活动，另外学徒制和订单培养的班级的开班，也提高了就业指导实效。

（三）学校层面

一般情况下，学生都会在生活中汲取对自身有用的信息，而做最重要的决定。学校每年暑期都选派一部分学生到贫困农村、社区、基层企业参加社会实践活动，并且配备专业的指导教师，尽可能多地了解基层工作环境与情况，增强学生自身到基层工作的意愿和决心，促进大学生到基层就业。

1. 开创思想政治教育新模式

学校通过开创思想政治教育新模式，提升学生的就业能力。坚持以“立德树人”为根本任务，把推动爱国主义教育和社会主义核心价值观教育融入人才培养的全过程；建立大学生思想政治教育科研平台和辅导员职业能力发展平台；建设校园文化阵地、社会实践创新创业阵地、网上思想政治教育阵地；确立学生管理制度化、品牌活动特色化、信息服务网络化、工作内容精细化的工作目标；切实践行思政育人、文化育人、安全育人、实践育人、健康育人“五育人”

的教育理念和目标。了解学生实际需求，确保教育具有针对性；保证就业指导具有长效性，使其真正服务于毕业生就业创业工作。

2. 大力推进校企合作和学徒制试点项目，共建专业就业实践平台

一方面，学校聘请企业指导教师，培养学生正确的就业思维，塑造学生良好的就业观念，通过与校企合作和学徒制试点项目，激发学生就业兴趣和引导学生树立正确的职业发展意向，提高基层就业的实效性。

另一方面，学校抓住普惠金融调研的机会，以吉林省八个贫困县、大兴安岭南麓等地区为调研观测点，大力开展暑期“金融三进”的调研活动。在为贫困社区、偏远农村和基层企业提供金融服务的同时，也加深了学生对基层就业环境的了解，更便于学校制定基层就业指导方案。同时，学校有针对性地开展专家面对面、经验交流会和优秀校友访谈等形式多样的就业指导活动，加深同学们对基层企业的了解，使其深入思考所学知识的有用性和职业发展方向，从而为学生到基层就业奠定坚实的实践基础。其通过了解就业环境，洞察就业市场的供求情况，以至于重新调整和制定学习目标，以为更好地去基层就业开通渠道。

（四）学生层面

学校还鼓励学生加强调查研究，为毕业后工作打下坚实的基础，使他们知道社会需要什么，企业需要什么。为什么有的同学毕业后，经过自己的努力在职业上不断升迁、工资不断增加，原因就是善于调查研究和实践，所以调查研究是做好事、做成事的前提和保障。

学校帮助大学生树立正确的职业观念，使其沉下心去做基层工作的守护者和坚定者。学校通过培养大学生的人文情怀和扎根基层的情怀进而树立良好的职业道德。大学生只有端正了职业态度、树立了良好的职业道德，投入基层工作中，才能找到基层工作的正确道路，才能取得基层工作的成功，促进和谐美丽社会进步。

综上所述，通过透彻研究推拉理论中的拉力作用，引导毕业生树立正确的就业观念和就业目标，确保基层就业在高校就业工作中的重中之重地位。同时，始终做好引导学生到基层就业的工作，促进大学生到基层就业就能增强我国基层社会发展的活力，对有效缓解基层与人才之间的供需不均衡的矛盾和压力有着重大意义。

参考文献

[1] 杨扬：《高职院校创业教育的师资队伍建设浅析》，《湖北水利水电职业技术学院学报》2016 年第 1 期。
[2] 张彦：《以“精致化”要求推进大学生思想政治教育新发展》，《思想教育研究》2010 年第 4 期。
[3] 全国高等学校学生信息咨询与就业指导中心、北京大学教育学院：《2014 年全国高校毕业生就业状况白皮书》（内部资料），2014 年第 31 期。

[4] 滑晓艳：《论大学生充分就业目标》，《山西煤炭管理干部学院学报》2010 年第 1 期。
[5] 张珍、冯菲：《高校共青团有效服务大学生就业的对策探微》，《宜春学院学报》2010 年第 10 期。

An Empirical Study on Promoting Precision Employment Services in Colleges and Universities under Push-pull Theory Field

Wang Lixin

Abstract: The report of the Nineteenth Congress proposed to provide public employment services in various aspects and from multiple perspectives, and promote the employment and entrepreneurship of college graduates and other youth groups through multiple channels. At present, the grass-roots needs more college graduates to devote themselves to economic and social development. The demand for top-notch talent is relatively large, but most college graduates are not interested in grassroots employment. Based on the employment situation of college graduates and grassroots colleges and universities in the push and pull theory field, this paper analyzes the employment willingness and development status of college graduates at the grassroots level, focuses on the concept and measures of accurate employment in colleges and universities, and increases the active employment of college graduates at the grass-roots level. Factors (pulling force), reducing the negative factors of employment at the grass-roots level (thrust). Under the background of the "rejuvenating the northeast old industrial base" and the "national innovation and innovation" national strategy, more young college graduates and other youth groups are dedicated to the grassroots and serve the grassroots and contribute to the grassroots level, contributing to the creation of a harmonious and beautiful grassroots.

Keywords: Push-pull Theory; College Graduates; Willingness to Work; Grass-roots Employment

高校学生工作研究
2018 年　第 1 期
第 120 ~ 125 页

“双一流”背景下大学生选调生培育路径浅析

杜亚男　奚佳梦*

摘　要： 在“双一流”建设的人才培养目标和党的十九大精神对青年人的要求指引下，“双一流”建设急需加强大学生选调生培育。而在当前大学生选调生的培育中，国家发展人才存在缺口、学校人才培育定位存在偏差、大学生择业就业观存在偏见。因此要创新大学生选调生培育路径：国家要发挥政策支持，落实选调政策宣传和动员；学校要加强思想引导，提升学生家国情怀和奉献意识；学生要加强社会实践，增强实际底层锻炼和专业学习。

关键词： “双一流”　选调生　培育路径

一　“双一流”建设背景

（一）“双一流”建设背景下强调选调生培育的由来

“双一流”的建设需要以人才队伍为核心，正如习近平总书记在全国高校思想政治工作会议上所强调的，只有培养出一流人才的高校，才能够成为世界一流的大学。大学的本质是培养人，“由科学而达至修养”是现代大学人才培养的基本特征。“立德树人”是高校人才培育的根本，“双一流”建设与人才培养是高校改革发展的两个核心驱动，相互促进。选调生作为新时期党政干部队伍的重要培养对象，是大学人才培养成效的集中体现。

习近平总书记在党的十九大报告中这样深情寄语年青一代：“青年兴则国家兴，青年强则国家强。青年一代有理想、有本领、有担当，国家就有前途，民族就有希望。”中国特色社会主义已经进入了新时代，对青年人才的需求有所改变也有所上升。具体而言，大学生选调生的培育正是要选拔、培养出有理想、有本领、有担当的新时代青年，国家的发展前途、民族的复兴希望要求有

* 杜亚男：浙江大学药学院辅导员，主要从事大学生思想政治教育研究。奚佳梦：浙江大学马克思主义学院硕士研究生。

良性的选调生培育机制。党的十九大精神展现了对青年的新要求、新期待，青年选调生该如何达到新要求？如何在"双一流"建设的背景下，创新大学生选调生培养路径？"双一流"建设有"形"也有"魂"，创新大学生选调生培育路径，加强人才队伍，是"双一流"建设之"魂"。

（二）"双一流"建设背景下强调选调生培育的原因

为什么说在"双一流"建设背景下要更加强调选调生培育呢？

从国家需求来说，从未来发展上来看，国家需要有理想、有担当、有能力的青年一代来为国家的繁荣富强而努力奋斗，为伟大中国梦的实现而不懈奋斗；从当前结构来看，国家公务员系统中正需要思想政治素养高、道德品格素养好、实践能力素养强的青年大学生来优化、强化当前的党政干部结构。

从选调生培育的教育内涵来看，选调生既是国家公务员的重要组成部分，也是党政干部队伍的重要组成部分。而选调生制度是我国一项重要的干部人事制度，是国家省级组织人事部门从高等学校挑选品学兼优的应届大学毕业生到基层工作，在实践中接受锻炼的重大举措，具有十分重要的意义。因此，完善、优化选调生培育机制既有利于为国家提供、输送优秀人才，也有利于大学生个人实现自己的人生价值。从选调生培育的内涵来看，其重要性可见一斑。而在"双一流"建设背景下，高校志在培养一流的人才，良性的大学生选调生培育正符合"双一流"建设的人才培养目标和需求。

从学校定位来看，当前的"双一流"学校的人才培养体系构建不仅要注重前端开环和内部开环，还要注重后端开环，即学校在人才培养的过程中，不仅一开始就要注重吸引一流生源和完善校内的教育体系，也要注重链接校外资源及后续的学校人才发展。选调生的成长和发展是非常有意义、有价值的，是学校人才培养良性循环的重要资源。因此，在"双一流"背景下学校定位的提升也是迫切需要加强选调生培育的原因之一。

二 选调生培育现状

（一）当前国家发展的人才缺口

1. 复合型人才要求

国家发展迅速，中国特色社会主义进入新时代，在新时期国家发展模式和战略要求下，国家更需要有综合能力的复合型人才。而对复合型人才的高需求与现存的人才缺口形成了鲜明对比。在国家对选调生的需求上，表现为国家急需具有多学科背景，既有理论知识，又有实践能力的复合型人才。

2. 政治素质和心理素质要求

在国家对高质量人才的要求中，除了有科学文化修养的要求之外，还有政治素质和心理素质要求。在选调生的培育过程中，除了强调大学生的专业技能和知识水平之外，大学生的思想政治素养、道德品格素养、心理素质都是非常重要的。国家对选调生的要求不仅包括学生党员条件，而且表明思想政治素养和道德品格较高的人才是国家所需。

（二）学校人才培育模式待完善

1. 思政课教育有效性

近代以来，自然科学一“学”独大，造成“物质主义”的泛滥和“工具理性”的崇拜，人文知识及其重要性在现代知识系统与高校教育体系中相应受到压制，学校在人才培养上也更为偏向技术创新人才，而相对忽视了思想政治教育类课程的重要性。即使是在比较重视思政课作用的高校和地区，思政课教育的有效性也没有被充分发挥。

而充分发挥思政课教育的有效性，不仅能够鼓励学生实现个人价值，还能展现集体主义的价值，使学生在实现个体人生目标的同时实现社会价值。个人价值和社会价值应当是统一的，因此，积极培育大学生选调生，让他们有志于到祖国最需要的地方去贡献自己的才智和力量，实现个人价值与社会价值，应充分发挥思政课教育的有效性。

2. 社会实践参与性

现今高校的社会实践活动非常丰富。走进基层，服务社会；参观基地，了解历史。在社会实践的过程中可以充分培养学生的政治意识和服务意识，这正是大学生选调生的必备条件。但在现实中，高校学生参与社会实践流于形式，具有自发性弱、时间短等特点，严重影响学生走近社会、了解社会的积极性，使学生错失走出校园、走入社会的机会。

3. 择业就业观教育

在新时期就业大环境下，针对“90 后”大学生的就业特点，协助毕业生增强自身就业水平，是个人和高校的共同追求。只鼓励学生去经济发达的产业和区域是不够的，也要鼓励学生去西部、去中部，从农、从工，在各个岗位上和各个领域中发光发热。培养能够创造物质财富和经济价值的创业创新人才是许多学校的现状，但学校特别是在“双一流”建设背景下还要培养能承担社会责任、有政治意识的青年人才。选调生作为一个既要求有品格素养、能力素养，还要有适应社会的素养的职业，在培育过程中要加强重视，进行正确引导。

（三）大学生择业就业观的不成熟

马克思在《青年在选择职业时的考虑》中展现了其所确立的为人类幸福而献身的价值理想，

并指出这一价值理想的实现是选择"最能为人类幸福工作的职业",从青年马克思的择业观来看,青年人既要有明确的价值目标又要有正确的价值导向。某东南沿海高校毕业数据显示,大学生择业就业观存在诸多问题。

1. 受地方经济发展水平和工资水平影响大

数据显示,毕业生选择沿海发达地区就业的占88.73%,选择其他地区就业的仅占8.73%,数据相差达到80个百分点,反映了大学生在选择就业地点时,受地方经济发展水平和工资水平的影响较大,导致产生严重的就业地区差异问题和产业差异问题。受地方经济发展水平的影响,高校大学生出现了扎堆往一线城市、东部发达地区跑的现象;受工资水平的影响,大学生更倾向于去资本密集型、新兴产业公司就业,而不愿意去中西部和基层岗位实现个人价值。

2. 对社会责任感的重视不足

数据显示,用人单位对社会责任感的注重百分比超过大学生对自身社会责任感的注重程度近15%。就业观是大学生"价值观"的重要部分,大学生甚至是西部地区大学生选择扎堆在沿海地区就业而不愿意返回生源地的现象,是社会责任感不足的表现,也反映了大学生就业观不成熟,没有将国家需要和个人发展相结合,不仅降低了自身的就业核心竞争力,也影响到高素质劳动力的区域配置和流动状况,不利于社会经济整体协调发展,

三 选调生培育路径

(一)国家要发挥政策支持,落实选调政策宣传和动员

1. 落实政策支持,强化对选调生工作的宣传和动员

关于选调生选拔的政策落实,比如在中共中央办公厅、国务院办公厅印发的《关于进一步引导和鼓励高校毕业生到基层工作的意见》中提到,健全保障措施,为高校毕业生在基层成长成才创造良好条件,包括加强培训、优化制度环境、完善职称评审等都需要具体落实。

2. 提供资源支持,提高工资待遇和其他保障

特别是对于到中西部边远地区、艰苦地区的选调生来说,提高工资待遇和其他保障等资源支持就十分重要。特别是在当前情况下,高校大学生的择业就业选择受工资水平影响较大,且大学生选调生的基本生活质量也需要关心和提升。在选调生的具体工作中,也要注意加强对选调生的资源支持。

（二）学校要加强思想引导，提升学生家国情怀和奉献意识

除了社会大环境能够提供的政策支持和资源支持外，选调生培育还需要学校在思想上进行引导。

1. 加强思想上引导，彰显意义价值

选调生是极具重要意义和肩负伟大使命的职业，学校首先要在思想层面上加强对大学生的引导，使大学生真正了解选调生工作的内涵和意义。

学校要把握毕业宣讲的关键期，在具体讲解选调生相关政策时，要全面准确，避免片面强调；要有大局意识；要有长远格局。作为辅导员，要加大宣传力度，提供充分的支持，让毕业生能理智选择。倡导榜样作用，宣传优秀校友选调生案例，注重选调生个人经历分享，在学生群体中树立正确的用人导向。

邀请相关有工作经验校友返校讲述亲身故事，帮助在校大学生全面了解选调生这个职业，在认真思考的基础上考虑发展需求，理智做出抉择。此外，辅导员、班主任等承担毕业工作的相关老师要做好择业就业的规划和指导，为毕业生提供多方位的就业平台，使其在充分比较的基础上找到自己的发展方向。

2. 倡导奉献意识，发扬家国情怀

对选调生的综合素质要求中包括热爱中国共产党，热爱人民，具备从事机关工作的基本素质和党政领导人才的潜质，适应基层艰苦环境，在校期间综合表现优秀，学习成绩良好等。这些要求其实是总结强调了选调生必须具备家国情怀和奉献意识。作为党的干部，要有政治觉悟，要有为人民服务的理念，以饱满的热情投入基层建设当中。选调生是基层的国家干部，是去一线乡镇和村庄服务的公务员。基层事务纷繁复杂，临时加班是每一位选调生必经的过程。除此之外，选调生工作调动相对频繁，哪里需要往哪里冲，需要其有奉献精神去迎接挑战。辅导员、班主任等承担毕业工作的相关老师，在进行大学生选调生培育的过程中，更要注重强调家国情怀和奉献精神的培育。在重要节日面向学生开展主题活动，结合国家大事分析时事热点。多组织社会实践活动，带领学生亲身参与到社会当中。鼓励学生参加志愿者服务，在这一过程中培育奉献精神。

（三）学生要加强社会实践，增强实际底层锻炼和专业学习

1. 在社会实践中切身体会选调生工作的意义和价值

大学生的实践种类是比较丰富的，学生干部工作、社会实践、党校培训等，都对学生有很好的锻炼作用。而社会基层项目的实践更能让大学生切实体会到选调生工作的意义和价值，如走进基层，服务社会；参观基地，了解历史。在社会实践的过程中扎实做到“实践育人”，充分培养学生的政治意识和服务意识。

2. 在社会实践中有效发挥自身的专业技能，践行学科知识

大学生在选择选调生职业时，要着重考虑自身学科特色和专业素养，并将这些知识和能力运用于工作当中。学生要立足专业，扎实理论功底，发挥专业所长，推动“产学研”相结合。运用在高校获得的知识和能力扎根基层，发挥大学生选调生的优势，准确掌握科技发展趋势和时代发展大势，抓住基层发展机遇。

“双一流”建设需要“双一流”人才，新时代在召唤富有家国情怀、理想担当的青年学生走入基层、走到祖国需要的地方去贡献青春力量。

参考文献

[1]《中共中央办公厅　国务院办公厅印发〈关于进一步引导和鼓励高校毕业生到基层工作的意见〉》，中华人民共和国中央人民政府网站，http：//www. gov. cn/zhengce/2017 -01/24/content_ 5163022. htm。

[2] 李延保：《“双一流”大学建设中人才培养目标定位的思考》，《中国高校科技》2017 年第 z1 期。

[3] 成希：《“双一流”建设背景下高校人才培养战略思考》，《学园》2017 年 3 月。

[4] 赵猛：《试论“选调生”的素质与修养》，《理论界》2011 年第 7 期。

Analysis of the Training Path of Selected Graduates in the Context of “Double First-rate”

Du Yanan, Xi Jiameng

Abstract: In line with the requirements of “double first -rate” personnel training and the nineteen spirits for young people, “double first - rate” urgently needs to strengthen the training of Selected graduates. In the cultivation of selective students, there are gaps in the development of talents in the country, there are deviations in the orientation of school personnel training, and there are deviations in the employment and employment outlook of university students. Therefore, we should innovate the cultivation path of the selected students: the state should give full play to the policy support, carry out the publicity and mobilization of the selection policy; the school should strengthen the ideological guidance, improve the students' family state and dedication consciousness; the students should strengthen the social practice and strengthen the actual social exercise and professional study.

Keywords: “Double First-rate”; Selected Graduates; the Training Path

高校学生工作研究
2018 年　第 1 期
第 126 ~ 131 页

精准扶贫视角下困难毕业生就业帮扶工作研究*

朱 宇　姜宇航**

摘　要： 高校应将困难毕业生精准帮扶作为就业工作的重中之重，认真履行责任，发力“最后一公里”。精确识别困难毕业生，综合分析，对症下药，精准开展就业帮扶，不仅重视经济上的帮扶，还注重精神上的帮扶，确保帮扶对象实现充分高质量就业。

关键词： 精准扶贫　困难毕业生　学生资助　就业帮扶

改革开放以来，党和国家实施大规模扶贫开发，使 7 亿农村贫困人口摆脱贫困，取得了举世瞩目的伟大成就。党的十八大以来，以习近平同志为核心的党中央把扶贫工作摆在更加突出的位置，“以前出台一项政策，一批人都能够脱贫致富，现在剩下的都是‘硬骨头’，减贫难度越来越大”[1]。针对过去扶贫低质低效的做法和扶贫进入攻坚期，2013 年 11 月，习近平总书记在湖南湘西考察时提出“实事求是、因地制宜、分类指导、精准扶贫”的重要思想。2015 年 5 月，习近平总书记在贵州调研时进一步指出“扶贫开发贵在精准，重在精准，成败之举在于精准”的工作思路，“精准”成为新时期扶贫的指导思想。2016 年 11 月，教育部《关于做好 2017 届全国普通高等学校毕业生就业创业工作的通知》提出要准确掌握家庭困难、少数民族、身体残疾等毕业生群体的具体情况，开展个性化辅导，组织专场招聘活动，配合有关部门落实好求职创业补贴等政策，实施精准帮扶。由此，精准帮扶成为高校困难毕业生帮扶的新思路。

---

* 本文为基金项目（JY201622）吉林大学 2016 年就业创业工作研究课题“大数据背景下毕业生精准就业服务工作模式探索研究”、基金项目（XGY201708）吉林大学 2017 年学生工作研究重点课题“大数据背景下高校毕业生就业创业质量研究”的阶段性研究成果。

** 朱宇：吉林大学学生就业创业指导与服务中心职员，主要从事高校学生工作研究。姜宇航：吉林大学学生工作部职员，主要从事高校学生工作研究。

一 准确把握精准帮扶的理论内涵

（一）精准扶贫的理论研究

从习总书记提出精准扶贫以来，全国各地积极开展了生动多样的扶贫实践，但如何阐释精准扶贫的理论内涵，尚无统一意见。

梁土坤认为，要从五个维度出发深刻理解精准扶贫内涵：差异性是精准扶贫的前提、精准性是精准扶贫的核心、系统性是精准扶贫的总体要求、发展性是精准扶贫的本质属性、托底性是精准扶贫的政策底线。精准扶贫重在“精准”二字，准确识别贫困户，准确了解贫困户家庭实际情况，采取有效帮扶措施，高效地帮助贫困户脱贫，以贫困户为单位，把精准做到极致，这才是精准扶贫的核心[2]。葛志军、邢成举认为，精准扶贫包含四个方面的内涵：精准识别、精准帮扶、精准管理、精准考核[3]。上述研究为我们深刻理解精准扶贫的内涵提供了思路。

从以上学者论述分析可知，精准扶贫是通过精准识别贫困人口，结合实际致贫原因，投放扶贫资源，达到脱贫效果，不仅要求解决贫困人口当前状态，而且通过帮扶措施让贫困户自身产生发展动能，达到稳定远离贫困状态。通俗认为，“对象要精准、项目安排要精准、资金使用要精准、措施到位要精准、因村派人要精准、脱贫成效要精准”。用我们老百姓的话，就是“对症下药，药到病除”[1]。

（二）精准帮扶的理论内涵

精准扶贫理论的深入研究为精准帮扶提供了借鉴，同时困难毕业生精准帮扶作为教育领域扶贫的一个分支，也有其特殊性，这也体现了精准扶贫的核心要义。

查阅相关文献，教育领域与精准帮扶概念相近和有借鉴意义的词语有“精致教育”“精准就业”。中国台湾学者在教育领域提出“精致教育”，强调教育过程和细节的周到精致的设计和实施，学校管理质量与效益的同步提高及学校投入与产出的均衡。北京大学吕媛提出“精准就业”，强调“精准”是一种兼顾过程和结果的理念，既要求就业服务过程中的精心设计、精细管理和精益推进，又力求就业结果上的准时完成、准确匹配和目标达成[4]。

笔者认为，精准帮扶是指以精细化工作为保障，针对不同的困难毕业生个人，采取个性化、差异化的帮扶举措，从而达到实现困难毕业生充分高质量就业的效果，并具备自我发展的能力，既是对过程的强调，也是对结果的兼顾。

二 开展困难毕业生精准帮扶的意义

精准帮扶是对粗放帮扶的对称，比较以往“大水漫灌”的办法，精准帮扶是对困难毕业生帮扶方式的颠覆式改变，实现了困难毕业生需求、学校管理提质，尤其是就业管理指导服务提升有机统一，也是高校履行自身使命的必要举措。

（一）日益多元的困难毕业生发展需求要求差异化的帮扶

当前，高校在校生大多数是“90 后”，甚至“00 后”亦踏入大学校门，相比 20 世纪 80 年代的学生，他们生活于物质财富相对充裕的家庭，成长于呈现多元化趋势的社会，追求的职业不单满足经济待遇，更加注重个人发展，对学校就业指导服务需求表现出多元化、差异化、个人化的特点，困难毕业生这个群体也是如此；就业困难原因千差万别，除了传统的经济因素外，身体、性别、专业、能力、观念、心理等众多因素也造成部分毕业生就业困难。因此，对毕业生就业帮扶也就不能“大水漫灌”，而是需要“精准滴灌”。这也符合“差异性是精准扶贫的前提”的理念。

（二）开展精准帮扶可以促进整体就业工作水平提升

开展精准帮扶，需要精细化的工作做保障。一是就业工作队伍的业务素质和工作能力面临挑战，需要不断进行学习和提高；二是就业指导方式面临挑战，由于各种原因，高校就业指导还处于“漫灌式”阶段，开设了课程，举办了活动，但针对学生开展个性化指导还不够，有“面”有“线”没有“点”，高校就业指导急需补齐这个短板；三是信息发布方式面临挑战，目前高校信息发布处于“狂轰滥炸”状态，不论是不是学生需要的，只要是招聘信息就群发，造成了信息疲劳，没有做到按需提供。通过开展精准帮扶，逐步解决这些短板，促使就业工作人员树立精准帮扶的工作理念，进而推广到整个就业工作，实现精准管理、精准指导、精准推送，提升就业工作整体水平。

（三）开展精准帮扶是学校提高人才培养质量、更好服务社会的重要举措

教育是改变个体命运的关键举措，许多家庭穷尽一切办法为子女提供接受高等教育的机会，目的就在于寻找可能更好的未来，目前越来越庞大的大学生群体也印证了这一点。高校作为人才培养工作的主体，承担着国家赋予的使命和社会的期望以及学生个体期冀，培养好每一名学生，使其达到合格标准毕业、实现个人价值、服务国家社会是高校的本质使命。

精准帮扶困难毕业生这个高校特殊就业群体，对高校来说意义尤为重大。一是高质量完成《中华人民共和国高等教育法》规定义务，学校应当为毕业生、结业生提供就业指导和服务（第

五十九条)，不遗忘每一位毕业生，帮助每一位有就业意愿的困难毕业生就业，才是真正高质量履行了法律规定的义务。二是提高人才培养质量的重要举措，毕业生就业质量和校友声誉是一所高校人才培养质量的最有力评判，如果一所高校的困难毕业生群体都能就业甚至高质量就业，那么我们就可以推论出这所学校人才培养水平较高。

三 精准扶贫视角下困难毕业生就业帮扶的实践探索

实施困难毕业生精准帮扶，离不开就业服务的精心设计、精细管理，主要是解决“帮扶谁，谁来帮，怎么帮”的关键问题。

（一）精确识别

精确识别是精准帮扶的前提。是否能够准确认定就业困难学生，是否能够完全掌握就业困难学生信息，是做好精准帮扶的第一步。如果困难的学生没有得到帮扶，而不符合条件的却得到帮扶，就会直接“打击”政策的实效性。首先要准确界定困难毕业生的范围，困难毕业生包括家庭经济困难毕业生和就业困难毕业生，要确保困难毕业生一个不漏，既全面又精准。在国家确定的贫困毕业生范围之外，扩充相应类型的困难毕业生群体，尤其是将学校对口扶贫地区的毕业生纳入帮扶范围，既是学校履行对口帮扶责任的延伸，又是阻断贫困代际传递的重要举措，做到将需要帮扶的困难毕业生全部纳入帮扶范围。

（二）精致帮扶

精致帮扶是精准帮扶的关键。帮扶要因地制宜、因人定策，灵活开展个性化帮扶工作，“对症下药，药到病除”。确定责任人，对认定帮扶对象，“多对一”“一对一”确定责任人，落实帮扶责任。精准分析原因，认真分析造成帮扶对象困难的原因，确定是经济困难、身体受限、心理困惑、岗位稀缺、能力不足、观念不适诸多因素其中之一或是兼而有之导致就业遇阻。针对性采取措施，经济困难的，提供求职补贴；存在心理障碍的，进行心理疏导；能力不足的，让其参加“双困生”就业能力培训；岗位稀缺的，筛选合适岗位进行推荐；观念不适的，通过榜样示范改变其就业观念；多种原因造成困难的，综合施策、精准发力。

（三）精细管理

精细管理是精准帮扶的保证。帮扶取得实效，需要一套科学管用的措施来实施过程管理。建立台账，对纳入帮扶的毕业生建立工作档案，包括学生基本信息、责任人、困难原因、拟采取措施、联系过程、帮扶结果等，做好工作记录；跟踪管理，实时掌握帮扶对象的就业进展和个人情况，及时给予关心和帮助，每月进行报告；动态调整，对未纳入帮扶名单的困难毕业生，只要符合帮扶条件，及时纳入帮扶名单；确保质量，继续关注困难毕业生工作后状况，既扶上马，又送一程，确保困难毕业生就业保持稳定；评估反馈，专项开展对帮扶对象工作半年后调查，评估帮扶效果是否达成预设目标，困难毕业生是否满意，对帮扶责任单位进行考核和奖惩，查找不足之处和总结经验做法，从而对后期工作提供建设性的反馈。

四 结语

困难毕业生是学校就业工作中的“弱势群体”，也是需要学校给予更多关注和帮助的“特殊群体”，相对于其他毕业生，开展精准帮扶，解决他们的就业问题，对其个人和家庭意义更为重大，可以改变毕业生个人命运，可以阻断贫困的代际传递。高校就业工作应聚焦这个“关键少数”，强化问题意识、责任意识和主动意识，加大投入，整合力量，努力把困难毕业生精准帮扶工作做成学校工作的“民生工程”“亮点工程”。

参考文献

[1]《习近平提“精准扶贫”的内涵和意义是什么》，国际在线，http：//gb. cri. cn/42071/2015/08/04/7591s5054545. htm，2015 年 8 月 4 日。

[2] 梁土坤：《新常态下的精准扶贫：内涵阐释、现实困境及实现路径》，《长白学刊》2016 年第 5 期。

[3] 葛志军、邢成举：《精准扶贫：内涵、实践困境及其原因阐释——基于宁夏银川两个村庄的调查》，《贵州社会科学》2015 年第 5 期。

[4] 吕媛：《高校毕业生精准就业服务的理论内涵与实践探析》，《中国大学生就业》2017 年第 13 期。

Study on Employment Assistance for Difficult Groups of Graduates from the Perspective of Precision Poverty Alleviation

Zhu Yu, Jiang Yuhang

Abstract: Accurate help for difficult groups of graduates should be the key to college employment. The university should seriously fulfill its responsibilities and make efforts in the “last mile” . Accurately identify difficult graduates, analyze them comprehensively, solve problems in a targeted manner, and conduct accurate employment assistance. The university should not only pay attention to the help of graduates in the economic field, but also pay attention to spiritual assistance and ensure that the helpers achieve full and high-quality employment.

Keywords: Accurate Poverty Alleviation; Difficult Graduate; College Students' Financial Assistance; Employment Assistance

高校学生工作研究
2018 年　第 1 期
第 132～136 页

浅析高校校园文化活动组织管理存在的问题及建议

杜金亮*

摘　要： 高校校园文化活动是校园文化的主要组成部分和重要表现形式，是校园精神文明建设的重要平台与载体。《教育部共青团中央关于加强和改进高等学校校园文化建设的意见》将精心组织校园文化活动作为打造优秀高校校园文化的主要任务，因此探讨、研究当下高校校园文化活动中存在的问题，提出科学合理的组织管理建议，有利于提高青年学生参加校园活动的积极性，有助于青年学生从活动中汲取力量，提升校园文化活动作为学生第二课堂的教育、引导效果。

关键词： 校园文化活动　组织管理　问题与建议

高等学校校园文化活动作为大学生的第二课堂，是校园文化外显层次的重要方面，是引导青年学生加强思想道德修养，提高综合素质，促进德智体美全面发展的重要途径和载体，对于大学生的成长、成才具有潜移默化的和不可抗拒的作用。《教育部　共青团中央关于加强和改进高等学校校园文化建设的意见》中提出，要积极开展校园文化活动，把德育与智育、体育、美育有机结合起来，寓教育于文化活动之中，促进大学生思想道德素质、科学文化素质和健康素质协调发展。可见，高校校园文化活动应当是由全体师生共同参与的一系列育人活动，活动只是表现形式，育人才是最终目的。为了达到育人的良好效果，学校应当加强对活动的设计和组织管理，依托学生主体，努力打造良好的校园精神环境，营造积极向上的文化氛围。

一　当前校园文化活动的不足与问题

丰富多样的校园文化活动一直深受广大青年学生喜爱，是团组织引导学生、激励学生、团结学生的有力武器，但在一片繁荣的景象之下，也存在许多不足和问题，具体如下。

* 杜金亮：吉林财经大学国际交流学院讲师，主要从事思想政治教育研究。

1. 活动娱乐化倾向严重，教育性明显不足

丰富多彩的高校校园文化活动是学校课堂教育的延伸和补充，在扩大学生知识面、提高他们分析问题和解决问题能力方面起着重要作用，对于学生自我潜能的挖掘有着积极作用。但是在校园文化活动实际开展过程中，娱乐化的倾向越来越严重，极大地削弱甚至忽略了校园文化活动应当承担的教育性作用。当前歌舞晚会类型活动占据校园文化活动较大比例，在环节设计、曲目选排等方面多由学生兴趣爱好随机选定，名头很响、寓意很好的一台晚会多数也变成缺乏含金量和启迪心灵内容的东拼西凑的一场纯娱乐性表演，有些节目以“恶搞”“戏说”为噱头，哗众取宠，盲目追求所谓的气氛，殊不知已经完全背离了大学校园文化活动的目的和意义。

2. 活动缺乏有效指导，主题导向性不强

很多高校的校园文化活动都是在团委的指导下，依靠团委老师和思政辅导员的带领，依托学生干部进行的，在活动的实际策划和组织过程中，受限于团委老师和思政辅导员的专业性和特长、精力和时间等主客观因素，很多活动得不到指导老师的有效指导，不得不依靠学生干部自主开展活动，学生干部自身思想认识水平不够，缺乏对活动主题导向教育作用的认知，在活动策划组织过程中往往只看重场面和形式，而忽略了顶层主题导向的设计，从而导致丰富多彩的校园文化活动表面热热闹闹，却起不到应有的教育、引导作用。

3. 活动实效性因活动的局限性而被弱化

高校校园文化活动的局限性主要表现在两个方面。第一个方面是活动面向对象主要是大一新生，无论是活动的参加者，还是活动的观赏者，都以大一新生为主，一方面使刚刚进入大学的新生疲于各种活动的参加和准备；另一方面使一些活动的层次始终无法提升。如辩论赛等，大一新生毕竟知识储备、能力技巧等方面都不是很好，不能使辩论赛达到应有的水平，起到应有的作用；再如一些学科竞赛等，更是需要知识的积累和经验的总结。第二个方面是学生参加活动的积极性呈现两极分化的现象，越是性格外向、喜欢参加活动的学生参加活动的积极性越高，无论是否擅长，各种活动都积极参加；而另外一部分学生则很少参加活动，或者根本不参加任何活动，一到休息时间就宅在宿舍。这些局限性的存在很大程度上使作为大学生第二课堂的校园文化活动的实效性很差，不能达到应有的教育、引导作用。

二　精心组织校园文化活动建议

校园文化活动不仅仅是学生热情参加、体验快乐、拓展兴趣的项目，还是校园精神文明

建设的重要组成部分，是校园文化建设的载体之一，是学校培育学生成才的重要方法。如何科学合理组织管理校园文化活动，为大学生提供自我展示、自我提升的有效平台，意义重大。

1. 将社会主义核心价值观作为校园文化活动的指导思想

人无精神不立，国无精神不兴。社会主义核心价值观承载着中华民族、全体中国人的精神追求，是中国特色社会主义事业发展最持久、最深层次的力量源泉。高等学校是中国特色社会主义事业接班人的成长摇篮，在高校的教育过程中，应当坚定不移地通过多种形式加强当代大学生社会主义核心价值观教育，以此凝聚大学生的共同价值追求，保证大学生全面、健康发展的正确方向，确保大学生成长为我国社会主义事业的有力接班人。因此，在策划、组织校园文化活动时，要以社会主义核心价值观作为指导思想，通过科学合理组织管理校园文化活动，使青年学生在组织、参加校园文化活动的同时接受社会主义核心价值观的教育，加深对社会主义核心价值观深刻内涵的理解，并自觉成为社会主义核心价值观的践行者和传播者。

2. 把隐性思想政治教育作为校园文化活动的目标要求

隐性思想政治教育区别于传统的以课堂讲授、专家报告、名家论坛等为主的显性思想政治教育，将教育的目的和意向融入青年学生的生活环境或特定的校园文化活动中，使学生在耳濡目染、不知不觉中受到教育，从而达到思想政治教育的目的。对于隐性思想政治教育作用的发挥，一个良好的平台载体是必不可少的，丰富多彩的高校校园文化活动无疑是众多平台载体中的佼佼者，参与人数多、学生参加积极性高等优势使其成为隐性思想政治教育的最佳平台。在高校校园文化活动的组织策划过程中应当加强教师指导，有效融入社会主义核心价值观内容，把隐性思想政治教育目的作为高校校园文化活动的开展目的，不仅使学生在活动中展现特长、锻炼自我、愉悦身心，还要通过活动感染学生、鼓舞学生、引导学生，在润物无声、和风细雨中使学生接受社会主义核心价值观的学习，以这样的方式适应他们的心理需求和成长诉求，形成对显性思想政治教育课程的有效补充。

3. 将内容丰富、形式新颖、吸引力强作为校园文化活动的指南

“内容丰富、形式新颖、吸引力强”是校园文化活动组织开展的内在与现实的双重要求，是一个校园文化活动生命力的体现。任何一个校园文化活动都是以广大同学的积极参加为基础的，无法引起学生兴趣的校园文化活动是不可能持续下去的。在校园文化活动的策划组织过程中，要把内容丰富、形式新颖、吸引力强作为开展高校校园文化活动的指南。《教育部　共青团中央关于加强和改进高等学校校园文化建设的意见》也明确指出，要精心设计和组织开展内容丰富、形式新颖、吸引力强的思想政治、学术科技、文娱体育等校园文化活动，把德育、智育、体育、美育渗透到校园文化活动之中，使大学生在活动参与中受到潜移默化的影响，思想感情得到熏陶、精神生活得到充实、道德境界得到升华。

4. 以专业化、精品化、品牌化作为校园文化活动的检验标准

品牌战略是现代企业市场竞争的重要手段，好的品牌战略可以帮助企业增加文化内涵，塑造形象，存储商誉，赢得消费者的品牌信任及品牌忠诚。就高校校园文化活动而言，以专业化、精品化为宗旨打造贴近学生、独具特色、无可替代的品牌校园文化活动，是改变当前校园文化活动“多而不精”这一尴尬情景的有效途径和必然选择。校园文化活动的品牌化过程，一定以活动的专业化、精品化为前提，以提高活动的质量为保证，以提升活动的文化品位及内涵为基础。利用品牌效应，校园文化活动可以提高其自身在学生群体中的声望、形象和信誉，扩大校园知名度，进而在同学们选择参与活动时，赢得更多青睐。校园文化活动也借助品牌的力量将星星之火发展为燎原之势，更好地丰富校园文化生活，为学生的成长成才服务。

三　结束语

精心组织管理好校园文化活动是高校校园文化建设的主要任务之一，是高校通过第二课堂开展思想政治教育工作的有效途径和重要平台。把握现实存在问题，并积极改善，努力打造专业化、精品化、品牌化的优质校园文化活动，提升高校学生的参与度，将极大地提升思想政治教育的效果，促进学生综合素质全面提高。

参考文献

［1］《教育部　共青团中央关于加强和改进高等学校校园文化建设的意见》，教社政〔2004〕16号。

［2］迟淑清：《论蕴含于高校校园文化活动中的隐性思想政治教育》，《黑龙江高教研究》2014年第2期。

［3］侯丹丹：《浅析高校校园文化活动》，《思想教育研究》2009年第S1期。

［4］冯丽辉：《高校校园文化活动存在的问题及对策——以湖州师范学院为例》，《高校辅导员学刊》2015年第6期。

［5］刘蕴莲：《论新形势下加强大学生社会主义核心价值观教育》，《思想理论教育导刊》2014年第5期。

［6］王帅、肖文旭：《在校园文化活动中深化社会主义核心价值观教育》，《思想教育研究》2015年第6期。

［7］刘晓芳：《大学生隐性思想政治教育研究》，《当代青年研究》2006年第4期。

Analysis of Problems and Suggestions in the Organization and Management of Campus Cultural Activities in Colleges and Universities

Du Jinliang

Abstract: The cultural activity in campus of university is the main component of the campus culture and an important form ofexpression, also is an important platform and carrier for the construction of campus spiritual civilization. "The opinion of The Ministry of education and the CYL Central Committee about strengthening and improving the construction of campus culture" raises that the main task of creating a good campus culture is carefully organized campus cultural activities, so it is necessary to research and discuss the problem ofthe present campus culture activities, and offer some scientific and reasonable suggestions, that will be to enhance the the young students' enthusiasm of participating in campus activities, help young students gain enegy from the activities, enhance the education, guiding effectof thecampus culture activities as the second classroom for students.

Keywords: Campus Cultural Activities; Organization and Management; Questions and Suggestions

实践育人

高校学生工作研究
2018 年　第 1 期
第 139 ~ 146 页

大学生思想政治与创新创业能力协同教育研究

周志强　韩 冰　李卿功*

摘　要： 随着我国经济文化的快速发展和我国高校招生规模的扩大，企业对人才整体素质的要求也越来越高，致使高校对大学生的思想政治教育和创新创业教育的要求也越来越高，思想政治教育是大学生大学学习生活过程中提升自身综合素质不可或缺的一部分，大学生思想政治教育对大学生树立人生观起到至关重要的作用，创新创业能力教育则关系到大学生创新创业能力的培养，本文分别分析了当代我国大学生的思想政治教育和创新创业能力教育存在的问题并提出了相应的解决办法，最后分析了协同思想政治教育与创新创业教育的意义。

关键词： 大学新生　思想政治教育　创新创业　教育协同

大学是大学生从中学阶段到步入社会的连接阶段，是连接大学生学生角色和社会人角色的关键阶段，在大学阶段大学生的思想政治教育与创新创业能力教育对大学生的学习生活起着至关重要的作用。当代大学生，大多数是“95 后”甚至“00 后”[1]。他们成长在中国经济、政治和文化飞速发展的时代，中国的飞速发展与变化给当代大学生带来了前所未有的机遇，同时也给他们自身的发展带来了挑战，为了使当代大学生更好地把握住当代社会给予他们的机遇，对大学生的思想政治教育工作以及创新创业能力教育也需要符合当代社会发展的要求，顺应时代发展的潮流。

高校的思想政治教育是指导大学生修身养性、树立良好的道德观的重要手段，大学阶段不仅要求大学生学好科学知识，还需要其提高自己的思想境界，传承中华民族的优良美德，习近平总书记曾在写给北京大学考古文博学院 2009 级本科团支部的信中提到：“中国梦是国家的梦、民族的梦，也是包括广大青年在内的每个中国人的梦。‘得其大者可以兼其小。’只有把人生理想融入国家和民族的事业中，才能最终成就一番事业。希望你们珍惜韶华、奋发有为，勇做走

* 周志强：吉林大学交通学院党委副书记兼副院长、副教授，主要从事大学生思想政治教育管理研究。韩冰：吉林大学交通学院学生工作办公室主任、讲师，主要从事大学生思想政治教育管理研究。李卿功：吉林大学交通学院团委负责人、助教，主要从事大学生思想政治教育管理研究。

在时代前面的奋进者、开拓者、奉献者，努力使自己成为祖国建设的有用之才、栋梁之材，为实现中国梦奉献智慧和力量。”[2]大学生的思想政治教育直接关系到大学生自身素质的发展以及自己对未来人生的规划。

创新创业教育是指培养大学生的创新创业精神和以创新创业能力的培养为价值取向的教育，大学生创新创业教育的根本在于创新创业能力的培养，树立正确的创新创业精神[3][4]。通过创新创业教育可以促使大学生对创新创业产生兴趣，我国的创新创业教育起步较晚，受传统教育模式的影响，当前创新创业教育模式和教育方法和发达国家相比还存在很大的差距。

王起友等通过引入协同理论对大学生思想政治教育进行了研究[5][6]，王国义分析了思想政治教育对培养大学生创新创业能力的作用[7]，李培根院士对构建创新创业人才培养体系进行了研究与分析[8]，目前我国对大学生思想政治教育的研究和创新创业教育的研究都是分开进行的，还未见对思想政治教育和创新创业教育两者协同作用下对大学生未来发展影响的研究，所以应根据当代社会的发展并结合一些新的思想政治教育理论和大学生创新创业教育理论，力求使大学生思想政治教育和创新创业能力教育能够与时俱进，以探索出能够以培养社会主义合格建设者和接班人为目标的大学生思想政治教育与创新创业能力教育相协同的教育理论，丰富大学生思想政治教育与创新创业教育理论。

一　大学生思想教育存在的问题及其原因

（一）大学生自身思想方面的问题

当代大学生，大多数是“95 后”甚至“00 后”，在进入大学校门以前衣食住行基本上都是家中安排好的，当离开家乡来到大学时，需要自己在新的环境中独立地去解决自己的衣食住行，这和原来生活由父母包办形成了巨大的反差。环境和角色的变化，打破了他们先前对大学生活所怀有的绚丽多彩的“梦幻”，滋生了孤独情绪，怀旧情绪和对陌生环境、新生事物的紧张情绪。在刚进入大学生活中时，他们还受到年龄和环境认识水平影响，无法正确地识别和选择新的事物，无法在中国特色社会主义时代背景下正确地认识自己，无法正确地理解社会主义核心价值观，缺乏实现“中国梦”的信心，这造成他们对思想政治理论学习有抵触心理。

当代大学生多为独生子女，不善于彼此体谅和谦让，在后天形成了以自我为中心的习惯，集体意识薄弱，不参加或者很少参加团体活动，使他们无法包容同学，相处时不能与人为善、尊重人、理解人、宽容人、悦纳人、接受人，缺乏合作意识和团队精神，很少与别的同学交流，甚至有一些学生认为大学同学仅仅是人生中的过客，过了大学四年后就各奔东西，缺乏集体荣誉感和责任感。

（二）大学生思想政治教育工作存在的问题

1. 思想政治教育理念落后

我国对大学生的思想政治教育理论的研究跟不上我国经济和文化的发展，同时我国的思想政治教育体系也不够完善，目前我国大学生思想政治教育主要停留在课堂上的理论教授，通过组织有针对性的课外活动对其进行思想政治教育等方式还没有形成完善的体系。

2. 高校对大学生思想政治教育不够重视

目前我国有些高校对思想政治教育不够重视，有些高校出现指派非专业的老师对大学生进行思想政治理论授课的情况，甚至有些高校为了给学生专业课和基础课程提供时间直接省略了思想政治教育课程，没有突出思想政治教育对学生未来发展的重要性。

3. 思想政治教育师资力量不足

大学生思想政治教育的教师队伍建设与发达国家还存在一定的差距，目前我国大学生思想政治教育教师很多没有经过系统的培训，授课老师自身对我国社会主义核心价值观认识不够彻底，在对学生进行思想政治教育时，不能给学生讲解清楚，致使学生对思想政治教育课程失去兴趣。

4. 大学生思想政治教育不能因材施教

学校在对大学生进行思想政治教育过程中没有对学生进行分类，没有考虑学生生源地、家庭情况和性格等因素，未对他们进行统一的思想政治教育，没有做到因材施教。

二　大学生创新创业能力教育现状及存在的问题

（一）高校创新创业教育发展现状

我国的大学生创新创业教育开始于20世纪90年代[9][10]，北京大学、浙江大学和华南理工大学等学校分别通过不同的方式对学生进行创新创业教育的尝试。21世纪初，随着教育部对北京大学等9所高校进行创新创业教育政策的扶持。更多的高校加入创新创业教育的队伍中[11]，现阶段在党的十八大提出的“创新驱动发展战略”和李克强总理“大众创业、万众创新”的号召及相应优惠政策的推动下一批高校已经制定了创新创业教育方案[12]，如吉林大学2015年制定的“吉林大学深化创新创业教育改革实施方案”，创新创业教育已经成为时代潮流。

（二）大学生创新创业教育存在的问题

1. 大学生对创新创业不感兴趣或者没有方向

受我国传统教育的影响，很大一部分学生对创新创业不感兴趣，学生把更多的时间用在了需要考试的课程上，觉得自己的基础课和专业课成绩才是最重要的[13]，学校或者学院组织的一些科技活动竞赛对于他们来说参与或者不参与意义不大，调查研究发现，目前40%左右的大学生对创新创业不感兴趣[14]，调查问卷发现，有创业想法的学生中近60%没有创业方向，仅仅有创业想法，并没有将其付诸行动。

2. 创新创业教育的目的不明确

随着创新创业教育的发展，目前我国绝大多数的高校都已开展创新创业教育，但是很多高校的创新创业教育仅仅停留在理论课堂上，并没有将理论和实践相结合，很多任课老师的知识面不够宽广，仅仅停留在对创新创业教育本身的理论研究上，没有根据各专业特点并结合学生自身特点对学生进行精细化的指导。这导致很多创新创业教育课程的老师对创新创业教育的目的不明确。

3. 创新创业教育的师资力量不足

目前，我国高校创新创业教育课程的老师都是学校内部的专业老师，大部分老师都是从毕业就开始从事教育行业的，很多老师都已经把创新创业教育的理论研究得非常透彻，但是老师自身没有经历过创业，没有创业的经验[15]，对学生也仅能够从理论上进行指导，无法在实践的过程中为学生的创新创业提供经验，这种理论的指导仅能丰富学生对创新创业字面上的理解，对学生的创新创业起不到实质性的作用。

4. 高校对开展创新创业的支持力度不够

大学生的创新创业教育课程和其他理论课程的教授方式不同，创新创业教育更加注重的是理论与实践的结合，需要在理论指导的实践下获取更多的实践经验，调查显示，近年来学校组织的各种活动的次数在逐渐增多，但是创新创业类型的活动和比赛所占比例少之又少[16]，很多被调查的老师和学生反馈，学校对开展创新创业教育的资金投入不够，甚至没有资金的投入，导致很多学生认识不到创新创业的好处。

我国大学生很大一部分是从农村出来的，在创业初期往往缺乏资金的支持，而且没有相应的技术，即使是创业也是做比较低端的服务行业，这样就造成创业的成功率较低，使学生失去对创新创业的兴趣。

三　大学生思想政治与创新创业能力教育对策及协同教育意义

当今时代培养高素质的创新人才，不仅要提升大学生的思想政治素质，引导大学生树立正确的人生观、价值观和世界观，还要培养大学生的创新创业能力，提升大学生的思想政治素质和创新创业的能力需要以符合时代要求的理论和合理的方法为指导。

（一）大学生思想政治教育对策

1. 完善思想政治教育内容和方法

目前，我国高校的思想政治教育课程大多数和传统的理论课程教学相似，在课堂上一股脑地将理论灌输给学生，授课方式的单一会使学生感到枯燥，失去对思想政治教育的兴趣。当代社会对大学生的思想政治教育内容与方法也应该随着社会的进步由单一的理论授课向多种教学方式的方向发展，通过教师授课与思想道德教育相结合的教育方法，组织参观先进道德模范和先进好人事迹展览，邀请道德模范来学校讲解他们的先进事迹，通过理论授课和参加课外活动多种方式去感染学生，塑造大学生的道德观与增强其社会责任感。

2. 加强思想政治教育教师队伍的建设

想实现对大学生思想政治理论教育水平的提升，首先要提升思想政治教育老师的理论水平和个人素质。一方面要吸收一批专业的、高素质的教师队伍，另一方面要加强高校辅导员老师之间的交流，组织思想政治教育活动并进行专业培训，成立专业化的思想政治教育教师培训研究机构，通过建设高素质的教师队伍提高学生对思想政治教育知识的兴趣。

3. 对不同类型学生进行分类指导

当代大学生来自全国各地，生活习惯和民族信仰也都不同，但高校在对学生进行思想政治教育时使用同一套教材、同一套教学方法，对学生的思想政治教育理论和方法没有针对性，不能适合所有的学生，只对一小部分学生有用。所以在对学生进行思想政治教育的过程中应根据学生的生活习惯、民族信仰以及学生性格进行分类，根据学生类型选择与之相对应的教材和方法，因材施教，使学生更好更快地掌握思想道德知识。

4. 开展思想政治教育实践活动

对大学生的思想政治教育不仅要体现理论知识的重要性，还要在理论的指导下加强学生的实践能力，通过组织校园思想政治竞赛、组织学生进入社区开展一些爱心活动，让学生领会思想政治教育的意义和中华民族传统美德的精神，使之能够更好地适应现代生活，做一个有理想、有道德的科技人才。

（二）大学生创新创业教育对策

1. 加强大学生创新创业兴趣和能力的教育

成立大学生创新创业研究机构，构建创新创业体系，转变大学生注重理论不注重实践的思想，加强学生的实践能力，经常组织学生参加创新竞赛和创新活动，激发学生的创新兴趣，鼓励学生自主地去设计一些创新创业的活动，从活动中总结经验，提升自己的创新创业能力，使学生树立自主创新创业的精神，充分发挥自身的特长，提升自己的创新创业能力。

2. 加强学校创新创业导师队伍的建设

对于高校大学生的创新创业活动，指导教师必不可少，创新创业教师不仅需要具备丰富的专业知识，还需要拥有丰富的实践经验。在对导师队伍的建设中，通过对创新创业教育老师进行创新创业理论培训提高老师的理论水平，从企业引进一批对创新创业有经验的老师或者组织老师去企业进行实践培训等方式提高创新创业教师队伍水平。

3. 加大对创新创业的扶持力度

大学生在创业初期往往会遇到很多问题，如办公场地、资金以及运营等问题，学校可以设立用于学生创业的专项基金，通过专家组对项目企划书的评定来确定项目的成功率以及项目的配套资金，设立大学生创业孵化园，既可以为创业大学生提供办公场地，还可以加强大学生创业者之间的经验交流，定期邀请创业成功者或者企业管理人员对大学生创业者进行创业实践经验培训和企业管理运营培训，以提高大学生创业的成功率。

（三）大学生思想政治与创新创业能力协同教育意义

目前，我国高校对大学生的思想政治教育和创新创业教育是分开进行的，大多数人认为创新创业教育和思想政治教育属于不同的学科，其实两者都是为培养高素质高水平的创新型人才服务的，两者的目的具有高度的一致性，因此将创新创业教育和思想政治教育结合起来研究对培养高素质创新型人才具有重大意义

大学生思想政治教育是以马克思主义理论为指导的专门培养有崇高理想和道德等人类品德和思想方面的学科，培养学生拥有社会主义核心价值观，大学生创新创业教育是专门培养大学生实践能力和创新思维等方面的学科，两者在对大学生的教育中具有相辅相成的作用，思想政治教育对大学生进行“德”方面的培训，创新创业教育对大学生进行“智”的培训，在思想政治教育中引入创新创业意识等可以拓展大学生对思想政治概念的理解，使思想政治

教育可以更加灵活，在创新创业过程中渗透思想政治教育的元素，有利于规范学生的创新创业活动，对创新创业活动起到导向的作用，在两者的协同过程中同时实现大学生德智的全面发展。

四　总结

随着我国经济文化的快速发展，大学教育需要有与时代发展要求相一致的人才培养体系，本文就大学生思想政治教育和创新创业教育策略及两者协同教育的意义进行了分析研究，详细地分析了思想政治教育和创新创业教育的问题，根据思想政治教育和创新创业教育的现状提出了相应的教育策略，最后根据两者的特点及两者之间的共性分析了协同思想政治教育与创新创业教育的优点和意义。

参考文献

[1] 王艳碧：《“90后”大学新生适应性问题及对策研究》，《教育教学论坛》2012年第37期。
[2] 习近平：《习近平给北大学生的回信》，《石油工业计算机应用》2013年第2期。
[3] 龙雪梅、陈国华：《大学生创新教育的实践思维引导作用》，《黑龙江高教研究》2017年第4期。
[4] 汪伟：《高校创新教育与创业教育的耦合机制研究》，《教育评论》2015年第8期。
[5] 王起友、张东洁、贾立平：《协同理论视角下的大学生思想政治教育创新研究》，《学校党建与思想教育》2013年第23期。
[6] 孙建、周举坤：《协同理论视域下的大学生思想政治教育创新研究》，《学校党建与思想教育》2015年第13期。
[7] 王国义：《思想政治理论教育对培养大学生创新能力的功能分析》，《教书育人》2009年第9期。
[8] 李培根：《构建创新人才培养体系之我见》，《中国高等教育》2008年第5期。
[9] 韩立：《大学生创新创业能力现状及培养路径》，《中国高校科技》2017年第z1期。
[10] 张巧：《大学生创新创业教育的实施策略》，《江苏高教》2016年第3期。
[11] 段辉琴、陆俊：《大学生创新创业精神培育路径》，《继续教育研究》2017年第2期。
[12] 刘丰林、张芸芸、刘竞、张柳：《新形势下大学生创新能力培养面临的挑战及对策》，《学校党建与思想教育》2017年第2期。
[13] 刘昕雨、刘男、宋宝萍：《浅谈工科大学生的创新教育》，《高教探索》2016年第s1期。
[14] 张秀峰、陈士勇：《大学生创新创业教育现状调查与思考——基于北京市31所高校的实证调查》，《中国青年政治学院学报》2017年第3期。
[15] 朱峰、张健：《大学生创新创业教育体系的构建与思考》，《中国高校科技》2017年第8期。
[16] 李士晓：《大学生创新创业能力培养研究》，《学校党建与思想教育》2017年第6期。

Research on the Collaborative Education of College Students' Ideological and Political Ability and Innovation and Entrepreneurship Ability

Zhou Zhiqiang, Han Bing, Li Qinggong

Abstract: With the rapid development of our country's economy and culture and the expansion of the enrollment scale of China's colleges and universities, the demand for the overall quality of talents is becoming higher and higher, which leads to higher demands for ideological and political education and innovation and entrepreneurship education for college students. Ideological and Political Education is the promotion of College Students' study and life. As an integral part of its comprehensive quality, the ideological and political education of college students plays a vital role in establishing what kind of outlook on life for college students. Innovation and entrepreneurship education is related to the cultivation of innovative and entrepreneurial ability of college students. This paper analyzes the ideological and political education and innovation and Entrepreneurship of college students in our country. Finally, the significance of collaborative education between Ideological and political education and innovation and entrepreneurship education is analyzed.

Keywords: College Freshmen; Ideological and Political Education; Innovation and Entrepreneurship; Education Coordination

高校学生工作研究
2018 年　第 1 期
第 147 ~171 页

公寓管理系统与微信平台在学生公寓日常管理中的应用与成功实践案例

——以长春财经学院为例

张 赫　高 姗　王少雯　刘智新*

摘　要： 为了提高学生公寓的服务质量与管理水平，使学生公寓的各项服务与管理工作为学校的教学中心工作保驾护航；发挥学生公寓的育人功能，使学生公寓的各项工作达到信息化、系统化、精细化。长春财经学院经过四年多的时间自主研发“学生公寓管理系统”，经过反复的设计、调试、实验、实践、改进等过程，边探索边实践。“公寓管理系统”的功能切合实际，与学校学生公寓日常管理理念、模式、方法等相配套；而且与学校用于教学教育工作的“X 果”软件相适应；对接微信公众平台使微信成为公寓管理系统的客户端。该系统具有设计理念较为先进、技术简单、资金投入少、量身定做、实用性强、安全性高等特点，具有普遍代表性和可复制性，容易被效仿和推广。本文主要讲述长春财经学院的公寓管理系统与微信平台在学生公寓日常管理中的实际应用情况，涉及学生公寓管理理念、管理模式、方式方法、具体实例等方面的问题，主要涉及技术与硬件方面的问题，希望能为高校的学生公寓日常管理工作提供可借鉴的经验。

关键词： 自主研发　公寓管理系统　微信平台　学生公寓　日常管理　创新　应用与实践

随着时代的发展，高校学生公寓的日常管理工作也被赋予新的任务和目标，日常管理工作始终要围绕学生公寓承载着育人功能开展。依靠传统的人工粗犷式的管理方式已经不能满足新时期高校学生公寓日常管理系统化、精细化的要求。因此，利用学生公寓管理系统与移动终端软件是做好高校学生公寓日常管理工作的重要途径和方法。

* 张赫：长春财经学院学生工作处公寓管理科助理研究员，主要从事学生管理工作研究。高姗：长春财经学院学生工作处公寓管理科助理研究员，主要从事学生管理工作研究。王少雯：长春财经学院学生工作处公寓管理科助教，主要从事学生管理工作研究。刘智新：长春财经学院学生工作处公寓管理科助教，主要从事学生管理工作研究。

一 研发公寓管理系统背景

（一）国内高校的公寓管理系统应用情况

我国的高等教育发展速度很快，但是在各高校学生公寓管理工作方面相对于其他工作较为滞后，这与高校管理层对学生公寓的认识程度、管理理念、资金的投入、工作重心等因素有直接关系。到很多高校学习调研总会看到一种现象，那就是很多高校在教学、科研工作等方面取得了显著的成绩，实验室、仪器设备、教学管理系统等都是一流的，但在学生公寓管理工作方面无任何辅助管理设施，还以传统人工管理方式为主。

有的高校所谓的公寓管理系统是教育教学软件的一个辅助模块，有的是简单的网页页面，有的是OA办公软件等，大部分软件只具有简单查询功能，而且查询功能还不完善。在实际工作中，所谓的公寓管理系统被闲置不用。

（二）国内高校公寓管理系统研究情况

（1）公寓管理系统的研究和开发工作类似于“鸡肋”，并不是主流的研究项目，得不到研发机构的重视。

（2）因为公寓管理系统由受众面、社会价值和经济价值等因素决定，很多高校把该项目的研发作为检验研究生学业成果的论文。大多都是侧重计算机程序设计、网络设计等方面的研究。因缺乏实际运用，很难进行成果转化。

（3）市面上的公寓管理软件基本都是有偿使用型的，基本类似于一般的考勤软件。还有专门从事教育教学管理的软件，受对已往学生公寓认识程度等因素影响，并未把公寓管理方面作为软件的主要内容，有的只是一个具有简单功能的辅助模块。

（4）每个高校对学生公寓管理的模式、方法都不一样，因此，最好的公寓管理系统就需要根据实际使用的学校进行量身定做。而这一点也是目前各高校公寓管理系统使用受限制的最主要原因。

（三）长春财经学院研发公寓管理系统背景

2013年以前，学校在公寓管理工作方面没有任何管理系统辅助。实行的是依靠人工管理的“人治”模式，管理弹性很大，管理人员与学生矛盾突出。

以纸质版作业为主，面对万人大学的住宿管理，有时最基本的学生住宿信息都无法全面掌握。更不要说动态管理了，信息根本无法及时更新。有学生发现了管理方面存在的漏洞，就会做一些违反校规校纪的事情，这给管理带来很大困扰，无法有效地实现公寓育人功能。

无法全面掌握每一名学生在公寓内的日常表现，无法做到细致的量化考核，致使有关管理制度形同虚设，影响了学校法治化建设的进程。

为了强化并完善学生公寓各项管理服务工作，使用相应的公寓管理系统辅助工作已势在必行。但经过到其他高校学习调研，以及在市场寻求，学校并未找到能适用于学生公寓管理的系统，为了破解在公寓管理系统上的瓶颈，于是开启了自主研发之路。公寓管理系统与微信平台运行模式见图1。

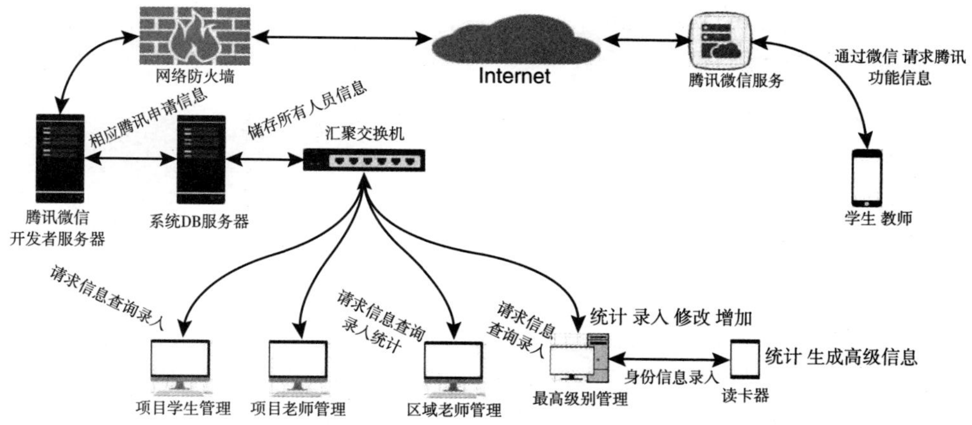

图1　公寓管理系统与微信平台运行模式

二　研发公寓管理系统具备的条件

（一）人员具备的条件

（1）系统设计人员：在一线从事公寓管理工作数年以上，具有丰富的管理经验，熟知学校层面的管理思路，具有法治精神，全面驾驭公寓管理工作模式。

（2）系统开发人员：具备计算机二级C语言或编写简易框架程序能力，精通数据库操作，最好具有微软MCTS和MCITP认证和MySQL的cmdba认证或对MsSQL和MySQL具有一定的理解和操作能力，一般学校计算机以及相关专业的教师均可担当。

（3）测试人员：在一线从事公寓管理工作，熟知公寓管理模式，并能很好地运用法治观念开展工作。

（二）设备、资金条件

（1）硬件条件：专业服务器（可融合虚拟机）或用性能稳定的PC机代替、防火墙、身份证读卡器等。

（2）软件条件：公网 IP、腾讯微信软件 API 组建的 C/S 结构软件、通过审核的微信公众平台等。

（3）网络条件：公网、局域网、单机版，根据信息安全以及工作需要制定。

（4）资金条件：除了必要的软硬件设备外，基本上不需要任何资金。长春财经学院公寓管理系统研发人员都对教育事业充满热爱，义务奉献业余休息时间，不计任何报酬地完成研发工作。

公寓管理系统登录界面见图 2。

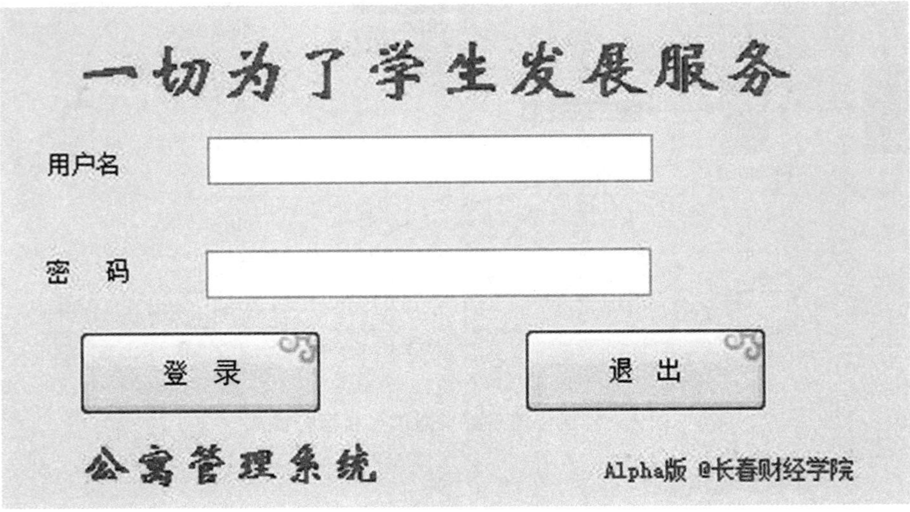

图 2　公寓管理系统登录界面

三　公寓管理系统在学生公寓日常管理工作中的应用与实践

为了阐述清楚公寓管理系统在日常管理工作中的应用情况，本文将对公寓管理系统的功能进行系统阐述。由于公寓管理系统是针对长春财经学院学生公寓管理模式量身打造的，因此在阐述功能过程中会涉及长春财经学院学生公寓管理模式或方法。

（一）信息安全功能

公寓管理系统中的学生信息至关重要，为了防止学生信息外漏，在系统安全方面做如下考虑。

（1）网络方面：防止不法分子通过网络获取信息，服务器设立了防火墙，采用了局域网络，在非校园内公寓办公网络下无法访问公寓管理系统。

（2）操作终端主板绑定：操作者只要第一次在操作终端进行登录系统操作，系统就会识别该操作终端主板以及操作者的账户和密码。即使同一操作者的账户和密码在其他操作终端也无法登录。如因工作需要变更操作终端、账户和密码，需要向拥有该系统最高权限的人员提出申请和备案并进行更改。在非绑定终端操作或账户密码错误则无法登录界面见图3。

（3）设置账户和密码：每名使用管理系统的人员都需要设置独立的账户和密码。

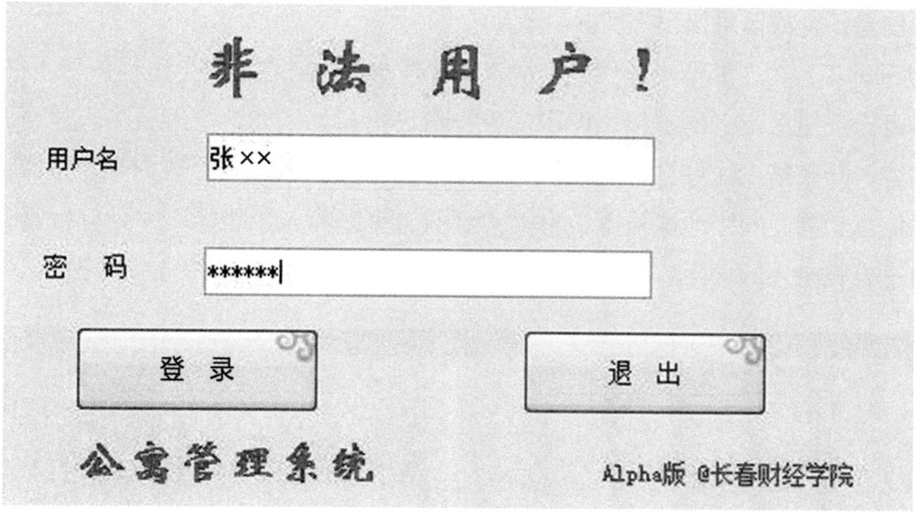

图3　在非绑定终端操作或账户密码错误则无法登录界面

（4）权限限制：根据系统使用者在实际工作中的岗位职责，管理系统设置了最高权限、管理权限、录入权限、汇总权限、查询权限等不同横向与纵向的权限。例如，负责管理某栋学生公寓的辅导员，只能对所负责的公寓学生进行查询和录入等已授权的操作，无法查看并操作其他学生公寓的学生信息。每个系统使用者根据工作不同都有不同的权限界面见图4。

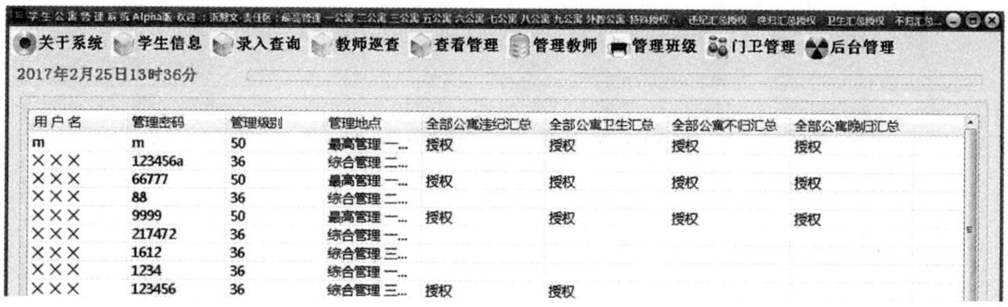

图4　每个系统使用者根据工作不同都有不同的权限界面

（5）实时操作记录：公寓管理系统后台通过数据记录了对系统的所有操作（含最高管理权限），任何人无法修改操作记录。因此，每名系统使用者只在保证自己账户和密码不外泄以及自己操作终端不被他人使用的情况下，可以对任何操作负责，真正做到责任到人。

（二）信息采集功能

（1）手动采集：逐一对学生的信息进行手动录入。此方法适用于更正少量学生信息时使用，不适用于大批量信息采集，而且效率低、错误率高。

（2）导表采集：将学生的信息从招生、教务等部门处获取，然后导入系统使用。存在信息项目不符、信息不全或信息错误等情况。

（3）电子采集：为了获取更适用于日常公寓管理的学生信息，避免出现信息不准确等情况，系统可以与身份证信息读卡器链接，读取学生身份证信息。例如，每年新生入学时，入住公寓就有一项内容，即采集入住信息，这直接获取了学生自然信息、照片等内容。效率高、信息准确、与证件信息相同，间接地核验了学生真实身份，可以为各二级学院、处室批量提供学生信息。采用电子方式录入的学生信息样式界面见图 5。

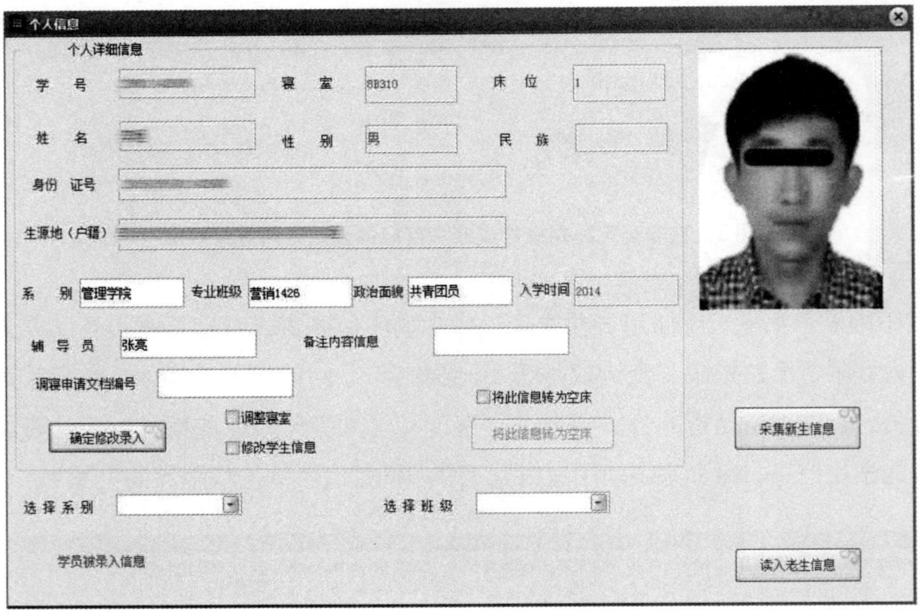

图 5　采用电子方式录入的学生信息样式界面

（三）信息检索功能

（1）学生自然信息检索：可以通过学生姓名、学号、身份证号、寝室号、床位号等信息检索出学生全部信息，包括学生所在学院、专业班级、辅导员、身份证地址、证件照片、民族、入学年份、政治面貌等所有信息。按部分条件检索信息界面见图 6。

（2）住宿信息检索：由于学生有休学、退学、参军等情况，按照学校有关规定，离校期间是不保留床位的，待复学后重新分配，因此，公寓管理系统能准确检索出学生公寓住宿情况，如寝室余量、空床余量、学生入住量等信息，可以为学校每年招生工作决策提供数据支撑。虽然学生因休学、参军等情况从系统中被删除，但所有信息在后台予以保留，以记录其离校时状态，待复学后办理完相关手续可以直接从系统中恢复。

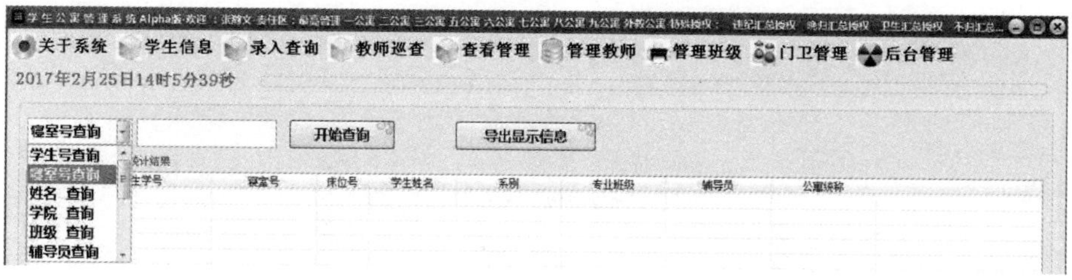

图 6　按部分条件检索信息界面

（3）其他信息检索：可以用学院、专业班级、辅导员等条件检索出有关信息。

信息检索功能无论是横向查询，还是纵向查询，均可满足日常工作需要，而且在实际工作中还为学校其他部门提供了诸多帮助。公寓管理系统已成为学校最强大的学生信息库。

（四）信息修改功能

（1）单人信息修改：例如，学生基本信息出现问题，可以对其进行有针对性的修改。修改学生信息界面见图 7。

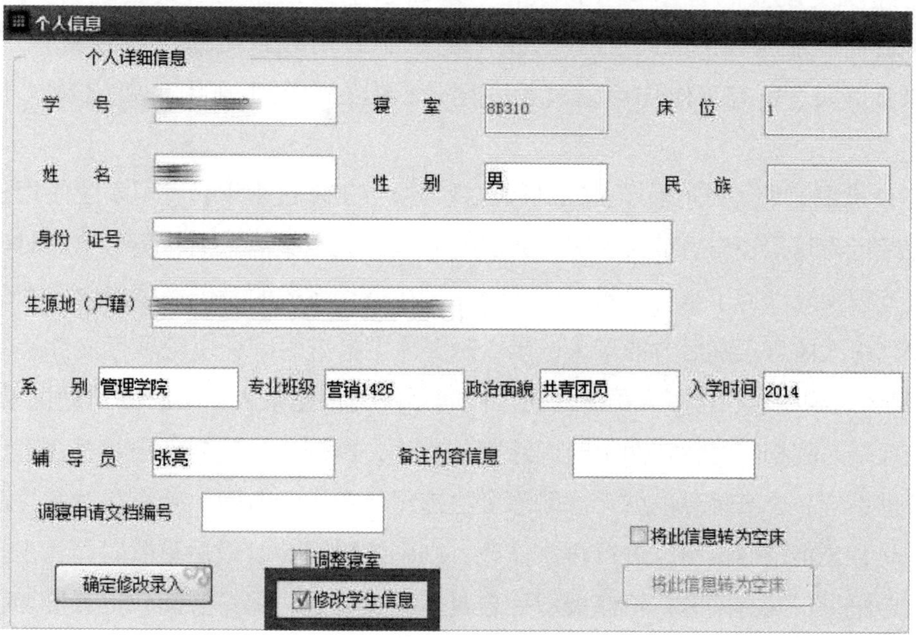

图 7　修改学生信息界面

（2）批量信息修改：例如，学校每年根据工作需要，会对工作人员进行调整，辅导员经常因工作需要产生变动，公寓管理系统可以“一键式”修改辅导员带班信息。修改班级导员界面见图 8。

图 8 修改班级导员界面

（五）信息记录功能

1. 公寓辅导员记录项目

长春财经学院设立的公寓辅导员岗位，隶属于学生工作处公寓管理科。主要负责学生公寓日常管理与服务工作和学生在公寓内的思想政治教育工作，是公寓管理科派驻各公寓的主要负责人。所有工作均可通过系统记录，但在实际工作中主要记录以下两项工作内容。

（1）违章违纪记录。公寓辅导员在例行巡视与检查工作过程中，发现学生使用违章电器或存在其他违纪行为时，经与当事人了解有关情况并核实完相关信息后，务必第一时间将学生违纪情况录入管理系统。为了避免出错，公寓辅导员在录入系统的时候需要进入一个信息核对界面，在确保当事人信息正确后方能录入，录入时要注明检查时间、违纪项目（如违章电器或其他违纪）、具体违纪内容、检查人员等信息。同时系统会根据录入完毕时间自动记录录入时间，这样可以与检查时间相比对，若两个时间跨度较大，公寓辅导员就要做出相关合理说明。只要录入公寓管理系统，公寓辅导员就无法删除学生违纪信息。一方面，若存在对某件违章违纪事件补充说明时，公寓辅导员可以进行再次修改，则系统时间会以最后更改时间为准。所有操作过程均在后台记录，如有问题，可以调取后台具体操作信息。另一方面，也直接加强了公寓辅导员廉洁自律建设，有效地预防了公寓辅导员违背师德甚至腐败的情况发生。违章违纪记录模块界面见图 9。

（2）寝室内务记录。学生寝室内务优劣是学生公寓内大学生思政教育工作成效的直观反映。为了提升寝室内务质量，很多高校都把寝室内务纳入大学生日常品德考核体系，都强调量化考核，但到具体实施过程中显得捉襟见肘以及力不从心，因为这项工作需要一个强大的管理系统做支撑。寝室内务的管理决不能抓“两头”，放“中间”，要精细化到每一个学生才公平，才有效果，才有教育意义。

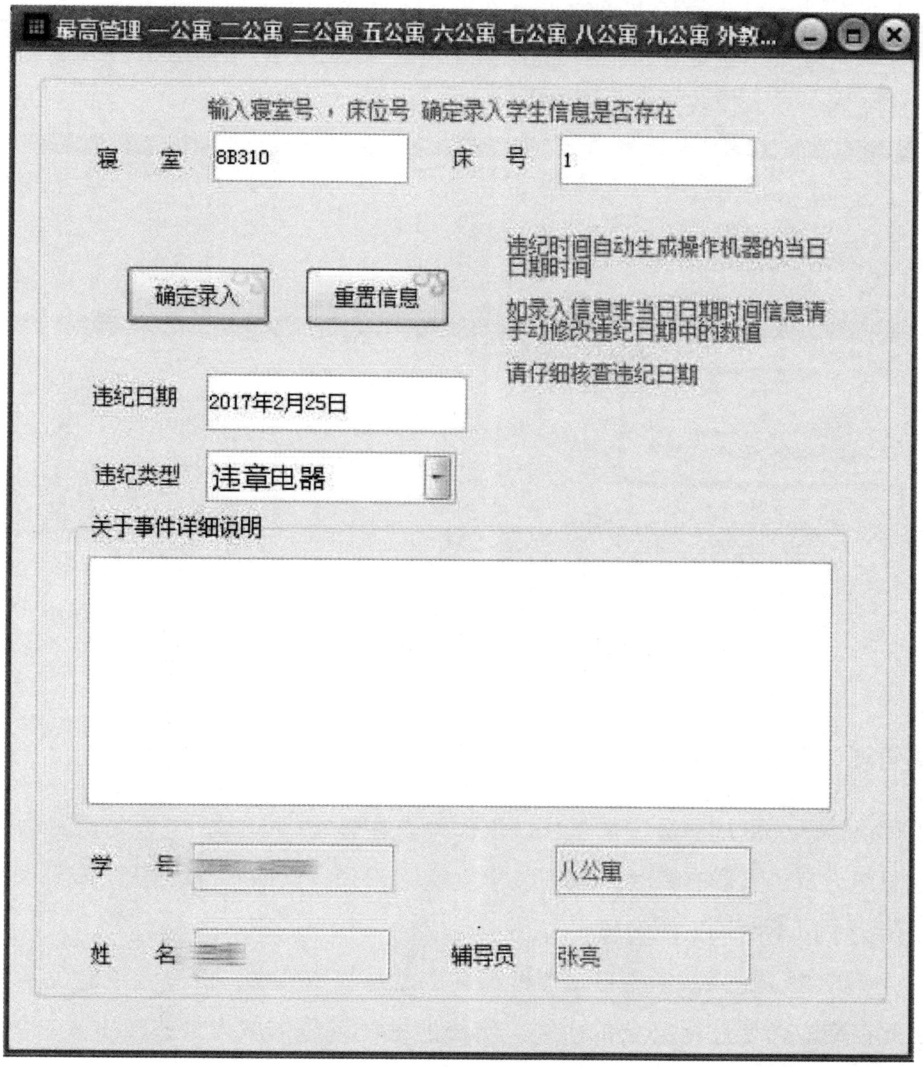

图 9　违章违纪记录模块界面

为了达到这一目的，学校重新修订了《学生寝室内务标准（试行）》，此文件破除了已往的教条、形式、刻板、被管理者无法执行、管理者无法执法的内容，完全变成一个引导型的管理规定，允许学生在某方面有不达标的情况，但总体上要达到标准。

该文件一共涉及 21 条，每一条赋予相应的分值，满分 100 分。每一个检查周期（一次）结果分值小于 80 分，则学生未达到文件要求，根据学校的《学生思想品行考核规定》，每次内务不合格者扣思想品行分 2 分。

面对万人的学生公寓，如何做好这项工作呢？学校规定公寓辅导员每周（一般五个工作日）务必将所负责公寓各个寝室每个学生内务检查（抽查）一次，检查结果录入公寓管理系统，由公寓管理系统自行计算合分。

公寓辅导员只需要记住规定 21 条的具体内容，然后持有只有寝室号、床位号以及 21 个数字的《检查单》去检查，在不合格的项目上做标记，检查完毕后，通过公寓管理系统在相应的位置点击，确定录入完毕后，系统会自动记录录入时间（检查时间）、核算具体分值、扣分具体项目等内容。寝室内务录入模块界面见图 10。

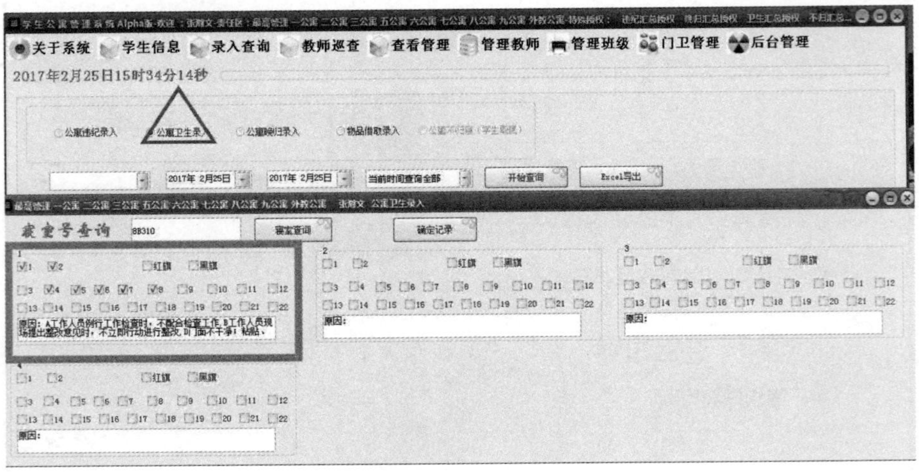

图 10　寝室内务录入模块界面

2. 公寓管理员（门卫）记录项目

公寓管理员协助公寓辅导员日常工作，工作地点在公寓门卫室。主要负责日常的外来人员辨别、学生思想教育、人群高峰时段疏导、学生晚归管理、借取物品、报修登记等工作。在实际工作中主要记录以下两项工作内容。

（1）学生借取物品记录。学生日常借取最多的就是寝室钥匙，而寝室钥匙关系到学生公寓的安全，因此在借取时要履行必要的手续。传统的做法就是借取人务必持本人有效证件借取，如果借取人的有效证件没有随身携带，那就会非常麻烦，这常常使学生不理解，容易造成误解，更重要的是无法体现出服务的理念。

为此，在公寓管理系统内设置了“借取物品”模块，在学生未带本人有效证件的同时也可以借取钥匙，只需要向管理员提供必要的信息，公寓管理员核对后录入系统即可借取，还有简单工具等物品也可借取。这样系统内就会有详细的借取记录，做到有据可查。公寓管理员登录界面见图 11。借取物品录入模块界面见图 12。

（2）学生晚归寝记录。学生在校期间晚归寝是重点管理工作。长春财经学院规定学生每天要在 22：30 之前回到公寓，未在规定时间进入公寓者记为违规，按照《长春财经学院学生违纪处分规定》，在考核周期内晚归寝累计达到不同次数者，将受到不同的纪律处分。

在实际工作中，有的学生为了逃避检查，晚归时进入公寓填写假信息，不出示证件，用各种方式对抗公寓管理员的管理，更重要的是在信息统计上完全做不到精细化，不能很好地落实

图 11　公寓管理员登录界面

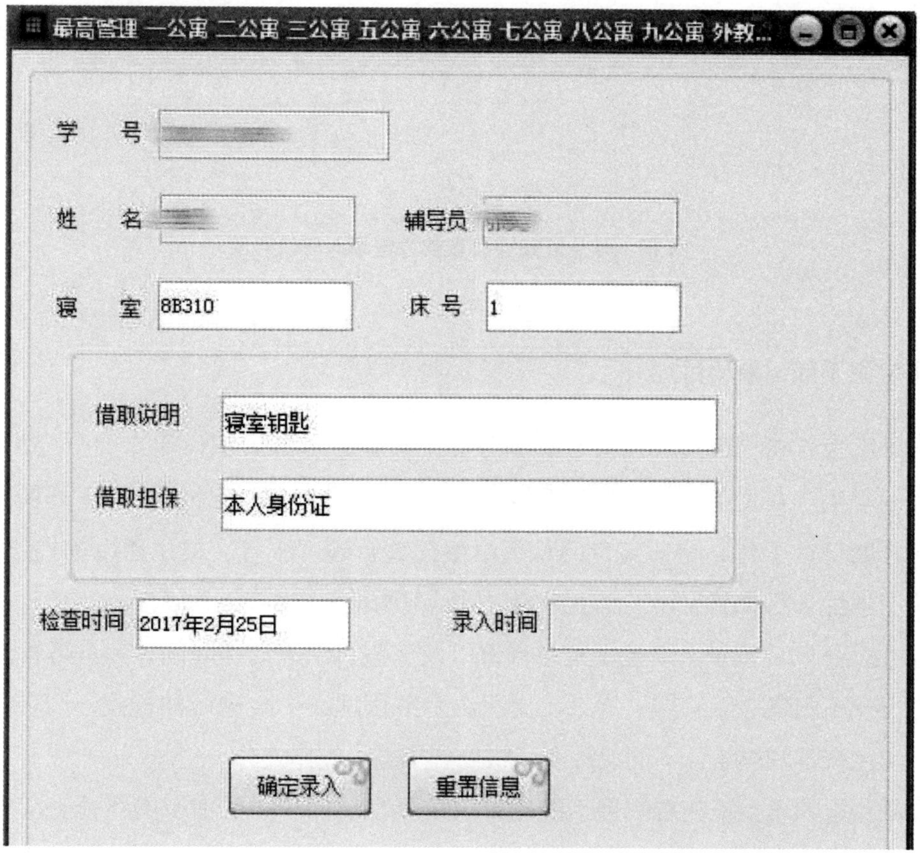

图 12　借取物品录入模块界面

学校有关规定。

为了维护校规校纪，做好晚归寝学生的接待工作，减少矛盾的发生，为专职辅导员提供学生动态，公寓管理系统设置了“晚归寝”模块。学生晚归时，不需要出示有效证件，只需要提供寝室号、床位号等简单信息，公寓管理员即可调出学生具体信息与本人核实，核实后点击录入按钮，系统自动记录晚归。晚归信息会通过其他途径（其具体途径后面详细叙述）反馈给学生所在学院以及辅导员，累计达到不同次数者将受到不同纪律处分。学生晚归寝核查信息与录入模块界面见图 13。

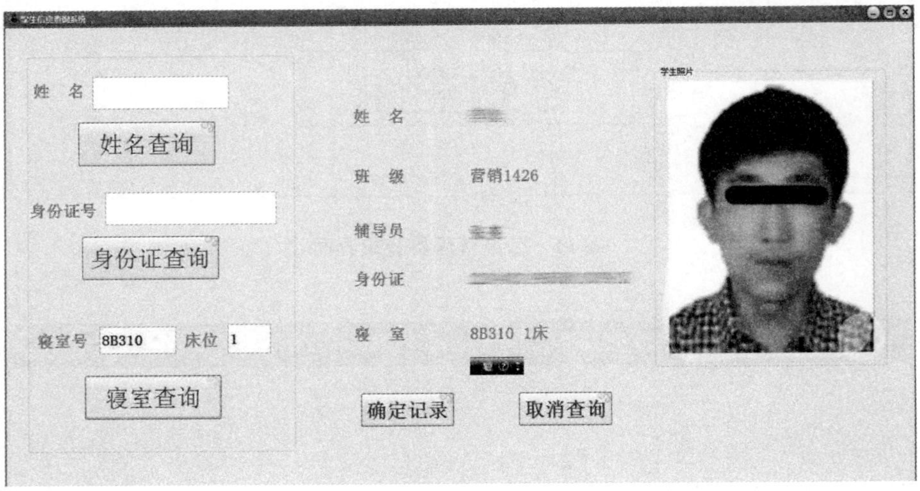

图 13　学生晚归寝核查信息与录入模块界面

3. 公寓学生干部记录项目

为了引导学生养成“自我管理、自我服务、自我服务”的习惯，建立健全公寓管理队伍，由学校倡导，学生自发成立了舍务管理委员会。该组织在学生工作处的指导下开展工作，协助公寓管理科开展日常工作，是一支专门从事学生公寓管理、服务、文化建设的校级学生组织，成员身份属于学生干部。在实际工作中主要记录以下两项工作内容。

（1）学生夜不归寝记录。学校规定每周日以及节假日结束返校时间，由舍务管理委员会对全校学生进行夜不归寝检查工作，周二、周四由舍务管理委员会进行抽查夜不归寝工作。在考核周期内，学生夜不归寝累计不同次数者，将受到相应的纪律处分。

只有指派认定的学生干部有使用系统的录入权限，他们只需要根据最终检查汇总单据上面的学生寝室号和床位号锁定学生信息，对单据上的人员信息进行核对，信息一致者将被暂时录入“夜不归寝”模块当中。后续操作将由负责该项工作的公寓辅导员操作，具体内容将在后面详细阐述。学生夜不归寝录入模块界面见图 14。

（2）寝室内务记录。学校每周二下午将进行全校性的寝室卫生大扫除工作，大扫除工作结

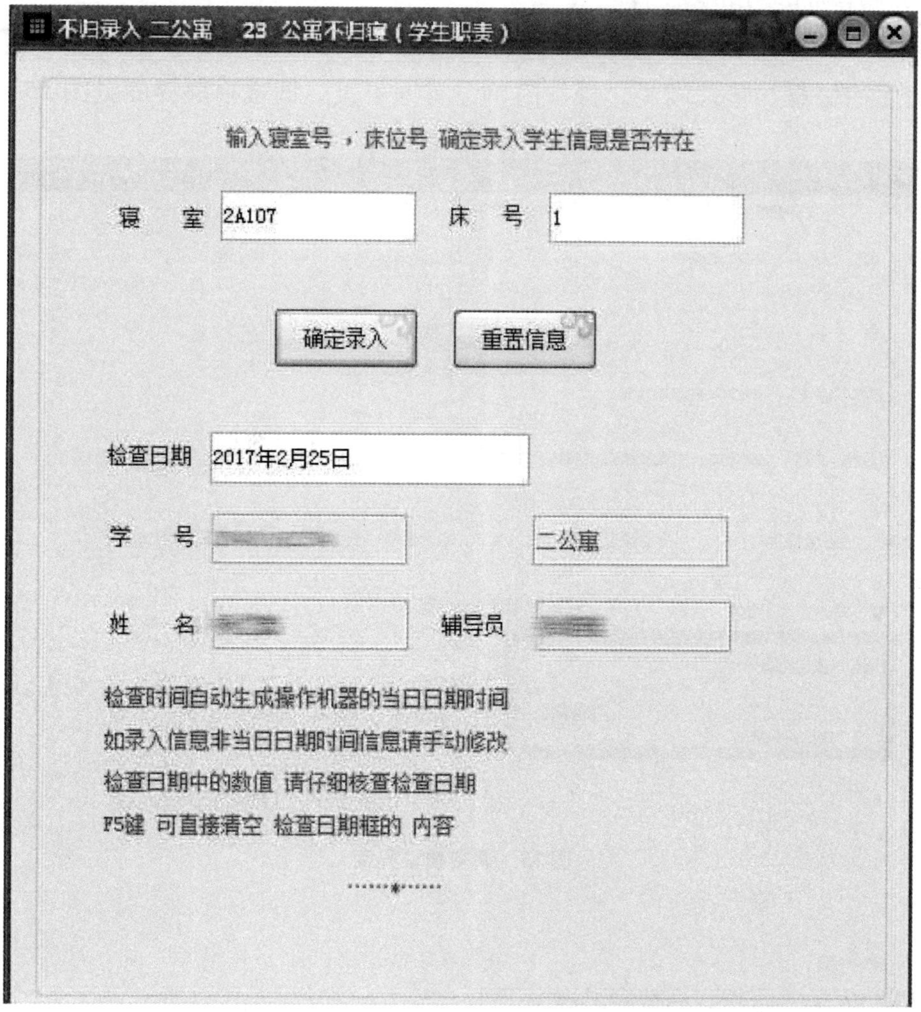

图 14 学生夜不归寝录入模块界面

束后将由舍务管理委员会对全校学生寝室进行检查，检查内容、检查标准、检查过程、检查结果处理与公寓辅导员在寝室内务检查工作都完全一致，不再阐述。

此外，违章违纪记录。学生干部也有监督检查违章违纪的工作内容，由于工作原因，未让学生干部参与违章违纪的记录工作。学生干部在工作中若发现有违章违纪的情况，则在向公寓辅导员汇报后，由公寓辅导员做后续的处理工作。

（六）调寝功能

学生调寝工作是管理工作的一部分，一般分为由于学校整体工作安排的集体调整寝室和学生由于周围环境等因素的个人调寝。在学生个人调寝工作上程序较为严谨，学生需要书面提出合理的理由，经公寓辅导员、专职辅导员调查、了解、调节等一系列程序，学生所在学院进行审批，且报公寓管理部门备案。

公寓管理系统针对此情况设置了“调寝”模块，可以使在动态管理工作中不出现问题，能保证住宿信息与管理同步，操作简单，有据可查。调寝模块界面见图 15。

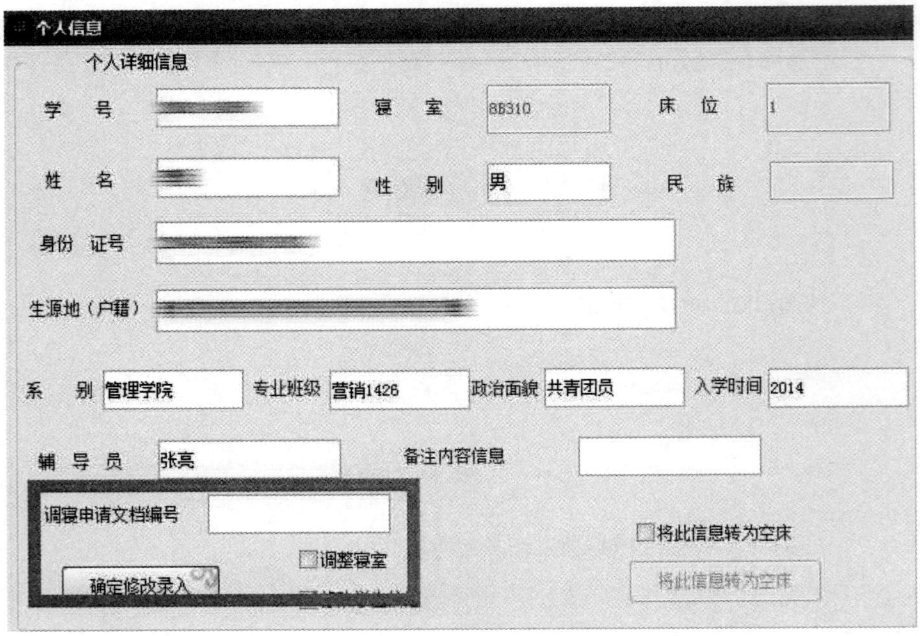

图 15　调寝模块界面

（七）辅助大学生思想政治教育进寝室工作

专职辅导员进寝室开展工作是高校大学生思想政治工作进寝室的重要且有效途径。学校要求专职辅导员每周到学生寝室开展工作且保证次数和质量，并有记录。已往的做法是在各公寓办公室设立一个登记本，专职辅导员进公寓后主动登记。但时间一久，就出现了形式主义、疲于应付、缺失监管等情况。

为了避免此类情况的发生，公寓管理系统设置了“专职辅导员登录”模块。每个专职辅导员有单独的登录界面密码，需在公寓辅导员授权的情况下才能登录。专职辅导员第一次登录时，则系统记录进公寓开始，当专职辅导员工作完毕时再次登录并记录完工作内容时，则系统记录进公寓结束，即专职辅导员进公寓 1 次完成，并有详细的工作记录和工作时间。该系统模块同时避免了一个专职辅导员在同一时间段内在多处公寓办公室登记的可能性。非专职辅导员本人登录时，公寓辅导员也不敢授权登录，相互有连带责任。这样公寓管理系统有效地辅助了大学生思想政治教育进寝室工作。专职辅导员登录模块界面见图 16。

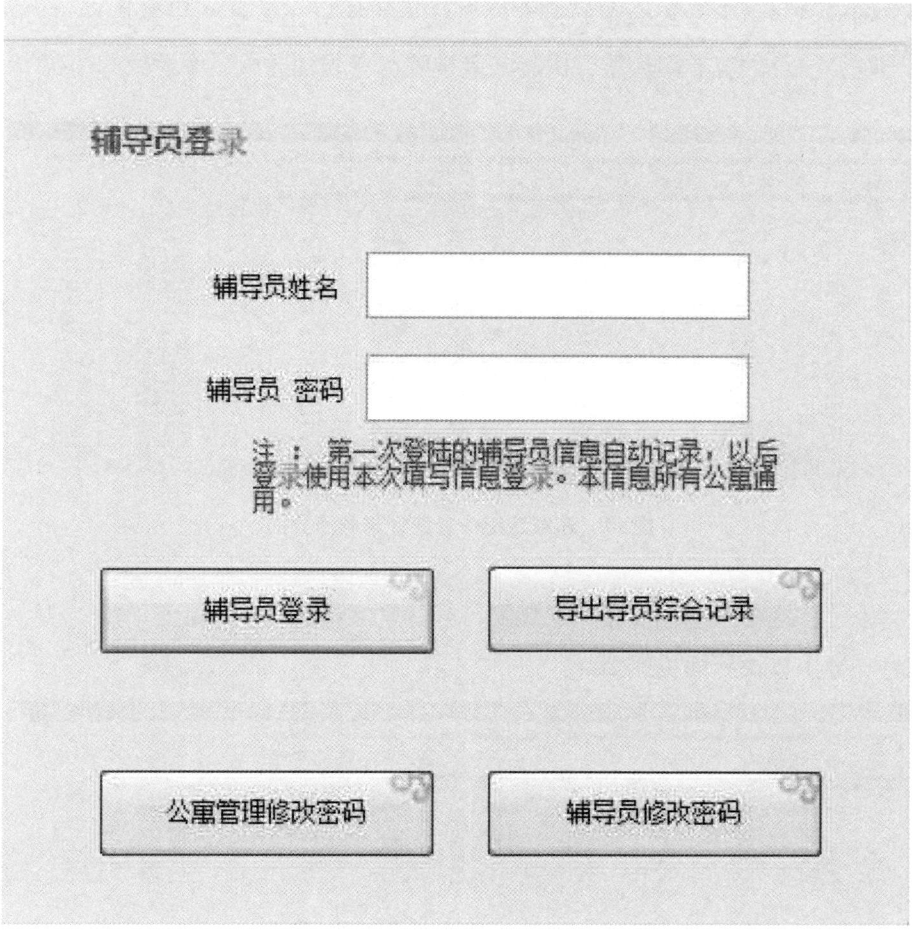

图 16 专职辅导员登录模块界面

（八）数据统计与导出功能

数据统计是公寓管理系统最重要的功能，能为日常管理工作提供翔实有效的客观支撑，是今后调整工作方向的数据基础，是各项工作取得成绩的重要体现。

1. 违章违纪信息统计与导出。由一名公寓辅导员兼职负责此项工作，每天定时查看、审核各公寓录入的学生违章违纪信息，对不清楚、有疑问的内容进行横向沟通，使各项数据完备，并及时向学生工作处递交学生违章违纪信息表，由学生工作处向违章违纪学生所在学院下达《违章违纪通知单》，由学生所在学院按照有关规定启动处理程序并按时反馈处理建议，经学生处分管理委员会最终下达处理结果。

在最终处理结果下达前，公寓管理部门可以随时向学生工作处调取各学院处理建议，对处理建议存有异议的，可向学生工作处重新提出诉讼。违章违纪信息统计与导出界面见图 17。

2. 寝室内务信息统计与导出。由一名公寓辅导员兼职负责此项工作，每周工作结束前，将一周内各公寓辅导员与学生干部检查的寝室内务结果直接导出，将结果直接通过办公群的方式发到各二级学院，信息内容非常完整，供各二级学院、专职辅导员了解学生的情况。

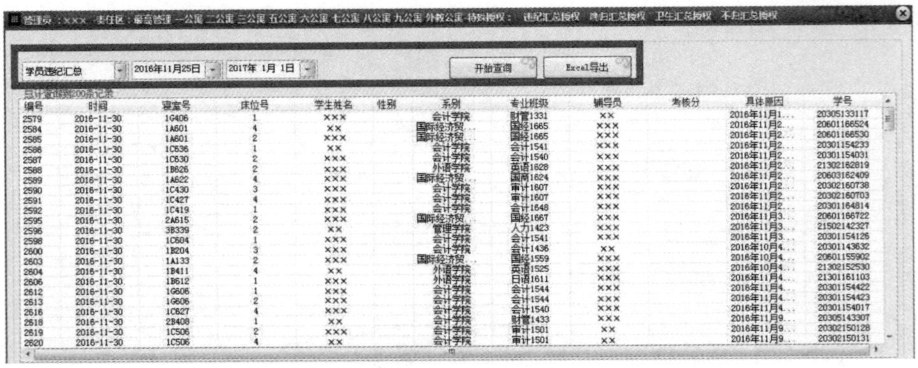

图 17　违章违纪信息统计与导出界面

同时，将因寝室内务未达标而扣除思想品行分的学生信息送至学生工作处，并做扣分处理。寝室内务信息与导出模块界面见图 18。

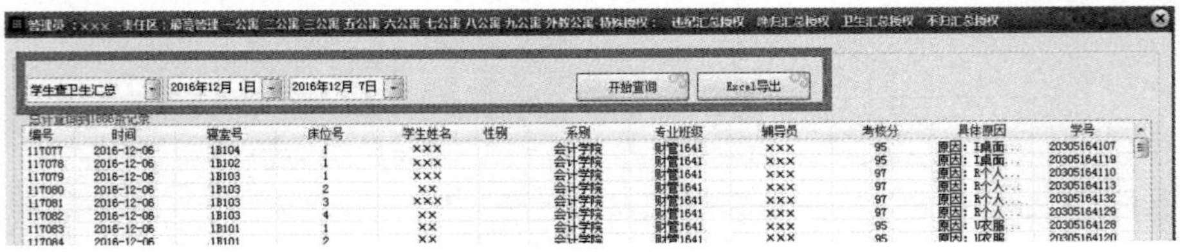

图 18　寝室内务信息与导出模块界面

3. 晚归寝信息统计与导出。由一名公寓辅导员兼职负责此项工作，每个工作日的早上第一时间都会查看并审核学生夜间出入的信息，对履行请假手续的学生信息予以剔除，将夜间出入的信息导出，通过办公群的方式发到各二级学院、专职辅导员处，由专职辅导员对无正当理由夜间出入的学生进行了解与核实情况。

每个检查周期公寓管理系统都会统计出因晚归寝累计次数达到纪律处分的学生信息，并送到学生工作处按照有关程序处理。晚归寝信息统计、导出与销假模块界面见图 19。

4. 夜不归寝信息统计与导出。由一名公寓辅导员兼职负责此项工作，检查工作结束次日第一时间查看并审核学生夜不归寝信息，对履行请假手续的学生信息予以剔除，将夜不归寝学生的信息导出，及时反馈给各专职辅导员，马上启动对夜不归寝学生的调查了解、教育等工作。

每个检查周期公寓管理系统都会统计出因夜不归寝累计次数达到纪律处分的学生信息，并送到学生工作处按照有关程序处理。学生夜不归寝信息统计、导出与销假模块界面见图 20。

5. 专职辅导员进公寓信息统计与导出。公寓管理系统可以对专职辅导员进公寓的情况做详细的统计，可以统计出在任意时间段内专职辅导员进公寓的次数、累计时间、具体开展工作情况。专职辅导员进公寓信息统计与导出模块界面见图 21。

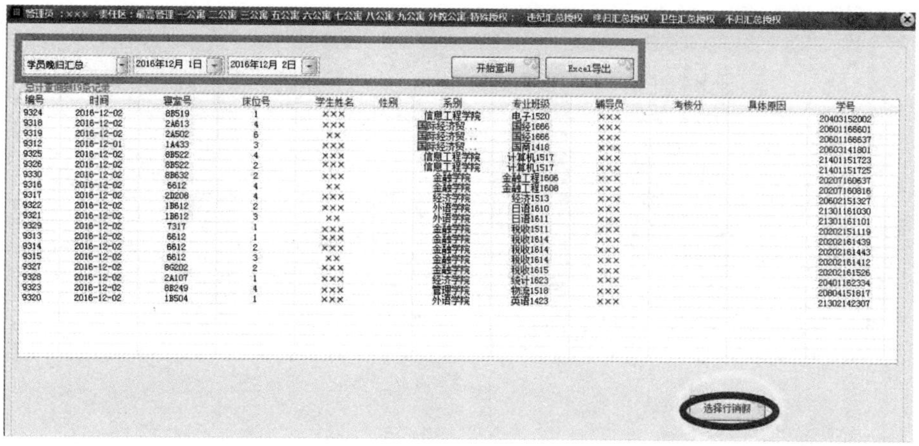

图 19　晚归寝信息统计、导出与销假模块界面

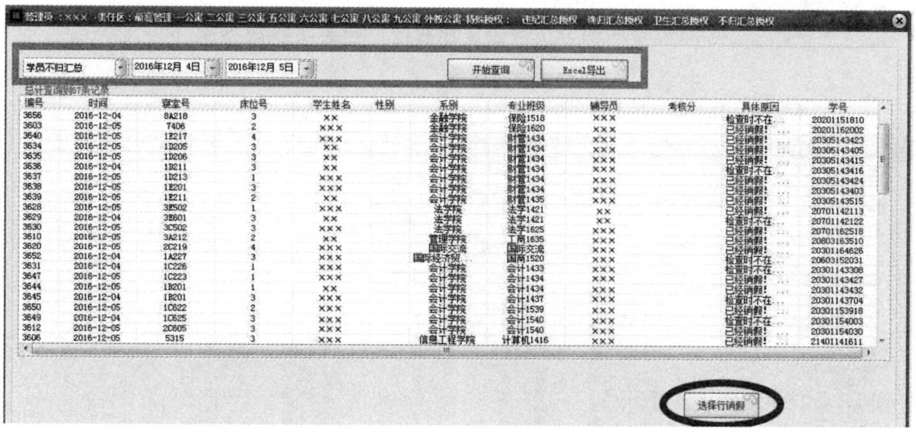

图 20　学生夜不归寝信息统计、导出与销假模块界面

6. 与其他管理系统的信息对接导入。因学校目前教学、教育管理系统依托于“X 果”系统，为了有效、顺利地开展落实各项工作，节省系统与系统对接二次研发成本，公寓管理系统专门针对“X 果”系统的信息导入形式，制定了相匹配的信息导出模式，可以将公寓管理系统的有关信息导出后直接导入“X 果”系统，有效发挥“X 果”系统在日常教学教育管理工作中的重要作用。与“X 果”系统对接模块界面见图 22。

7. 专职辅导员绩效考核统计与导出。学校将学生在公寓内的表现纳入专职辅导员绩效考核的重要项目，其系统内每个专职辅导员的数据是作为该项考核成绩的重要依据。管理系统可以将每个专职辅导员所带学生在某一时间段内违纪数量、寝室内务合格率、晚归寝数量、夜不归寝数量、进公寓开展工作等情况做整合式统计。也可将有关考核项目以二级学院为单位进行整合统计，作为各二级学院评比的重要数据依据。为上级部门及领导在工作方向、队伍建设、人员调整甚至重大问题决策上提供了强有力的客观数据基础。

8. 其他信息统计与导出。公寓管理系统不仅着眼于本身工作的信息统计功能，还着眼于学

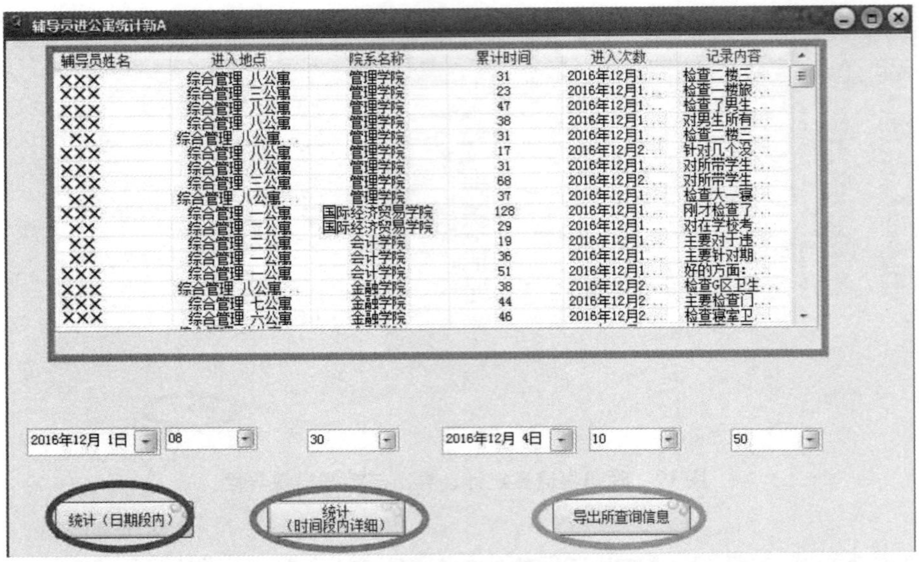

图 21　专职辅导员进公寓信息统计与导出模块界面

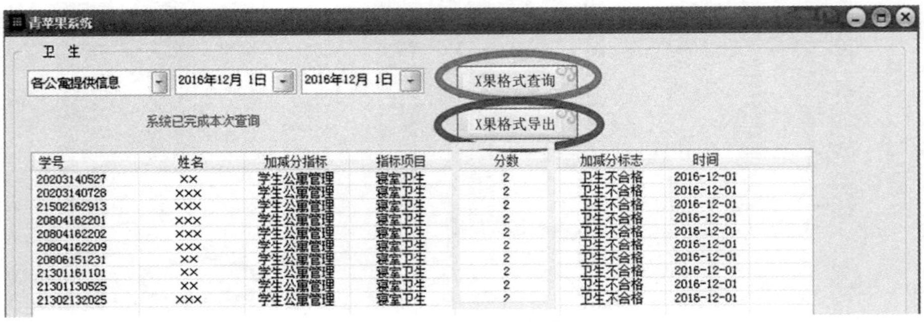

图 22　与“X 果”系统对接模块界面

校其他工作，在实际工作中为学校其他单位提供诸多的帮助和便利。例如，按照学院、辅导员、行政班级、民族、生源地、各公寓楼层（区域）住宿等诸多横向或纵向条件进行数据统计与导出，甚至根据其他部门特殊要求到数据库进行条件更为复杂烦琐的信息统计与导出。其他信息统计与导出模块界面见图 23。

图 23　其他信息统计与导出模块界面

9. 定制花名册打印。鉴于管理工作的需要，为了防止由于电路、网络等产生的管理系统暂时无法使用却又不能影响工作的情况，为此给管理系统增加了定制花名册打印功能（在后台操作），预先将所有学生信息按照设定模式打印并装订成册，以备工作需要。比已往采用收集学生照片，手动填写名册工作方便了许多。学生花名册打印模块界面（网页版）见图 24。

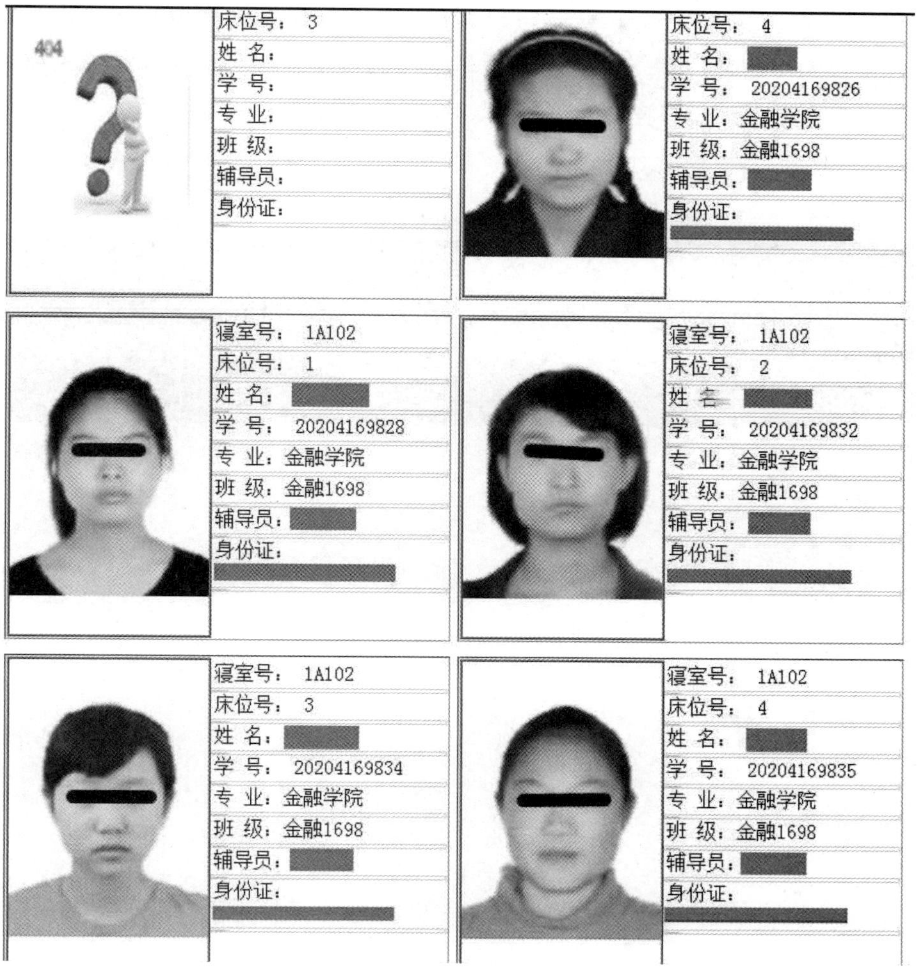

图 24　学生花名册打印模块界面（网页版）

四　微信平台在学生公寓日常管理工作中的应用与实践

（一）利用微信平台开展日常管理服务工作的背景

腾讯旗下的微信软件已经成为主流通信方式，更是一个自媒体平台，微信软件的订阅号、服务号、企业号功能已经深入人们的日常生活，非常受当代大学生的欢迎。为了迎合时代的要求，以大学生的日常需求为服务导向，产生了使用微信订阅号辅助日常公寓管理工作的想法。

1. 申请微信订阅号之初只是简单地发一些信息、通知等内容，受学生关注度不高。为了吸引更多学生关注，将每月缴纳超支电费的消息放在微信平台上发布，但也效果不好。

2. 在公寓管理系统研发和实践过程中，出于对管理系统部分模块在学生使用率、使用效果等方面的考虑，未开发针对学生查询使用的客户端。但在实际工作中有学生提出对管理系统客户端的需求。

因此，基于以上两点情况考虑，最终将公寓管理系统与微信平台成功对接，并使微信平台成为公寓管理系统的移动客户端。目前“长财学工”微信平台已经成为学校官方微信平台，其研发的实用功能和日常内容深受师生喜爱。

“长财学工”微信平台信息见图 25。

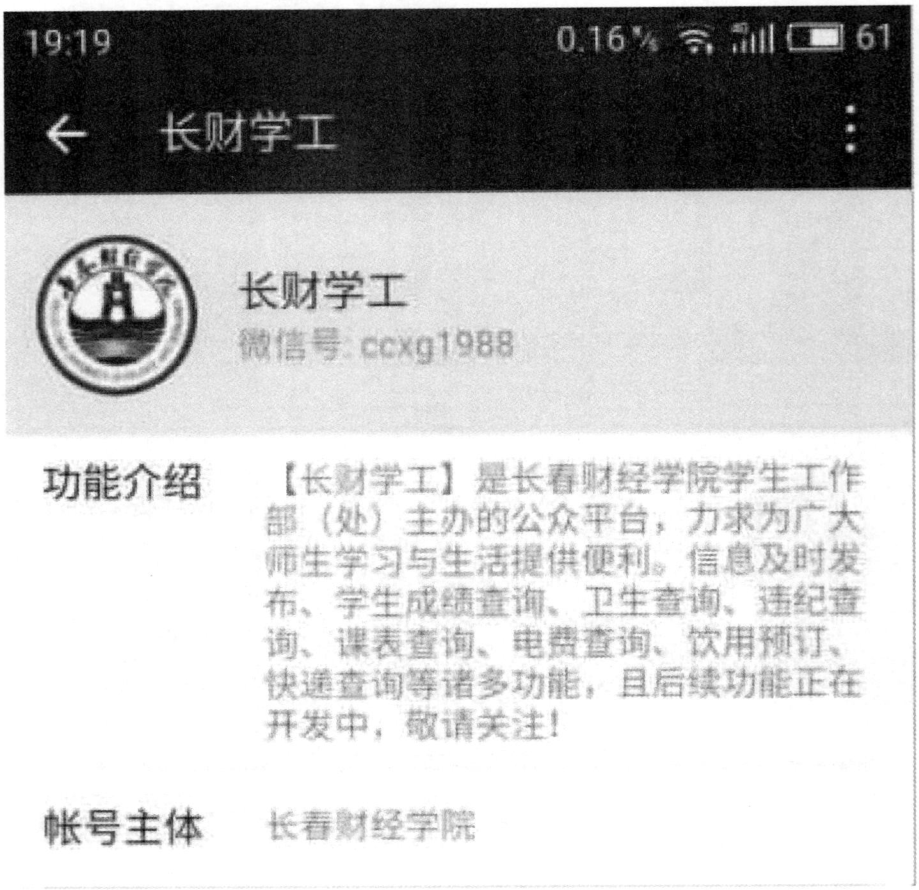

图 25　“长财学工”微信平台信息

（二）公寓管理系统与微信平台对接的条件

1. 资金条件：只需要微信公众平台在认证过程中支付第三方机构认证费用即可，使微信平台认证成功后具有菜单栏功能以及其他功能。

2. 技术条件：前面已经叙述，并熟知微信平台的操作。

（三）微信平台具有的功能

为了使公寓管理系统与微信平台在日常管理中发挥最大效果，不仅让微信平台成为学生使用的查询客户端，还使其成为专职辅导员与学生工作处领导的查询客户端，不同查询群体的使用界面和查询结果也不相同，使信息能及时有效地传达到不同群体当中，做到各取所需。

1. 学生使用功能。学生在关注“长财学工”微信平台后，直接输入自己的学号，系统就会自行绑定，便可使用。

（1）学生可以时时查询自己在公寓内的表现情况，如违章违纪、寝室内务、晚归寝、夜不归寝、寝室用电情况。只要公寓管理系统有学生的记录就会显示在学生查询结果上。

微信平台学生使用功能及信息查询显示界面见图26。

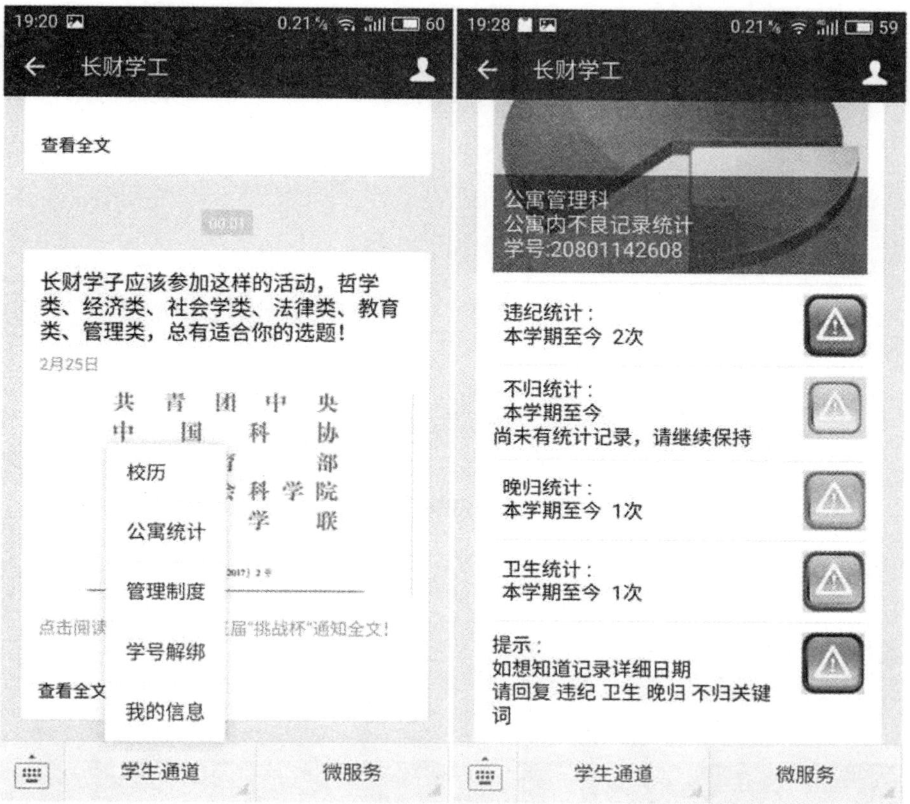

图26　微信平台学生使用功能及信息查询显示界面

（2）除了以上与公寓管理有关的功能外，还为学生开发了校历、课表、考试安排等诸多学生需要的功能，以便于学生的日常需求。

（3）开通了人工客服功能，学生可以在平台上咨询、反映问题，这为学生解决了在校期间的学习和生活上的诸多问题。

2. 专职辅导员使用功能。为了便于专职辅导员及时了解学生在公寓内的表现情况，做到全天候、全方位了解学生。专职辅导员可以使用微信平台，按照不同时间段等条件查询所带全部学生在公寓的表现情况，系统还每天定时给专职辅导员发送一天内的学生在管理系统内的各项记录情况。微信平台专职辅导员查询显示界面见图27。

3. 学工系统领导使用功能。为了便于学工系统领导日常掌握专职辅导员在公寓管理方面的

图 27　微信平台专职辅导员查询显示界面

工作表现情况以及更直观地了解所带学生基本状态。学工系统领导可以按照不同时间段等条件查询专职辅导员在公寓工作方面的全部数据，做到时时、客观、公正地了解和掌握。微信平台学工领导查询显示界面见图 28。

图 28　微信平台学工领导查询显示界面

五　公寓管理系统与微信平台在学生公寓日常管理中的创新之处

（一）与管理模式相匹配

任何一个好的管理系统，最重要的一点就是在实际工作中发挥有效的作用，为管理工作服务。要达到此目的，就务必使管理系统的所有模块功能完全与管理模式、方法相匹配，即量身定做的管理软件。

（二）公寓管理系统与微信平台相结合

经过研发，使微信平台成为公寓管理系统的一个移动查询客户端，以学生需求为导向，将管理系统的功能融入学生日常学习生活当中，为学生公寓的育人功能服务。

（三）辅助大学生思政教育进寝室

该功能在一定程度上破解了以专职辅导员进寝室为重要途径的大学生思想政治教育进寝室工作的监督、管理上的难题。

（四）精细化管理每一个学生

打破传统管理系统的粗犷式管理思维，使每个学生的管理都在系统之中，把针对每一个学生的精细化管理变成可能。

（五）与其他管理系统相适应

公寓管理系统定位于服务角色，着眼于全校的教育教学工作，为学校其他各项工作服务。因此，在无法完成系统与系统联通的情况下，就要完全适应并融入其他教育教学管理系统。

六　公寓管理系统与微信平台在学生公寓管理中的应用价值

（一）管理价值

公寓管理系统有效地将学生公寓各项管理与服务工作联动起来，推动了各项工作有效落实，提高了工作效率。

（二）服务价值

公寓管理系统不仅辅助了学生公寓管理人员的工作，还为学生、专职辅导员、各二级学院、部门甚至学校领导提供了一种服务，这种服务是通过数据体现出来的，符合时代教育背景及教育环境。

（三）教育价值

公寓管理系统从功能模块上看更多的是注重对学生进行管理，其实深层次的是在借助公寓管理系统将学校各项规章制度贯彻执行并落实到位，以前依靠人工不能完成的工作通过公寓管理系统进行完善。例如寝室内务方面的管理，学生寝室内务不达标，表面上是学生内务的脏乱差，实际上是学校以法制建设为重要体现的法治精神的缺失。公寓管理系统表面上是在依照并维护学校各项规章制度，实际上是教育管理者和被管理者都应培养和具有法治精神。

（四）监督价值

公寓管理系统在实际工作中不仅对学生进行监管，同时也对与工作相关的人员进行监管，如管理员、公寓辅导员、专职辅导员等，使各项工作通过系统的转换形成一个透明的工作程序，有效地预防了违规操作，工作人员因利益或情感驱使而造成有损师德甚至腐败情况的发生，保障了学生在校期间接受平等、公正的教育的基本权利。

七　公寓管理系统的不足之处与改进思路

此公寓管理系统经过近 4 年的时间，通过实践进行不断地改进和升级，仍有不完善的地方，有待进一步完善。

（一）不足之处

1. 因开发、授权等问题，公寓管理系统并未与学校其他教育教学系统直接对接，中间需要进行二次转换才能与其他管理系统对接。

2. 暂时未开发针对后勤维修项目的“报修”模块，这需要跨部门统筹协调，甚至需要改革后勤部门管理模式。

3. 暂未开发管理者移动终端录入模块，还是采用传统的 PC 机固定终端录入模式。

（二）改进思路

1. 继续利用微信平台代替公寓管理系统的 APP 客户端，使现有的微信平台由查询功能升级到兼容录入功能，管理者可以用手机微信随时将工作内容记录到公寓管理系统，提高工作效率。

2. 增加公寓管理系统“报修”模块，与学校后勤部门协调，使学生需要的后勤服务工作通过线上进行，使后勤服务工作做到网络化、及时化、高效化。

The Application and Successful Practice of Apartment Management System and WeChat Platform in the Daily Management of Student Apartment: Take Chang Chun University of Finance and Economics as an Example

Zhang He, Gao Shan, Wang Shaowen, Liu Zhixin

Abstract: In order to improve the service quality and management level of the student apartment, make sure that the service and management work of the student apartment will guarantee the work of the school's teaching center, full play the education function of the apartment, make the work become informationized, systematized and refined, the apartment management division of Chang Chun University of Finance and Economics has researched and developed "Student Apartment Management System" within the past four years. It has designed, tested, debug and improved the system in practice. Now the "Apartment Management System" has been developed to match the daily management concepts, patterns and methods of student apartments. And it is suitable for the "X Fruit" software used in teaching education. The system can be connected to WeChat public platform, making WeChat the client of the apartment management system. The system has many features such as it has an advanced design concept, simple technology, less investment; it is tailored, practical and safe. It has universal representativeness and reproducibility and is easy to be followed and promoted. This paper focuses on the practical application of WeChat platform and "Student Apartment Management System" in daily apartment management in Chang Chun University of Finance and Economics, which involves the student apartments management concept, management mode, methods, specific instances and so on, technology and hardware problems are less concerned. It is hoped that this paper could provide a helpful reference for the daily management of college students' apartments.

Keywords: Independent Research and Development; Apartment Manages System; WeChat Platform; Student Apartment; Daily Management; Innovation; Application and Practice

高校学生工作研究
2018 年　第 1 期
第 172～176 页

体育竞技对大学生人文精神培养的实践与思考

田　进*

摘　要： 当代大学生对知识的学习更加丰富和系统，但竞争意识与冒险精神有所削弱。竞技体育精神以其充满个性魅力的行为方式对大学生人文精神的培养产生深刻的影响，是其他校园文化难以企及和替代的。为充分发挥体育活动育人作用，笔者对以竞技运动促进和加强大学生人文精神培养进行了大量的思考和实践。结合多年学生工作经历，以竞技体育为平台，学生的精神面貌发生显著变化，人文精神培养塑造成效显著，并已成为大学生思政教育的重要补充。

关键词： 体育竞技　大学生　人文精神培养　实践与思考

从事学生工作以来，笔者很注重文化活动育人，在体育竞技方面投入了较多精力，在依托竞技运动促进和加强大学生人文精神方面进行了大量的思考和实践。特别是在笔者到应用技术学院任职的几年里，以竞技体育为载体，让学生“离床下地”，走出网络，走进操场，“催醒”了青年人应有的血性，推进了体育锻炼自律、自觉，体育运动常态、广泛，应用技术学院连续三次夺得吉林大学运动会团体冠军。大量的竞技体育运动实践培养了学生坚韧不拔的毅力、战无不胜的勇气、绝不退缩的信心，有效地促进了大学生人文精神的培养，在院内外产生了重要影响。

一　以工作实践为佐证，深刻诠释体育竞技的育人价值

在综合性重点大学，体育竞技运动能不能有效促进学生的人文情怀和精神塑造？一些人产生过疑问。特别是在非本科学院，学生自我期望相对较低，自我管理相对宽松。以体育竞技为突破口，促进学生的全面发展，促进学生的精神塑造，质疑之声更甚。但是，多年实践证明：

---

* 田进：吉林大学应用技术学院党委副书记，主要从事大学生思想政治教育和学生管理。

没有人员规模优势，没有体育特长生团队，在非主流学院也能取得优异成绩，也能实现学生拼搏进取精神的重塑、自信自勉品格的再造，实现学生的全面发展。

（一）竞技运动对个人成长的有益帮助

从小的文体爱好以及曾经的军旅生活，让笔者对体育运动产生了很大热情，初步掌握了一部分参赛技能和组训方式。笔者从部队转业后先后担任辅导员、团委书记兼学工办主任和学院党委副书记等职务，一直从事学生工作，也一直很重视文体活动育人。其间，笔者不仅锻炼了体魄，还提高了组织指挥能力，培养了强烈的责任意识和团队精神；在体育竞技方面，曾代表单位参加数次大型运动会，也先后获得过多个冠军，为单位获得多项荣誉，这些都成为个人成长和事业发展的基石。

（二）体育竞技对学生工作的积极促进

从部队生活转入大学工作，自由随意的生活方式取代了直线方块，让笔者面对的是一个全新的挑战。在学生工作中，笔者刻意将一些军事化管理方式融入地方学生群体管理。初期很多学生出现了不适应现象，甚至个别学生有抵触情绪。为此，笔者将组织文体活动作为育人的有效平台，在深入思考、全面谋划的基础上，予以推进实施。为了调动大家的积极性，每次参加学校大型活动，笔者都精心组织选拔、训练和赛前动员，从精神和士气上鼓舞大家，并分阶段做好总结。训练中笔者带头参与，活动中笔者亲自参赛，影响和带动学生主动参与到体育竞技活动中，共同争取取得优异成绩。通过这些“陪伴式”训练和精神引领，学生的吃苦耐劳、团队协作精神明显增强，其他学生工作也被有效地影响和带动起来。

（三）体育竞技对人文精神的熏陶培养

短期组织活动只能调动学生一时的参与热情，长期开展活动就会让体育竞技变成一种文化、一种爱好、一种习惯，让学生在日常点滴熏陶中培养和塑造积极健康的人文精神。为了让大家养成一个良好的习惯，笔者坚持要求大一学生出早操，让绝大多数学生从最初的“旁观者”成为“参与者”，最后成为竞技运动的贡献者。通过日常早操制度来培育学生持之以恒的精神，通过早操制度培养学生良好生活和锻炼习惯。根据不完全统计，有90%以上大学期间积极参加体育竞技的学生，能够坚持好早操制度。能坚持好早操制度的学生的综合素质也相对较高，后期事业发展也比较顺畅。

二　以体育竞技为平台，打造学生工作特色品牌

在从事学生工作的过程中，笔者始终立志于“通过体育竞技平台培养学生人文精神”，并以

此循序渐进，系统推进。几年来，通过竞技运动骨干的选拔、培养和使用，并以他们为轴心，广泛开展贴近学习生活、形式多样的全民健身运动，营造浓厚、持久的强体健身氛围，取得初步成效，已成为我院的特色创新工作。

（一）重要赛事取得优异成绩

无论是在曾经做辅导员的军需科技学院，还是后来任团委书记兼学工办主任的植物科学学院，在竞技运动体育上都取得了优异的成绩。2012 年，植物科学学院人数不到 600 人，又没有体育特长生，作为运动队负责人，笔者通过精心谋划、组训，实现了冠军的梦想，取得了学院竞技运动体育成绩历史性突破；2015～2017 年，笔者被调到应用技术学院工作，该院是三年制专科学院，学生相对散漫，也没有体育特长生，在校学生基本只有两个年级，但经过全面谋划、精心组织、刻苦训练、精神激励，2015 年、2016 年、2017 年，连续三年应用技术学院都获校运会冠军，并创造了校运会的总分纪录。

（二）精神面貌发生明显变化

初到学院工作时，学生管理工作与其他单位存在明显差距，学生纪律意识淡薄、作风松散，日常教育管理坚持也不尽严格。几年来，通过群众体育活动常抓不懈、不间断专项体育训练有效组织以及参加重要体育竞技赛，学生的精神面貌发生了显著变化，遵章守纪意识明显增强，日常生活秩序明显好转，绝大多数学生积极要求上进，懂得关心同学、相互协作，主动参加集体活动，主动参与学院建设。

（三）学生管理呈现提升趋势

尽管我院是一所高职专科学院，学生的学术地位及学历层次，无法和其他兄弟本科学院相提并论，但我们有效地利用了体育竞技这个平台锻炼和影响学生，通过蝉联吉林大学运动会团体冠军，有效扩大了学院的影响，一定程度上扭转了在学校师生心目中的印象，为学院吸引了更多的关注目光。更重要的是，有效提升了学院学生的整体人文素质，使学生工作有了明显改观，学生管理的正规化水平呈向上向好发展趋势。

三　以教化学生为目标，让竞技体育成为思政工作有益补充

当前，大学生思想政治教育越来越受到社会各界关注，主流媒体也相继报道了国内各大高校在学生思想政治教育方面的创新做法。通过多年的实践积累，笔者发现，体育竞技已经成为培育大学生人文精神的重要补充。体育竞技训练的不只是身体，更重要的是灵魂和精神。

（一）感知竞技伦理

体育竞技的每一个比赛项目，都有其特定的训练程序和比赛规则，只有科学组训、严守规则，才能实现技能提升，取得优异成绩。学生在参与体育竞技的过程中，逐步感知了这种竞技伦理，养成了相信科学、遵守规则的良好习惯，形成了一种特定的人文气质。团队成员之间是竞技赛场上的“伦理共同体”，传递的是友情、师生情。让学生真正体会到什么是“友谊第一，比赛第二”。

（二）学会竞技审美

客观地讲，现在有很大一部分学生出现了审美偏差，追求杀马特、朋克、哥特式等非主流文化，偏离了信仰高尚、情感纯洁、身材健美、规律生活等审美主流。通过参与体育竞技，向学生传递了绿色健康、追求卓越等竞技审美标准，帮助学生进一步明确了美与丑、善与恶的审美标准。体育竞技就是产生“赛场上的英雄”，是古希腊奥林匹克精神的崇高审美。将体育作为一门“艺术”，让学生感受到其中的技艺美、崇高美。

（三）增强团队意识

现在的大学生多数个性张扬，相对喜欢独立思考和解决问题，本位主义较强，不善于沟通交流，缺乏团结协作意识。在开展体育竞技活动中，我们特别注重细节和基础体能训练，通过组织时代列车和接力等团体科目的训练，让学生在团结互助、共同努力中，实现竞技水平的逐步提升。在长期潜移默化的团队训练中，增进同学友谊，增强团队意识，大幅增强学生的凝聚力和向心力。

（四）培养集体荣誉

每个人都有一种对荣誉的渴望，在参加学校组织的各类体育竞技比赛中，无论是参赛选手还是台下观众，大家在取得名次、佩戴奖牌、捧回奖杯的那一刻，都会表现得异常激动。特别是2015年实现历史性突破，在学校取得运动会团体冠军后，很多学生表现出了保住冠军、捍卫荣誉的自觉性和主动性，第二年参与训练热情明显提升。大家在获得荣誉、保护荣誉、创造荣誉的过程中，进一步增强了集体荣誉感。

习近平同志讲：没有全民健康就没有全面小康。不断拓展体育运动的广度和深度，着眼提高学生的综合素质，既是一项政治任务，也是强体魄惠民生的国家大计。为此，笔者把竞技体育作为培育新时期大学生人文精神的有效途径进行了有益探索，丰富了育人体系，促进了学生的全面发展，取得了较好的实践效果。多年来，通过不间断组织学生参训、比赛到夺冠，学生的精神面貌发生了显著变化，笔者也从中深刻体悟到体育竞技对大学生人文精神的培养塑造作用，体育竞技已成为大学生思政教育的重要补充。

参考文献

[1] 布特、柳兰芳:《竞技体育科技化的伦理分析——对竞技体育中“人的自然性消退”的审视》,《科学管理研究》2010 年第 6 期。
[2] 张晓楠:《竞技体育运动中集体主义的伦理审视》,河北师范大学硕士学位论文,2012。
[3] 熊文:《竞技体育与伦理》,华东师范大学出版社,2018。

Practice and Reflection on the Cultivation of College Students' Humanistic Spirit by Sport Competition

Tian Jin

Abstract: While nowadays college students learn knowledge more richly and systematically, their competition consciousness and risk-taking spirit have been weakened. The spirit of competitive sports has a deep influence on the cultivation of college students' humanistic spirit with its full-characteristics charm, it's difficult to other college cultures to seek and replace. Combined with many years of student work, in order to give a full play role in educating students in sport activities, a lot of thinking and practice has been carried out to promote and strengthen on the cultivation of college students' humanistic spirit through competitive sports. Therefore, students' mental appearance has changed apparently, and the humanistic spirit has achieved remarkable results, becoming a supplement to the ideological education in college students.

Keywords: Competitive Sports; College Students; the Cultivation of Humanistic Spirit; Practice and Thinking

高校学生工作研究
2018 年　第 1 期
第 177 ~ 182 页

新时代高校国防教育工作实效性研究

——以北京师范大学为例

韩　舰　郑淼文　李晓雪 *

摘　要： 高校作为大学生成长成才的摇篮，是开展国防教育的最佳沃土和重要阵地，要着眼高校的特殊地位，顺应发展战略，融入核心价值观培育，服务国防动员实践，不断提高国防教育工作的实效性。本文针对新时代高校国防教育工作实效性进行研究，旨在推动高校国防教育创新发展，以北京师范大学为实例，为构建具有时代特征、学校特色、创新特质的国防教育新格局提供可借鉴性意见。

关键词： 高校　国防教育　实效性

国防教育，是关乎国家安危、民族兴衰的战略问题，是增强民族凝聚力、提高全民素质的重要途径。大学生是全民国防教育的重点对象，是推动国防建设的重要力量。高校作为大学生成长成才的摇篮，是开展国防教育的最佳沃土和重要阵地，要着眼高校的特殊地位，顺应发展战略，融入核心价值观培育，服务国防动员实践，不断提高国防教育工作的实效性。

新时代指明新方向，新征程提出新要求。党的十九大报告对新时代军队和国防建设做出了全面部署，对新时期加强全民国防教育提出了新的要求。高校必须进一步重视和加强国防教育工作，在继承和发扬国防教育优良传统的同时，不断提升国防教育工作的实效性。本文针对新时代高校国防教育工作实效性进行研究，旨在推动高校国防教育创新发展，以北京师范大学为实例，为构建具有时代特征、学校特色、创新特质的国防教育新格局提供可借鉴性意见。

* 韩舰：北京师范大学党委学生工作部助理研究员，主要从事教育经济管理、思想政治教育等方向的研究。郑淼文：北京师范大学党委学生工作部助理研究员，主要从事思想政治教育、书法学等方向的研究。李晓雪：北京师范大学党委学生工作部助理研究员，主要从事思想政治教育、教育学等方向的研究。

一　协同联动，完善国防教育工作与教学体制

构建和完善国防教育的工作体系，应该将国防教育同学校人才培养工作紧密结合，把国防教育放在高校育人工作的重要位置。北京师范大学坚持此点，成立党委武装部，并设立了以分管的校领导为组长、党委武装部部长为副组长的国防教育工作领导小组，专门负责学校国防教育的各项工作，建立多部门协同联动的国防教育工作机制。

构建和完善国防教育的教学体制，一方面，要增强高校内部资源的协同作用，既重视军事理论教学，也重视军事技能训练，更重视第二课堂实践活动的开展，通过报告、参观、实践、调研、竞赛、研讨等形式，深化理论知识学习，增强国防意识，提升综合素质；另一方面，增强高校与社会资源的协同育人，既要将高校国防教育融入地方政府的全民国防教育系统，又要将高校国防教育融入高校与部队的合作共建之中，为大学生走进军营、体验军营生活，为部队官兵走入高校、体验校园生活创造机会。只有将高校国防教育主动融入全民国防教育的大系统中，并且与军队、地方共建协同合作机制，才能取得双赢的育人效果。北京师范大学成立以专职教师为主、兼职教师为辅的军事类课程教研室，提供专门的软硬件支持，打造国防教育、军事课程的高水平教师队伍和国防教育专职工作人员，为完善教学体制提供充足保障。同时，立足于教学过程中发现的问题，学校积极申请思想政治教育课题，研究并发表优秀学术成果，促进教学与科研良性循环，保障国防教育工作的长远发展。

二　树立榜样，建设合格的国防后备力量

征集在校大学生入伍，是党中央、国务院、中央军委着眼适应新时期国防和军队现代化建设需要，从源头上改善兵员结构，提高军队信息化水平和战斗力的客观要求。大学生入伍顺应了走精兵之路的时代要求，是知识青年投笔从戎、保家卫国光荣传统在新时代的精彩体现，必将有利于增强部队的战斗力和加快部队现代化建设。高校应积极响应国家号召，科学组织，认真选拔，切实落实在校生服兵役制度，开创征兵工作新局面。在校园征兵工作中，可通过悬挂宣传标语和喷绘横幅、建立征兵咨询 QQ 群和微信群、退伍老兵介绍经验以及现役大学生士兵发表励志感言等多种方式，广泛开展征兵宣传工作，落实服役、退役学生优抚政策，在校园内营造热烈的氛围。同时，严格遵守征召程序，严格把握征召标准，按要求按时完成征召任务。组织师生通过佩戴大红花、发表入伍决心、召开主题班会、领导寄语、合影留念等多种方式，欢送新兵入伍、欢迎老兵返校。

近年来，北京师范大学持续加强征兵宣传、不断创新征兵举措，大学生征兵入伍人数再创新高，为部队及时补充高素质兵源和后备军官，培养有灵魂、有本事、有血性、有品德的新时代革命军人，为国防现代化建设事业做出了北师大人应有的贡献。

三 注重方法，提升军理课理论与实践教学质量

军事理论课教学作为高校国防教育的第一课堂，是高校开展国防教育的主要途径和有力抓手，需要运用科学全面的教学方法开展教学。教学方法是教师和学生为达到教学目的而共同进行认识和实践活动的途径和手段。北京师范大学将优质的专家讲座与丰富的实践活动相结合，将有序的教学安排与严谨的课程考核相结合，开展优质高效的军事理论课。根据《普通高等学校军事课教学大纲》要求和教学课程安排，北京师范大学的军事理论课每年春季学期面向全体一年级新生开设，学校军事理论教研室做 2 学时的开课报告；国防大学 8 名教官开设 14 讲，授课 28 学时；期末复习以及考试 4 学时，共计 34 学时。授课内容包括中国国防、军事思想、国际战略环境、军事高技术和信息化战争。军理课管理严格有序，学生出勤率多年在 98% 以上，期末闭卷考试，及格率始终在 99% 左右，优秀率在 45% 左右，课堂反响良好，多次获评学校教务处的优质课程。

在认真做好课堂理论教学的基础上，高校还应组织学生参加实践教学环节，丰富知识、开阔视野。北京师范大学每学期分批次组织学生参观航空博物馆、军事博物馆、中华航天馆等，参与北京市定向越野比赛、北京市兵棋推演大赛、北师大国防知识竞赛等活动。此类举措能够充分调动学生学习国防知识、提高军事素养的积极性，也为学生建设国防、巩固国防打下坚实的基础。

四 搭建平台，全面提升学生军训育人实效

大学生军训是高校军事理论课的重要组成部分，做好军训工作意义重大。多年来，北京师范大学充分发挥军训育人的实效作用，三种模式、五大平台的军训工作格局取得了良好的育人效果，提升了学生的综合素质，可供高校军训工作稍作借鉴。

北京师范大学从学生兴趣出发，实施“全要素、实战化、情景式”的三大训练模式，提升军训吸引力——全面开展分列式、军体拳等十余项规定的军事技能训练和多项自选的文体竞赛活动，内容充实，要素齐全。从军训团建制到严格的军队要求，处处体现实战化思维，让学生实练实训，增长军事技能。

从学生需求出发，搭建五大平台——搭建国防教育平台，严格组织各项军事技能训练和国

防法规条令学习，增强学生的国防观念和国家安全意识；搭建安全教育平台，邀请知名专家学者做安全教育和应急救护讲座，开展紧急疏散演习，实现安全教育全员覆盖；搭建党建思政平台，在军训团成立临时党支部，为新生自愿递交入党申请书提供机会，同时组织唱校歌、学校史、知校情和拼图组字活动，引导学生爱校荣校，践行社会主义核心价值观；搭建朋辈育人平台，发挥党员骨干、国防生、优秀学员的朋辈示范作用，鼓励学生奋勇争先，实现自我管理和服务；搭建团队建设平台，将新生军训和入学适应结合起来，强化团队融入，举办合唱、拔河和新生运动会，展现集体昂扬风貌、凝聚连队力量、培养团队协作意识，评选内务、会操先进集体，激发学生集体荣誉感。

五　与时俱进，创新国防教育实践内容和方法

国防教育的实质是国防精神教育。国防精神是在国防实践中形成的、与维护国家安全和发展利益相适应的意识、思维和心理状态，是适应国防需要的强大精神力量和锐利的思想武器。高校国防教育应既适应新时代的社会要求，又贴近学生个人的发展需求。高校国防教育工作者应扎根实践，与学生成长成才、学校专业特色相结合，根据国防教育内容和目标，选择生动活泼的教育载体、灵活多样的教育形式。

树立学校特色品牌，打造国防教育主题特色活动。北京师范大学已连续三年举办以“寄情中华·筑梦国防”为主题的国防教育文化季特色活动，通过开展国旗论坛、军事战略电竞大赛、国防知识竞赛、师生定向越野、主题征文比赛、国防影视配音大赛和纪念建军90周年大型主题联展等15项活动，激发学生昂扬热情，丰富学生军事技能，凝聚学生精神力量，培育坚毅品质，营造国防教育氛围。活动参与学生有6000余人次，获得上级指导单位高度肯定和多家重要媒体报道。

打造国防类学生社团，发挥朋辈教育育人功能。北京师范大学重视发挥学生的自主性，先后成立了国防爱好者协会、定向越野协会、女子国旗护卫者协会、退伍老兵协会等国防类学生社团，协助党委武装部策划、组织国防教育相关活动，助力学校国防教育工作的开展，实现了学生的自我管理、自我教育、自我服务，培养和锻炼了一大批学生骨干，助力了学生自身的成长成才。

积极开展社会实践，带动学生探索助力国防教育。为落实习总书记关于开展“传承红色基因、担当强军重任”主题教育的重要指示，高校可积极开展相关的主题实践教育，让学生在实践中感受责任，传承担当。北京师范大学组织国防类学生社团骨干成员共同组成暑期社会实践队，近几年分别奔赴南京雨花台、新疆生产建设兵团、延安等地进行实践活动，以红色资源助力高校国防教育。通过了解历史、实地走访、问卷调研、采访考察等形式，追寻红色记忆，弘扬英烈精神，传承爱国精神。实践队多次获得市级、校级优秀实践团队和实践成果奖项，共形

成三万余字调研报告、十万余字调研感想等材料，为国防教育工作建言献策。

针对国防教育与发展需求、实际需要的辩证关系，高校应坚持与时俱进，贴近新时代、贯彻新思想、融入新征程，将历史情境与时代精神相结合。既要坚持一以贯之的教育理念和目标，也要不断调整和创新教育内容和形式；既要充分发挥学生社团和学生组织的作用，实现学生自我教育和自我管理，也要充分利用互联网、新媒体等教育载体，用学生喜闻乐见的形式开展国防教育。

北京师范大学自1960年成立党委武装部以来，不断创新高校国防教育的内容机制与发展形式，探索新途径、丰富新内容、开辟新领域，形成一套成熟完善的工作架构，即坚持以国家总体安全观为指导，以国防育人为核心目标，形成以军事理论课为第一课堂和以军事训练为第二课堂的有机整体；以国防爱好者协会、定向越野协会、女子国旗护卫者协会、退伍老兵协会等国防类学生社团为抓手，以大学生征兵、拥军优属、国防教育实践活动为载体，以国防教育文化季、军理课实践教学活动等为亮点，全面增强学生国防观念、提升国防安全意识、弘扬爱国主义精神，坚定爱国报国理想信念。

作为国防教育工作者，高校需要把习近平新时代中国特色社会主义思想和新时代党的强军思想学深悟透，切实做到入脑入心，不断增强贯彻的自觉性、坚定性，提高落实的行动力。高校必须进一步重视和加强国防教育工作，不断提升国防教育工作的实效性。未来，高校应坚持学懂做实、坚持完善体制、坚持与时俱进，努力担当起高校国防教育的时代责任和重要使命，助力学校双一流建设和拔尖创新人才培养，开展更多富有实效的国防教育活动，为共筑强军梦、实现中国梦做出新的、更大的贡献。

参考文献

[1] 胡卫华：《对在校大学生征兵工作的几点体会》，《南方论刊》2008年第1期。
[2] 周川：《简明高等教育学》，河海大学出版社，2002。
[3] 刘志民：《国防教育与大学生综合素质培养》，《中国青年社会科学》2007年第6期。

Research on Time Efficiency of National Defense Education in Colleges and Universities in the New Era：Take Beijing Normal University as an Example

Han Jian, *Zheng Miaowen*, *Li Xiaoxue*

Abstract：As the base of development for college students, colleges and universities are the most significant and appropriate place of national defense education. They ought to take into account the special position of universities, follow national development strategies, integrate core socialist values, serve for national defense mobilization practices, and continuously improve the timeliness of national defense education. This paper studies the timeliness of national defense education in colleges and universities in order to promote the innovative development of national defense education in colleges and universities, and uses Beijing Normal University as an example to provide referential opinions for constructing a novel pattern of national defense education with characteristics of the times, schools, and innovations.

Keywords: Colleges and Universities; National Defense Education; Validity

学术争鸣

高校学生工作研究
2018 年　第 1 期
第 185 ~ 191 页

思想政治教育有效沟通的时代理念

——媒介融合

刘铁英*

摘　要： 伴随着数字化网络新媒介的迅猛发展，多元化的网络即时通信工具日渐成为人们生活中必不可少的沟通交流工具。新的时代背景带来了人们沟通媒介的新变化，面对沟通媒介的新变化，思想政治教育工作仅靠传统模式无法满足实际需求，这势必推动模式创新改革。因此，在传承已有的人际沟通层面的基础上，更要顺应时代潮流，对已有沟通模式进行融合、互补和创新研究，体现现实感和时代性。

关键词： 思想政治教育　有效沟通　媒介融合

不同的时代背景下，由于人们的教育环境、教育理念有所不同，思想政治教育沟通的方式以及结果也存在差异。

尤其是在媒介融合的背景下，形成了传统媒介和现代媒介两个场域，现代媒介打破了教育者信息“优势”格局，延伸了教育对象信息获取的“触角”，教育对象的自主性和批判性以及主体意识不断增强。思想政治教育仅靠传统模式无法满足实际工作需求，新媒介的发展在“推动”传统模式改革。思想政治教育如何寻找突破口，以使其不仅改善已有的人际沟通，还要在传统和现代之间寻找平衡点，发挥二者的合力，构建有效沟通新模式，提升沟通的有效性，值得深入探讨和研究。

一　媒介逻辑：融合而非替代

替代是一种技术决定论（Technology Determinism）的观点，相对而言是一种比较偏激的观

* 刘铁英：上海工程技术大学电子电气工程学院副教授，主要从事大学生思想政治教育研究。

点，是指媒介活动可以不同程度地代替或改变传统的思想政治教育沟通，如网际沟通方式代替传统面对面沟通方式。

融合则是指两种媒介能够相互接纳、相互促进，比如传统面对面沟通也同时接受新媒介网际沟通，并且运用其一些新的运行方式，构建与不同媒介的和谐关系。如传统面对面沟通中吸收学习新媒介的包容特点（从而更加平等、包容等），学习其非同步沟通特点、影响范围大的特点（从而更加谨慎使用沟通语言等）。这一过程就可以被理解为适应媒介逻辑的过程。

同样，思想政治教育有效沟通也离不开媒介逻辑。本文中的沟通属于意识形态的传播和沟通范畴，主要涉及沟通双方的思想信息、情感、主观意见等沟通过程。本研究中的有效沟通主要围绕以下三种不同维度的媒介平台：人际传播、大众传播和网络传播。

延森认为，在当今数字化语境中，基于人际、大众及网络三种媒介维度的传播不应被彼此割裂，线上交流与线下交流不应该相互分离，而媒介融合的趋势也并不意味着新媒介会取代原有媒介。

媒介逻辑对社会中个体成员的影响一方面比较明显，另一方面也会因人而异。例如，一个人如果在日常生活中很少使用第三维度的数字化电子媒介，那么媒介逻辑对他的影响不大。但事实是第三维度的数字化媒介俨然已经成为很多人尤其是年轻大学生日常生活的一部分，如今数字化媒介已经不单单具有信息和娱乐的功能，它们逐渐发展为一个完整的体验环境（Environment of Experience）。以网络为例，现实中有同学几天不使用智能手机、不连上网络便会思念网络，这种手机依赖、网络依赖正是媒介逻辑的体现和彰显。我们离不开的不是手机和电脑，而是使用这些媒介本身的体验让我们流连忘返。

基于这样的媒介逻辑，我们认为，在年轻的大学生中开展思想政治教育沟通工作，完全可以在传统人际沟通基础上充分发挥第三维度数字化媒介的影响力。这是由于传统人际沟通和如今的数字沟通媒介都是一种跟“在场”（Presence）紧密相关的概念。不同的是，传统人际沟通让我们联通一个固定的地方（Place）和一个人（Person），而数字沟通媒介不仅可以确定地点和人，还塑造了一个间距空间（Interspace），这个间距空间加速和方便个人在不同场域（Field）的转换，如社交场域、家庭场域和学习场域等。这些不同的场域突破了传统的沟通交流空间，拓展了沟通交流范围，影响和改变着沟通形态和沟通效果。

本文认为，媒介逻辑绝非媒介替代，媒介逻辑并不是对事物产生决定性影响的唯一因素，而仅仅是多种因素之一，更多的侧重点是媒介的融合。融合则是传统沟通和媒介沟通同时共存，比如在思想政治教育传统面对面沟通的同时接受新媒介网络沟通，并且运用新媒介沟通的一些运行方式，构建与不同媒介的和谐关系，即可以理解为适应媒介逻辑（Media Logic）的过程。

二　互联网思维：从“单向说教”到“双向沟通”

媒介融合离不开数字化沟通媒介，而运用数字化沟通媒介需要理解和应用互联网思维。互联网思维中的“互动性、平等性、开放性、合作性”等特征为新时期思想政治教育有效沟通研究提供了借鉴和启示。互联网思维要求我们不能过于简单肤浅地理解互联网内涵，迄今为止还有很多人固执地认为互联网只是一种媒介，一种沟通渠道、沟通工具。事实上，互联网思维的本质是一种体现“以人为本”的民主型思维方式，强调信息透明、平等参与和去中心化等思维转向。

由于在第一维度的人际传播中，传统沟通双方主客体关系明确，在这种情况下开展的沟通效果是有一定预见性的。由于在面对面的思想政治教育沟通中，信息传输和交流是通过在场方式完成的，迫于一定在场感的压力，受教育者也许会被动接受。

而在第二维度、第三维度中的情形就截然不同了。从个体的角度而言，教育者有所谓的“信息发送”权利，但受教育者也有对等的“信息不加理会”的权利。这种情况下沟通个体的预期接受效果无法预知。高校大学生是在信息化环境中成长起来的“信息时代的土著居民”，他们是互联网行为中最活跃的一部分人，那么思想政治教育领域沟通过程中如何发挥互联网思维的作用呢？首先，思想政治教育者要摒弃高高在上、单向传输的“领导者”或“权威代表”定位，放弃“我该如何教育管理”理念，而是思考“我作为其中的一个行动主体，应该如何有效感知和理解受教育者的心理状态”，主动将自身融入媒介生态系统中。因此，教育者应当理性地从以往的“说教灌输，单向通行”过渡进化为“平等沟通，双向交互”。

具体来说，教育者参与协调搭建开放的、畅通的公共平台，鼓励多元个体共同参与，贡献力量，平衡各方利益和观点，成为协调者、协调员、仲裁者，为受教育者解决困难、提供服务。当教育者与媒介生态中的受教育者主体成为“朋友”的时候，“教化者”或“对立者”的角色印象便也最大限度地消解了，建立起师生之间的信任关系链，才能真正实现两者信息、情感或意见的有效沟通。

总之，不能仅仅停留在一种“信息告知”式的沟通层面，因为当今的大学生更喜欢表达和交换信息，更渴望参与和表达。如何依托学生喜欢的沟通平台，做到沟通过程中尊重受教育者的个人意愿及合理需求，调动和吸引其参与沟通的积极性，发挥其沟通主体作用？这是值得我们深思的一个问题。

三　研究转向：从技术层面到实践层面

媒介融合的表层理解离不开技术层面新旧沟通媒介的协同合力论观点。

毫无疑问，如今的数字新媒介已悄然融入我们的日常生活，甚至成为生活中必不可少的一部分。思想政治教育也要适应时代背景，顺应时代潮流，主动融入进去，综合运用传统媒体、现代媒体协同开展沟通工作。本文强调人际沟通、网络沟通的协同。二者共同发挥作用，缺一不可。二者进行媒介层面的有效组合沟通，在沟通过程中坚持做到现实性与虚拟性相结合、线下沟通与线上沟通相勾连、面对面沟通与键对键沟通相呼应。

媒介融合的深层内涵对于思想政治教育沟通而言产生何种影响？如何指向实践层面的沟通问题？

由此，媒介融合的有效沟通带来了研究上的转向，从作为技术的媒介转向作为实践的沟通。如前所述，当今我们处于三种不同维度的“媒介融合”之中。面对面的人际沟通与技术中介化的网络沟通具有一种互相影响、互为补充、相互促进的关系。但不管是思想政治教育中的人际沟通还是网络沟通，都仅处于其中一种沟通维度，在“媒介融合”的多重维度的“关系之网”中，不过是延森认为的“媒介融合”交错混杂的网络中微不足道的一个节点而已。因此，二者均需有“时代”危机意识，都需要通过有效融合重新审视和增强自身在网络社会中的作用。

同样，在以“互联网”为隐喻的今天，思想政治教育专业的沟通问题也进入了一个新的“重要时期”，发生了沟通的“整体生态变革”，也就是说，思想政治教育的有效沟通若想在这个新的传播生态之中达成，最重要的是要按照新的“逻辑、语言、进入点以及编码与解码模式”，否则也只能有位置却未必发挥效力，依然等同于“弱效”、“失效”或“无效”。

我们更需要从媒介融合的深层思维出发，认真重构思想政治教育的有效沟通体系，让“思想政治教育的沟通”不仅有位置，还能发挥效力。这就要求我们不能将研究定位于辩证对待新老媒介，更需要从媒介的研究视角转向思想政治教育沟通实践的研究范畴，并以彼此媒介作为参照系，审视如何更好优化思想政治教育有效沟通的理念、内容、原则以及方法等，并在这些方面不断进行换位思考、互补优化研究，让思想政治教育有效沟通真正“在其位”并充分发挥作用。

四　媒介融合的作用

（一）协调沟通关系：拓展空间场域，有助于沟通双方从弱连接到强连接

不少关于新媒体的研究认为，过多依赖新媒介将导致现实中人际关系网络由强转弱。注意这里有一个前提限制条件是“过多依赖”，过多依赖新媒介倾向于一种绝对的技术替代论观点。而我们主张的媒介融合作用是使二者有机结合，如采取“现实的人际沟通为主，网际沟通为辅”的做法。

美国斯坦福大学马克·格兰诺维特（Mark Granovetter）教授将社会关系分为两种：强关系和弱关系。强关系呈现人际关系密切，信任度较高。与此相反，弱关系呈现人际关系不够密切，信任度相对较低。

从强弱关系理论来分析，传统的大学生思想政治教育沟通过程发生在正规课堂或课外谈心环节，大学生受传统教育“不善主动发言”及“师道尊严”心理作用影响，使教育者、受教育者之间保持一定的心理距离，一方面受教育者不愿意或不好意思直接在正规场域说明自己的问

题，另一方面即使受教育者愿意沟通，但在与教育者正面沟通中也不愿意当面说出实情，讲出真话，二者建立起来的关系是一种弱连接人际关系，更有甚者反感直接强硬灌输式的授课方式或批评说教式的谈话方式。

而随着媒介融合的出现，由于网络匿名以及可以实现在线“一对一”等沟通形态，沟通新媒介具有一定程度上的隐私保护功能，使得二者的沟通交流突破物理范围，甚至二者可以随时随地在线交流，沟通内容也随着二者的连接关系变化，呈现不同的沟通话语，沟通内容也不再局限于正式的信息，扩大到更加广泛的层面。随着沟通交往的深入，二者的沟通频率更加紧密，教育者与受教育者的关系由弱关系转变到强关系。

（二）沟通解读方式：协调内容解读方式，由逆向式解读转变为同向式解读

随着社会的进步和媒介技术的发展，数字化网络新媒介的形态越来越丰富，在媒介传达信息的同时，越来越多的研究者认识到，受众是积极的接受者，他们对信息的接受有一定的自主解读能力。而受众如何按照选择性心理，依据个人的喜好进行信息的筛选获取或者解读信息日益受到研究者的关注。20 世纪 70 年代英国文化研究的杰出代表人物之一斯图亚特·霍尔提出了编码/解码理论，强调受众对于媒体（编码者）所传递信息的主动、积极接受态度，其中关于受众的三种解读方式更多地为我们所熟知。第一，同向式解读，第二，逆向式解读，第三，协同式解读。[1]

霍尔指出，这三种方式绝对不是分离的，它们之间是互相联结的，就像标尺上可滑动的游标刻度一样相互联结。因此，大学生思想政治教育沟通效果一方面取决于传授，另一方面也取决于如何解读信息。

另外，授课方式过于正式、呆板，教条化、形式主义色彩偏重，极易引起受教育者的反感，引起心理接受机制方面的逆向式解读。在这种情况下，如果融合大学生喜闻乐见的新媒介沟通方式，非官方、个性化、去教条化容易迎合大学生接受新媒介的现实心理，容易形成亲近感，容易受到大学生的青睐，容易从逆向式解读过渡到协同式解读以及同向式解读，通过媒介融合协调大学生思想政治教育沟通内容解读方式，增强沟通的实效性。

然而，日常思想政治教育工作者在开展沟通工作中则与此相反，是另一个“新媒介依赖”症的极端。由于我国辅导员等思政工作者尚未达到职业化、专业化程度，因此年轻的辅导员往往身兼数职，承担大量日常事务性烦琐工作，大多辅导员工作量超负荷，开展沟通工作存在一定现实困难。因此，为了让大学生的知情权得到充分体现，辅导员在大量的事务性工作中频繁使用 QQ 群、微博、微信群以及公众号发布海量信息已经是司空见惯的现象，有时甚至一天发布几十条信息。同样，从信息解读的角度分析，这也容易引起大学生心理接受机制的逆向式解读。在这种情况下，新媒介沟通方式过于频繁。基于思想政治教育沟通对象是鲜活的大学生，而应适当采用人性化沟通方式，如面对面的人文关怀与心理疏导，则辅导员容易成为大学生的“知心朋友”和“人生导师”，采用传统的沟通方式反而会带来亲切感和认同感，从而使沟通内容解读方式从逆向式解读逐渐过渡到同向式解读，增强沟通效果。

（三）形成长期沟通效果：建立主体间长期互动关系，形成累积性效果

思想政治教育沟通可以产生两种效果：即时效果和长期效果。

一般而言，传统的思想政治教育通过人际沟通、课堂教学、集体谈心、宣传橱窗等开展，由于信息不能频繁持续接触，在上述短暂的教育结束后，短期效果随之消失。如一场感人的讲座、一堂生动的思想政治课等，能使学生的思想行为在短期内迅速变化，但随着时间的流逝，通常不能维持长期效果。

然而，通过数字化媒介建立的互动关系却往往是持久的。例如我们的电子邮箱、QQ、微博、微信等信息经常是不变的，所以在思想政治教育沟通中，师生通过数字媒介建立的互动关系往往是长久的。数字化媒介建立的长久稳定的互动联系有助于持续产生累积性效果。

在大学生的思想政治教育中，思想问题涉及人的内心世界，往往是较为复杂的。一些深层次的价值观念等问题绝不是通过一次两次谈话就可以迎刃而解的，而需要长期的累积效应，而第三维度的网络传播构建的师生互动关系弥补了传统思想政治教育的不足，可以在短时间内实现多次沟通，对形成长期的教育效果显得尤为重要。

一般而言，交往频度越高，思想政治教育师生关系就越容易深化并得到巩固和发展。短期的效果也会随着交往接触的增加而转化为长期的教育沟通效果。总之，沟通中巧妙使用数字化沟通媒介，有助于扩大双方沟通的经验范围，创造更多的沟通话语，增加沟通频率，形成累积性效果。

五　结语

总之，理念是基础，它能够指导模式创新，因此理念显得尤为重要，有什么样的理念就会有与之适应的方法。理念具有统摄全局的作用，影响方式方法、话语体系的选择、运用，因此我们需要从时代理念——媒介融合的理念出发，理解媒介逻辑，运用互联网思维，实现从技术到实践层面的研究转向，发挥媒介融合的作用，逐步构建思想政治教育创新模式。

参考文献

[1] 第39次《中国互联网络发展状况统计报告》，中国互联网信息中心，http：//www.cnnic.net.cn/hlwfzyj/hlwxzbg/hlwtjbg/201701/t20170122_66437.htm。

[2]《2015年中国青少年上网行为研究报告》，中国互联网信息中心，http：//www.cnnic.net.cn/hlwfzyj/hlwxzbg/qsnbg/。

[3]《中共中央国务院关于进一步加强和改进大学生思想政治教育的意见》中发〔2004〕16号。

[4]〔荷〕简·梵·迪克:《网络社会——新媒体的社会层面》，蔡静译，清华大学出版社，2014。
[5]〔丹麦〕克劳斯·布鲁恩·延森:《媒介融合:网络传播、大众传播和人际传播的三重维度》，吴信训译，复旦大学出版社，2015。

The Time Concept of Effective Communication in Ideological and Political Education: *Media Integration*

Liu Tieying

Abstract: with the rapid development of digital network new media, a variety of network instant messaging tools have increasingly become an indispensable communication tool in people's lives. The new era brings new changes to people's communication media. In the face of the new changes in communication media, ideological and political education can not meet the actual needs only by the traditional mode, which is bound to promote the innovation of mode innovation. Therefore, on the basis of inheriting the existing level of interpersonal communication, we should conform to the trend of the times, and integrate, complement and innovate the existing communication modes, so as to embody the sense of reality and the times.

Keywords: Ideological and Political Education; Effective Communication; Media Integration

高校学生工作研究
2018 年　第 1 期
第 192 ~ 197 页

对影响当代大学生道德问题的因素分析

魏　昀*

摘　要： 伴随社会主义市场经济的发展，传统的道德规范受到了强烈冲击，而新的道德规范尚未建立起来，这直接影响了当代大学生的人生价值取向，导致一些大学生出现了不同程度的道德失范现象。针对于此，本文对市场经济条件下影响大学生道德取向的因素进行分析，并提出解决问题的途径。

关键词： 当代　大学生　道德

进入 21 世纪以来，我国进入社会主义市场经济快速发展期，社会结构的转型相应地带动社会思想、伦理道德的转型。在市场经济条件下，社会上个人至上的张扬、金钱欲望的膨胀、道德评价的偏离等，都增加了当代大学生道德选择的难度，出现了一些大学生不同程度的道德滑坡、是非观念混淆、公德意识薄弱的现象。传统道德的独尊地位已经坍塌，走向边缘。针对这些现象，回顾、反思我们的道德教育，探求信息时代影响大学生道德取向的根源、积极寻找对策，将有助于当代大学生“对待和应付由于新技术以及不同文化人民之间越来越频繁的接触所造成的伦理和道德方面的挑战”[1]。同时，这也是高校思政工作需要研究的一个重要课题。

一　社会转型期影响大学生道德取向的几个重要因素

（一）网络因素

在社会急速变迁的今天，道德体系、道德评价体系和道德取向都发生了重大变化。对大学生道德人格取向产生重大影响的一个重要因素即网络。网络迅猛发展，它所提供的大容量

* 魏昀：新疆财经大学马列主义教学研究部讲师，主要从事亚太政治经济研究。

的信息在拓宽大学生知识面的同时，也严重地冲击着他们的价值观和道德观，进入互联网的大学生往往会产生道德失范的意识与行为。网络的发展对大学生道德的负面影响是不容忽视的。

首先，网络是道德相对主义滋生的沃土。道德相对主义视个人为道德行为的唯一评判者，否认道德具有普遍性，认为传统的伦理道德只是众多合理道德价值中的一员，没有权威性。其结果是没有统一道德评判标准来度量人们的道德行为，社会陷入混乱无序状态，个人主义盛行。由于网络没有终极管理者，谁都可以成为网络的主人，而网络立法和网络道德建设又相对滞后，因此，对网民来说，网络是一个自由的世界。摆脱传统道德束缚的网络，成为人们最大限度张扬个性、追求绝对自由的场所。在社会转型、价值整合的特殊时期，当代大学生的自主独立意识显著增强，价值取向和行为选择的个性化更加明显。他们虽然大都认同传统的道德准则，但道德行为与认知水平的差距依然存在，自律性不强，社会责任感弱化，一切以个人利益的得失为标准，道德相对主义的观点在这个群体有广泛的支持者。网络的广阔空间和无限制的自由，恰好为大学生的这种个性特点提供了滋长的土地。

其次，网络对大学生健全人格的发展产生负面影响。现实生活中，个体的道德价值来自对外力的屈服，个体行为自觉或不自觉地顺从并受到社会道德规范的束缚。网络世界则是一个虚拟的社会，没有现实世界的道德准则规范网民的行为。现实与网络存在巨大差异，大学生要保持健全的人格就必须处理好这种关系，具备良好的自控能力。对于大学生重要的生活空间——网络世界，如果大学生过度沉溺其中，其人格发展就将扭曲和异化。长期的网络生活使一些大学生在现实中不愿与人进行真实情感与思想的交流，出现孤僻、冷漠、情感缺乏的症状，产生人际交往障碍。因网络而走向极端的案例在大学生群体中并不少见。大学生的人生观、世界观正处于形成期，心理还不成熟，网络的异质文化与传统伦理道德之间的冲突极易将他们引入歧途，导致一些大学生在道德价值选择上迷失与错位，对其人格的健全发展产生负面影响。

（二）教育因素

传统道德教育强调“社会本位”的观念，以社会为本，强调集体主义是德育的重要内容。但是过于强调人为社会服务，就会压制人的创造性，从而违背了社会主义促进人的全面、自由发展的道德原则。同时，我国的传统道德教育在很大程度上已经政治化，许多大学生直言不讳地说高校思政课就是政治课。政治教育不是道德教育，只是隶属于道德教育的一个组成部分。长期以来以政治教育代替道德教育已成为一种思维定式，完全偏离了道德教育应有的轨道。还有，传统道德教育在教育目的上是一种塑造完人教育的神话，过度理想化。理想是一种对人的价值关怀、意义关怀。在一定的意义上，德育的目标之一就是要高扬人类的这种特性。但是，在追求理想道德的教育中不应该使德育走向脱离社会生活实际的极端，使之成为一种虚无缥缈、可望而不可即的东西。现实的复杂性、道德价值观念的多元化与理想化的单一空洞的教育形成鲜明的对比。理想化道德教育与快速变迁的社会实践严重脱节，影响着一代新人的道德培养。

进入 21 世纪，我们的教育观念开始转向强调“个人本位”，强调充分发挥个人的自主、自律和创造性。然而，由于矫枉过正，过度强调道德教育的现实性，不但没有达到预期的效果，反而使大学生陷入人生价值上无所依靠的道德教育带来的更深的危机中。在经济全球化的今天，为市场服务成为高校教育的目标。思政课成为高校专业课程的陪衬课，成为大学生为了几个学分不得不上的垃圾课。对于道德教育的目的是什么、道德所包含的内容有哪些、如何提高自我修养等基础内容，很多专业课学得不错的学生在被问及这些问题时一片茫然。对于大学生道德修养中被重点强调的“慎独”这一内容，更有许多学生一无所知。十年树木，百年树人，高校教育不是一项产业，大学生也不是被制造的商品。正是由于长期在道德教育上的疏漏，在社会转型的今天，大学生在道德素质上存在缺失、不适应的现象，致使道德失范现象时有发生。曾经震惊全国的“马加爵案”，究其犯罪根源，在于他扭曲的人生观，还有“自我中心”的性格缺陷。这一案例也为我们的现代大学生道德教育敲响了警钟。

（三）社会文化因素

人是社会关系的产物，传统的社会文化观念在各个方面发挥作用，影响人、塑造人。因此，“人格主要是由文化塑造的”[2]。传统的社会文化引导了一代人建构理想的道德人格。新中国成立后，毛泽东时代的文化价值观影响了一代人，塑造了一代人。“奉献精神”“集体主义”等这些道德观念深入人心，成为人们衡量个体行为的标准。经过“文革”冲击，我国整个社会的价值观体系，与 20 世纪 50 年代相比已发生了很大变化，人们的道德水准有了较大幅度的下降，人们的心灵无所依靠，以个人为标准的价值观、道德观充斥着人们的头脑，“世风日下”是人们的普遍感受。

在社会生活以经济为中心的时代，市场经济的重利性和竞争性，使传统的集体主义、社会责任等观念受到严重冲击。而自 20 世纪 80 年代初以来涌入我国的各种西方社会思潮，在我们未辨别清楚而全盘接受的同时，也将一些为个人主义正名的错误的价值观种植于心。道德真空中充斥着低级、庸俗的文化意识和错误的社会观念。在这样的社会文化环境中成长的一代人如今很多已成为大学生。毛泽东时代的文化价值观对他们来说已很遥远，而个人主义的思想却如影随形。“主观为自己，客观为别人”“人的本质是自私的”等一些错误的价值观、道德观在他们看来却是完全正确的。一些低下的社会道德准则和错误的社会舆论导向，给正在成长的大学生带来混乱的价值观、道德观。社会上的违法犯罪活动、违反社会公德的言行给可塑性极强的大学生带来负面的影响。而正面的传统道德教育有时却难以发挥其应有的教育意义。

此外，家庭因素也对大学生的道德价值取向产生重要影响。首先，由于电子媒介广泛地进入家庭，其具有了教育者的多重身份，如社会价值观念的传播者、信息和知识的重要来源等，削弱了孩子对家长的依赖，在一定程度上疏远了家长与孩子之间的关系，家长履行向孩子传授社会道德规范的责任削弱。其次，多年来，应试教育的弊端在家庭教育中的突出反映就是“重智轻德”。很多家长对孩子在学业上有极高的期望，但对孩子的道德品行要求不甚重视，还不时向孩子灌输些与学校德育格格不入的错误观念。许多家长把是否学习好作为家庭教育的重点，忽视了对孩子如何做人的教育。其结果是，造就了一批高分低能，甚至是智优德劣的孩子。当这些孩子进入大学后，积累在他们身上的市侩哲学、不良道德观念就会放大，与正确的伦理道德观产生冲突，导致他们在道德价值观上进行错误选择，误入歧途。

二 新时期加强大学生道德教育的途径

加强对大学生的道德培养，使当代大学生树立正确的人生观、价值观、道德观是一项长期复杂而又艰苦细致的工作，我们必须根据大学生思想道德状况的特点，从细微处入手，才能真正收到实效。

首先，发挥传统伦理道德的优势，将其引入网络，加强对大学生的网络道德培养。网络是虚拟的空间，网络的使用者却是现实的人，必然要受到现实道德规范的制约。网络道德行为规范的发展过程也是一个从自发到自律再到自觉的发展过程。在实践中，加强对大学生的网络道德教育，可以从以下几个方面入手。一是将网络道德融入德育课程，增加网德、网纪的教育，以及大学生对一些网络法律法规知识的学习，可以培养其对网络异质文化的免疫力和自律性。二是在校园网学生主页上，经常组织一些网络道德主题方面的论坛、征文活动，既可以用网络的形式向大学生传输道德观、价值观，又可以循循善诱引导大学生树立正确的网络道德观，让他们在潜移默化中接受教育。[3]三是在大学生道德规范中加入网络道德的内容。借鉴国内外一些比较成熟的措施，如美国计算机伦理协会制定的“计算机伦理十戒”、我国教育部发布的《全国青少年网络文明公约》等。结合本校的实际状况，制定切实可行、行之有效的网络道德规范，以此来监督、规范大学生的网络道德行为。自律与他律相结合，引导大学生的道德健康发展。

其次，加强校园文化建设，以隐性方式来陶冶、培养大学生的道德素养。良好的道德素养并非天生自成，而是通过接受各种道德教育，并在内在修养与外在环境熏陶、引导共同作用的过程中逐步形成。在一定程度上，外在环境的引导对人的道德品格的形成起着重要作用。大学生学习、生活在校园里，校园文化的优劣对大学生的道德价值观的形成与实践所产生的影响是不容忽视的。现实中，我们对校园文化的理解总是较为狭隘地停留在“硬件”建设上，而忽视了对“软件”的建设。广义的校园文化是指学校校园存在并传承的一种区别于社会的独特的精神文化生活，包括观念文化（如道德规范、校风传统、行为模式等文化意识）、制度文化（如校规校纪、学生守则等）和物质文化（校园物质环境）。

在实际建设中，校园文化所涉及的领域广阔，以下我们着重谈两个重要方面。一是加强师德建设，教师的人格与教学行为直接影响学生的道德价值观的形成与实践。课堂上由教师主导营造的教学内容、教学方式、师生关系、非语言交流、课堂气氛等精神氛围，以及课堂内外教师高尚的人格魅力，都潜移默化地影响着大学生的道德素质发展。二是加强全体教职工的道德素质教育，改变过去教育学生是教师的工作而与其他学校职工无关的错误观念，为大学生形成正确的道德价值观创造一个良好的整体校园文化大环境。学校的管理制度，行政管理人员的工作态度、作风等本身就是一种道德价值观的表露。假若这些与教师教育学生的道德价值观大相径庭，那么大学生会更加认为教师给予他们的道德教育只是一种理想化的虚无缥缈的东西而最终选择放弃。学校的文化建设不仅仅是教师和一些学生工作人员的工作，也是全体教职工的工作。

最后，加强对大学生自省、慎独意识的教育，培养他们高尚道德人格的自觉性。自省是儒家的重要修身方法[4]，慎独则是儒家道德人格的最高境界。在大学生的道德人格培养过程中，它们有着极为重要的借鉴作用。不会自省，就谈不上修身；没有慎独，就不可能达到更高的道德境界。一个缺乏自省意识的人，不会认识自身的不足，也不可能产生自我修养的愿望和紧迫感，道德人格的培养也就无从谈起。通常情况下，个体在纪律约束下和有人监督时能按要求去做，但在外界压力消失时，对自己的要求就会放松，行为也可能出现偏差。“吾日三省吾身”已非易事，慎独则对个体的道德修养提出更高要求。但只有把人的道德修养提高到这一境界，社会道德规范和伦理要求才能真正植根于人们心田，内化为人们的道德意识，指导人们的道德实践，从而使整个社会成为有序、理性、道德的社会。

教育的终点是实现人的自我教育，而道德人格的培养最终离不开“自我”的关键作用，需要“自我”随时随地对自己的思想、言行进行反省和解剖，因此，在大学生道德人格的形成过程中，自省、慎独始终起着重要的作用。

在多元文化、多元价值观交会碰撞的今天，在信息社会中成长发展的当代大学生，面对迎面而来的众多价值观、道德观缺乏判断力，很容易受到异质文化价值观念的影响，在道德价值取向上走上歧途。这迫使我们的道德教育必须向社会的各个层面加以拓展，以适应大学生道德人格的整体培养。道德教育不再是限于德育课的简单的说教，它是全方位的、有实效性的、变化发展的，给予我们的是不竭的思考。

参考文献

[1]〔美〕约翰·福布斯：《指导教育新范例的特征》，载《未来教育面临的困惑与挑战》，人民教育出版社，1991。

[2] 韩庆祥：《哲学的现代形态一人学》，黑龙江教育出版社，1996。

[3] 吴克明：《试论加强大学生网络思想政治工作的管理》，《上海理工大学学报》（社会科学版）2003年第1期。

[4] 杨芷英：《自省慎独与当代青年道德人格培育》，《中国青年政治学院学报》2000年第1期。

The Factors' Analysis of the Effect to the Present Age Undergraduates' Moral Tropism

Wei Yun

Abstract: In new century, accompanied by the development of the socialist market economy, the traditional moral criterion is impacted intensively and new moral criterion hasn't been founded. And this influences undergraduate's tropism to life value. By reason of this, some undergraduates chose wrong moral direction. Here we will analysethe reason to affect undergraduate's value tropism and table a proposal to solve this problem.

Keywords: the Present Age; Undergraduate; Morality

高校学生工作研究
2018 年　第 1 期
第 198 ~ 204 页

高校人才培养的三个价值维度：基于全国高校思想政治工作会议的精神学习

陈晓玲*

摘　要： 高等教育是人才培养的重要阵地。2016 年全国高校思想政治工作会议的召开，为高校人才培养指明了方向。本文从价值的角度，分析高校人才培养的三个价值维度。理想信念、立德树人和社会主义核心价值观是高校人才培养的三个价值维度。坚定理想信念是高校人才培养的基础，坚持立德树人是高校人才培养的核心，坚持社会主义核心价值观是高校人才培养的行动依归。推进高校发展，需要从实践中践行高校人才培养的三个价值维度。

关键词： 高校　教育　人才培养　价值维度

一　问题的提出和文献述评

党的十九大报告指出："青年兴则国家兴，青年强则国家强。"青年的发展对于国家的繁荣昌盛具有举足轻重的意义。高校是青年学习、生活的重要阵地，青年学生价值观的形成、知识的储备和人格的修养基本都在高校。高校的发展事关青年的成长和未来。党的十八大以来，以习近平同志为核心的党中央，高度重视高校发展工作，尤其是高校思想政治工作。2016 年 12 月 7 ~ 8 日，全国高校思想政治工作会议在北京召开，高校思想政治工作进入了新时代。以全国高校思想政治工作会议为开端，全国高校思政工作进入理论学习、制度建设、政策制定和落地的过程。党的十九大进一步强化了高校思政工作在国家战略布局中的地位。

既有文献对高校思政工作思想的研究，主要集中于对全国高校思想政治工作会议的学习论述。倪邦文从方向性问题、使命性要求、系列性举措、党的领导等方面阐述了全国高校思想政治工作会议的精神，指出坚持坚定正确的政治方向是推进我国高等教育事业发展的根本遵

* 陈晓玲：杭州师范大学人文学院辅导员、讲师，主要从事大学生思想政治研究。

循。[1]么元昱从因事而化、因时而进、因势而新三个角度阐述了对全国高校思想政治工作会议的认识，提出要紧贴时代脉搏开展高校思想政治工作。[2]朱继东结合习近平总书记在全国高校思想政治工作会议上的重要讲话精神，认为要真正做好高校思想政治工作，最重要的是必须强化问题意识，突出问题导向，以习近平总书记重要讲话精神为指导，敢于直面、认真解决当前高校思想政治工作中存在的突出问题，尽快采取科学、有力的措施开辟高校思想政治工作新时代。[3]贾红霞从坚持立德树人、坚持“以人为本、以生为本”、提高思政工作者的素质、掌握思政工作新的方法几个方面论述了如何有效开展大学生思想政治工作。[4]房广顺、李鸿凯围绕立德树人，指出立德树人的时代必然性、根本指向性和坚持立德树人的路径方法。[5]陈涛则重点从教师队伍建设方面展开研究，指出加强高校思想政治理论课教师队伍建设是提升高校思想政治工作效度的关键环节，高校思想政治理论课教师队伍建设应以践行“四个统一”和成为“四有”好教师为基本遵循。[6]总体而言，当前对于全国高校思想政治工作思想的研究加深了人们对全国高校思政工作的理解。在高校思政工作思想中，培养什么样的人是高校思政工作的核心议题。对于人才培养采取什么样的价值定位，决定了人才培养的层次和高度。习近平总书记在全国高校思想政治工作会议上讲话的核心是要解决高校教育发展的思想和功能定位的问题。在培养什么样的人、如何培养人和为谁培养人中，培养什么样的人是高校人才培养的价值考量。因此，本文基于对全国高校思想政治工作会议内容的学习，总结高校人才培养的三个价值维度，为高校人才的培养提供一些价值启示。

二 高校人才培养的三个价值维度

习近平总书记指出，我国高等教育肩负着培养德智体美全面发展的社会主义事业建设者和接班人的重大任务。高校的人才培养不能仅仅局限于知识的传授或者技能的获得，而应在价值的引导下体现高校的价值使命和责任感。具体而言，在中国特色社会主义高校中，高校人才培养应坚持的三个价值维度是：坚定理想信念、坚持立德树人和坚持社会主义核心价值观。

（一）坚定理想信念

坚定理想信念是指有理想、有信念。理想是指所追求的奋斗目标，信念是指在一定认识基础之上形成的对某种思想和理想坚信不疑并身体力行的精神状态。[7]理想主要指向未来、重在标志人与其奋斗目标的关系，信念则侧重在面对现在，可以标志人对所有事情的看法。[8]习近平总书记曾将理想信念比喻为共产党人的精神之“钙”。2013 年，习近平总书记同各界优秀青年代表座谈时说道：“广大青年一定要坚定理想信念。‘功崇惟志，业广惟勤’。理想指引人生方向，信念决定事业成败。没有理想信念，就会导致精神上‘缺钙’。中国梦是全国各族人民的共同理想，也是青年一代应该牢固树立的远大理想。中国特色社会主义是我们党带领人民历经千辛万苦找到的实现中国梦的正确道路，也是广大青年应该牢固确立的人生信念。”。[9]可见，理想信念对于青年具有重要意义。高校应培养具有坚定理想信念的人，也就是对党的事业和为人民服务抱有坚定信念的人。在中国特色社会主义建设过程中，坚定理想信念就是坚定对中国特色社会主义的信念，坚定对共产主义的理想信念，坚定全心全意为人民服务的理想信念，坚定为中国特色社会主义事业奋斗的理想信念。为人民服务，为中国共产党治国理政服务，为巩固和发展中国特色社会主义制度服务，为改革开放和社会主义现代化建设服务。

（二）坚持立德树人

高校的发展必须坚持“育人为本，德育为先”。习近平总书记在全国高校思想政治工作会议中强调的立德树人，就是要求高校的教育工作者注重高校大学生思想品德的培养。“德”字包含两方面的意义，一方面是内在的品格、德行；另一方面是外在的行为规范，即要求人们恪守基本的操守、品行，遵从一定的社会规范。[10]立德指的就是培养学生的品德修养，使学生具有高尚的道德操守，这样学生日后才能抵制各种诱惑，从而保持精神的纯洁和政治立场的坚定。立德是为了更好地树人。树人指的是从“十年树木、百年树人”的长远角度，为国家和社会培养人、塑造人，使人才的供给能够服务于社会主义现代化建设，能够对社会主义的每一阶段发展贡献力量。在立德树人的关系中，要立德为先，只有立了德，才能使树人的工作有方向，有根本遵循。立德树人是高校教育的根本任务。

（三）坚持社会主义核心价值观

社会主义核心价值观是社会主义核心价值体系的内核。社会主义核心价值观从国家层面、社会层面和个人层面提出了相关的价值倡导，呼吁全社会共同遵守中国特色社会主义的价值契约。习近平总书记在全国高校思想政治工作会议上说：“我国有独特的历史、独特的文化、独特的国情，决定了我国必须走自己的高等教育发展道路，扎实办好中国特色社会主义高校。”因此，高校人才培养也需要坚持社会主义核心价值观。坚持社会主义核心价值观是培养社会主义国家接班人的价值定位和要求。习近平总书记十分重视对青年学生价值观的引领。2014年5月，习近平在北京大学考察时说道：“青年的价值取向决定了未来整个社会的价值取向，而青年又处在价值观形成和确立的时期，抓好这一时期的价值观养成十分重要。这就像穿衣服扣扣子一样，如果第一粒扣子扣错了，剩余的扣子都会扣错。人生的扣子从一开始就要扣好。”社会主义核心价值观就是高校学生价值观的第一粒扣子。高校人才培养需要以社会主义核心价值观为导向，以培养社会主义核心价值观的践行者。

三　高校人才培养价值维度的内在逻辑

坚定理想信念、坚持立德树人和坚持社会主义核心价值观是高校人才培养的三大价值维度，这三者之间存在内在逻辑关系。我们用金字塔来表示理想信念、立德树人和社会主义核心价值观的关系：理想信念是底，是基础；立德树人是核心；社会主义核心价值观是依托。社会主义核心价值观包含了对理想信念和立德树人的价值期许，是理想信念和立德树人的具体内涵。

（一）坚定理想信念是高校人才培养的基础

具有坚定的理想信念是判断杰出人才的标准。中国共产党历史上出现的优秀共产党员，始终对党和人民的事业抱有坚定的理想信念，正是坚定的理想信念支持着中国革命事业走向成功，使中国社会的发展进入新时代。只有拥有坚定的理想信念，高校大学生才有正确的行动指南，才能树立正确的世界观、人生观和价值观。理想信念是一个人的精气神，一个人缺少了理想信念，就会精神涣散、意志消弭。近代以来，中国在反帝反封建的历史进程中不断探索适合中国国情的发展道路。“十月革命”一声炮响，为中国送来了马列主义，中国一大批能人志士在坚持马列主义中探索中国特色社会主义道路。以毛泽东为核心的第一代中央领导集体带领中国取得了抗日战争的胜利，最终建立了中华人民共和国，此后，中国共产党从革命者转为建设者，建设有中国特色的社会主义。百年以来的社会实践证明，理想信念在个人事业的发展、国家的进步中发挥着重要作用。中国一批批革命者、建设者正是由于对社会主义抱有坚定的信念，才能在基础薄弱、物质稀缺的环境中，克服重重困难，建立起新的国家。坚定理想信念是中国人才的优秀品质，也是当代青年需要一以贯之的传统。今天，中国特色社会主义进入了新时代，决胜全面建成小康社会面临新局势、新难题和新要求，迫切要求人才的供给和支持。未来的人才需要对中国特色社会主义事业抱有信心、热情，才能在社会各个领域提供服务，做出杰出的贡献。因此，坚定理想信念是人才培养的基石。坚定理想信念是青年成长的根本保证。

（二）坚持立德树人是高校人才培养的核心

在中西方的教育史中，德育一直占有重要的地位。中国古代就曾提出君子应“立德、立功和立言”。立德在君子的行为准则中处于第一位。古人认为，一个人要达到人生的最高境界，首先应树立高尚的道德志趣，实现崇高的道德理想，其次才是追求事业上的成功。[11]古希腊哲学家苏格拉底认为“美德即知识”，将美德摆放在与知识同样的地位。高校要向在校生传输知识、教授技能，但知识和技能并不是没有价值导向的。如果高校的培养只注重技术性而忽视价值性，就会培养一批梁思成眼中的“只懂技术而灵魂苍白的人”，这批人比无技术、无知识的人更有可能对社会产生危害，因为他们拥有知识和技能却缺少了正确的价值判断和选择。教育的核心和灵魂是德育，教育的根本目的是育德。[12]就高校而言，培养有德之人是高校人才培养的应有之义。因此，习近平总书记在全国高校思想政治工作会议上，进一步强调了立德树人在高校人才培养中的重要地位，强调高校要将立德树人作为根本任务。坚持立德树人是高校人才培养的核心和中心环节。

（三）坚持社会主义核心价值观是高校人才培养的行动依归

我国高校的人才培养需要服务于社会主义现代化建设，需要对社会的发展做出贡献。社会主义核心价值观的 24 个字包括了对国家、社会和个人的具体追求，对整个社会及成员具有价值示范和思想引领作用。从人才的流动看，经过高校培养的人才很可能走上国家关键性的岗位，而这些岗位很可能决定着国家发展的方向。因此，经高校培养的人才能坚持社会主义核心价值观，能将社会主义核心价值观转化为自己的情感认同和行为习惯，就具有十分重要的意义。评价高校人才培养的好坏，关键就在于从高校走出的人才是否能以社会主义核心价值观为引领，在实践中真正做到“爱国、敬业、诚信、友善”，同时以“富强、民主、文明、和谐、自由、平等、公正、法治”为国家建设和社会进步的评价标准。所以，坚持社会主义核心价值观应该是高校人才培养的行动依归，也是高校坚定理想信念和坚持立德树人的具体落脚点。

四　高校人才培养价值维度的实践路径

高校人才培养价值维度的实践路径应从整体上营造高校人才培养的价值引领氛围，同时运用好教师队伍和课堂两大载体和平台，推进高校思想政治工作。

（一）营造高校人才培养的价值引领氛围

根据马克思的价值理论，价值来源于实践，随着生产的发展而不断深化。价值观作为人的主观态度，也受社会实践的制约。价值观受社会环境的制约，反过来也会影响社会环境。正确的价值观能促进社会的发展，而错误的价值观则会阻碍社会的发展。习近平总书记在庆祝中国共产党成立 95 周年大会的讲话中表示：“青年是祖国的未来、民族的希望，也是我们党的未来和希望。”青年的价值思想对于国家的发展和民族的进步具有重要意义。高校作为青年人才培养的基地，应为青年价值观培养和塑造提供社会实践的场域，肩负起塑造青年正确价值观、引领青年价值观的使命和责任。因此，高校应致力于营造人才培养的价值引领氛围。通过思想价值引领品牌的打造、德才兼备优秀青年的表彰、德育大讲堂等多种形式，倡导在校大学生树立为社会进步、为国家富强而奋斗的理想信念，倡导在校大学生坚持立德修身的理想信念，倡导在校大学生坚定践行社会主义核心价值观的理想信念。

（二）加强高校教师师德师风的建设和培养

“师者，传道授业解惑者也。”教师的传道授业解惑应包括对学生思想价值的引导。教师是高校思想引领的重要载体。正如习近平总书记所说：“教师是人类灵魂的工程师，承担着神圣使命。传道者自己首先要明道、信道。高校教师要坚持教育者先受教育，努力成为先进思想文化的传播者、党执政的坚定支持者，更好担起学生健康成长指导者和引路人的责任。”习近平总书记曾在多个场合提及教师的师德师风对于学生成长成才的重要性。2014 年 9 月 9 日，习近平在考察北京师范大学时说，全国广大教师要做有理想信念、有道德情操、有扎实知识、有仁爱之心的好老师。2016 年 9 月 9 日，习近平在北京市八一学校考察时强调，广大教师要做锤炼学生品格的引路人。习近平要求教师具有良好的师德，通过自己的师德来影响学生、感染学生、熏陶学生，使学生具有良好的品德。因此，践行高校人才培养的价值维度，需要加强高校教师师德师风的建设和培养，具体而言，应加强对高校教师“四有”和“四个相统一”的师德约束，将师德师风纳入教师评价标准体系中，引导高校教师以德立身、以德立学、以德施教，加强高校教师师德师风的培育和建设。

（三）进一步完善高校思政教育进课堂的体制机制

课堂是高校教师对学生传道授业解惑的主要途径，是影响学生和熏陶学生的主渠道。营造高校价值引领和导向的思想氛围，发挥高校教师思想引领的作用，需要利用好高校课堂这一重要平台。利用好高校课堂，需要进一步完善高校思政教育进课堂的体制机制。具体而言，要通过课程改革、课程设计、课程评价等教学课堂的激励机制，创新思政教育课堂的形式和内容，将高校的理想信念、立德树人教育和社会主义核心价值观教育嵌入在校大学生的日常学习生活中，使在校大学生能在课堂上理解思政教育的理念、精神和要义，实现价值引导入脑入心，从而实现社会主义理想信念、德育和社会主义核心价值观内化于心、外化于行。

参考文献

[1]倪邦文：《办好中国特色社会主义大学的根本遵循——学习习近平总书记在全国高校思想政治工作会议上的重要讲话》，《中国青年社会科学》2017 年第 2 期。

[2]么元昱：《紧贴时代脉搏开展高校思想政治工作——对习近平总书记在全国高校思想政治工作会议上重要讲话的认识》，《辽宁工业大学学报》（社会科学版）2017 年第 5 期。

[3]朱继东：《努力开辟高校思想政治工作新时代——深入学习贯彻习近平总书记在全国高校思想政治工作会议上的重要讲话精神》，《中共杭州市委党校学报》2017 年第 5 期。

[4]贾红霞：《如何有效开展大学生的思想政治工作——结合习总书记全国高校思政工作会议讲话》，《考试周刊》2018 年第 5 期。

[5]房广顺、李鸿凯：《推进以立德树人为中心的思想政治教育融合发展——学习习近平总书记在全国高校思想政治工作会议上的重要讲话》，《思想教育研究》2017 年第 2 期。

[6]陈涛：《着力打造合格的高校思想政治理论课教师队伍——学习习近平总书记在全国高校思想政治工作会议上的讲话精神》，《思想教育研究》2017 年第 7 期。

[7]卢丹蕾、王树荫：《改革开放以来理想信念研究述评》，《思想教育研究》2016 年第 11 期。

[8]刘建军：《习近平理想信念论述的历史梳理与理论阐释》，《河海大学学报》（哲学社会科学版）2015 年第 3 期。

[9]《习近平同各界优秀青年代表座谈时的讲话》，中国共产党新闻网，http：//cpc. people. com. cn/n/2013/

0505/c64094 – 2136 7227. html。
[10]刘娜、杨士泰：《立德树人理念的历史渊源与内涵》，《教育评论》2014 年第 5 期。
[11]陈勇、陈蕾、陈旻：《立德树人：当代大学生思想政治教育的根本任务》，《思想理论教育导刊》2013 年第 4 期。
[12]方晓珍：《高校“立德树人”的理论指导与实践路径》，《思想理论教育导刊》2013 年第 6 期。

The Three Value Dimensions of College Talent Cultivation: Based on the Spirit of National Ideological and Political Work Conference

Chen Xiaoling

Abstract: Higher education is an important front for personnel training. The convening of the national conference on ideological and political work in colleges in 2017 has provided a direction for the cultivation of personnel in universities. This article analyzes the three dimensions of value of college personnel training from the perspective of value. The ideals and beliefs, morality building and socialist core values are the three dimensions of value in college talent cultivation. Strengthening ideals and beliefs is the foundation of talent cultivation in colleges , adhering to morality building is the core of talent training in colleges, adhering to the core values of socialism is the act of training personnel in colleges. To promote the development of colleges, it needs to put the three value dimensions of university talent cultivation into effect.

Keywords: College; Education; Talent Cultivation; Value Dimensions

图书在版编目(CIP)数据

高校学生工作研究. 2018 年. 第 1 期：总第 1 期 / 冯正玉主编. -- 北京：社会科学文献出版社，2018. 6
ISBN 978 - 7 - 5201 - 2902 - 2

Ⅰ. ①高… Ⅱ. ①冯… Ⅲ. ①高等学校 - 学生 - 工作 - 文集 Ⅳ. ①G645. 5 - 53

中国版本图书馆 CIP 数据核字（2018）第 126163 号

高校学生工作研究（2018 年第 1 期　总第 1 期）

主　　编 / 冯正玉
副 主 编 / 张国兴

出 版 人 / 谢寿光
项目统筹 / 恽　薇　王楠楠
责任编辑 / 王楠楠　王春梅

出　　版 / 社会科学文献出版社 · 经济与管理分社（010）59367226
地址：北京市北三环中路甲 29 号院华龙大厦　邮编：100029
网址：www. ssap. com. cn
发　　行 / 市场营销中心（010）59367081　59367018
印　　装 / 三河市东方印刷有限公司

规　　格 / 开 本：787mm × 1092mm　1/16
印 张：13. 25　字 数：294 千字
版　　次 / 2018 年 6 月第 1 版　2018 年 6 月第 1 次印刷
书　　号 / ISBN 978 - 7 - 5201 - 2902 - 2
定　　价 / 79. 00 元